TEATRO:
5 AUTORES CUBANOS

OLLANTAY Press
Colección Teatro
Volumen I

TEATRO:
5 AUTORES CUBANOS

**Selección y Prólogo
Rine Leal**

Copyright © 1995 by **OLLANTAY Press.**

Teatro: 5 Autores Cubanos es una publicación de **OLLANTAY Center for the Arts**, P. O. Box 720636, Jackson Heights, NY. 11372-0636, U.S.A.

Reservados todos los derechos. Prohibido cualquier uso que se le quiera dar a estas obras, al igual que la reproducción total o parcial de las mismas, sin el permiso escrito de los autores y/o sus representantes legales. *These plays, being fully protected under the Copyright Law of the United States of America, are subject to licence and royalties. All rights are strictly reserved. Inquiries regarding individual plays should be addressed to the following:*

Fefu y sus amigas, copyright © 1978, 1980, 1990 de María Irene Fornés. Todos los permisos deben solicitarse a: Helen Merrill, Ltd., 435 West 23rd Street, Suite A, New York, NY. 10011.

Las monjas, todos los derechos están reservados. Cualquier permiso debe solicitarse a: Monsieur Jacques Boncompain *(Relations avec l'étranger)* SACD, 12, rue Ballu, Paris 75009, Francia.

Nadie se va del todo, copyright © 1991 de Pedro R. Monge Rafuls. Todos los permisos deben solicitarse a: Dr. Nelson Colón, P.O. Box 720636, Jackson Heights, NY. 11372-0636.

Balada de un verano en La Habana, copyright © 1994 de Héctor Santiago. Todos los permisos deben solicitarse a: Héctor Santiago, 534 West 46th Street #5E, New York, NY. 10036.

La fiesta, copyright © 1994 de José Triana. Todos los permisos deben solicitarse a: José Triana, 14, rue Demarquay, 75010, París, Francia.

Fotografía de la portada: Luis Mallo, *Sin razón,* de la serie *Fossus*. Silver Gelatin Print, 1995. Reproducida por cortesía del artista.

Diseño de la portada y del interior por Pedro R. Monge Rafuls y Hernán Herrera.

Primera edición, diciembre de 1995.

Hecho en los Estados Unidos de América. *Manufactured in the United States of America.*

Esta colección de obras de teatro se edita gracias a la asistencia del *National Endowment for the Arts* y del *Department for Cultural Affairs of the City of New York.*

Library of Congress Catalog Number: 95-69901
ISBN: 0-9625127-5-3

AUSENCIA NO QUIERE DECIR OLVIDO
Prólogo: Rine Leal

FEFU Y SUS AMIGAS
María Irene Fornés

LAS MONJAS
Eduardo Manet

NADIE SE VA DEL TODO
Pedro R. Monge Rafuls

BALADA DE UN VERANO EN LA HABANA
Héctor Santiago

LA FIESTA
José Triana

AUSENCIA NO QUIERE DECIR OLVIDO

Rine Leal

La línea histórica que define la continuidad e identidad de nuestra cultura –y dentro de ella el teatro– se ha manifestado en un desarrollo creciente y acumulativo desde sus orígenes. A pesar (y por encima) de coyunturas políticas, personales y epocales, la conciencia de la cultura como expresión íntima de lo cubano, o si se quiere de la cultura como síntesis de la verdadera cubanía, ha mantenido su unidad y progresiva continuidad. Pero al mismo tiempo, su condición de insularidad le ha permitido manifestarse no sólo en su limitada geografía isleña, sino también en otras tierras, porque ya se sabe que Cuba como "llave del Golfo y Antemural de las Indias" fue sitio de expansión para la conquista de América y centro de reunión de las flotas que llevaban los tesoros al Viejo Mundo. Una isla es siempre un sitio a donde llegar, y también de donde partir, y en el caso de Cuba la insularidad convierte a la Isla en una expresión histórica que vence los límites geográficos.

Aún no se ha analizado en profundidad lo que la distancia y el rompimiento han aportado a nuestra literatura y teatro. Nos anclamos en el sentimiento de la nostalgia ("las palmas, ¡ay!, las palmas") o el desarraigo, o el rencor, o el olvido, o el perdón, o la pérdida de las raíces comunes, o el rechazo a un medio hostil, o la resistencia a un idioma extraño, pero no estudiamos en qué forma, de qué manera esos sentimientos estimulan o impiden la expresión artística, y sobre todo, en qué medida se insertan en las constantes de la conciencia nacional. Nuestra Isla es siempre un territorio de acercamientos y lejanías, un espacio donde la geografía deviene rápidamente historia. Y nuestra historia cultural (concebida como expresión acumulativa de la identidad) nos muestra y demuestra que la expresión artística del cubano ha sido siempre unívoca y resistente a la separación.

Este libro es un ensayo, es decir un intento de captar esas constantes de nuestro teatro y al mismo tiempo mostrar la amplia resonancia de una dramaturgia desconocida en Cuba pero que pertenece a nuestro teatro. Ha sido escrita (con una sola excepción, *Las monjas*) fuera de la Isla, pero a pesar de la lejanía o la separación se entronca sin dificultad con la dramaturgia escrita en la Isla, y establece con la misma indudables nexos y polaridades. La lista de autores que trabajan fuera de Cuba es generosa[1] y prueba la vitalidad de esa expresión, sin contar que tres de los creadores recogidos en este libro son representados regularmente en diversos e importantes escenarios de Europa y América. Nuestro teatro se ha universalizado, y partiendo de lo local ha desarrollado una voz propia que unifica la escena de "las dos orillas"[2] y que es capaz de vencer tanto la distancia como la propia lengua en que se expresa.

Idioma vs. nacionalidad

Por eso una cuestión importante es el idioma. ¿Define la lengua una cultura, o es un instrumento de comunicación? Recordemos la *boutade* de Oscar Wilde cuando le preguntaron su opinión sobre el teléfono recién inventado. El irlandés se limitó a decir "la importancia del teléfono radica en lo que se hable a través de él". Si concebimos el idioma como medio de comunicación más que como expresión en sí misma, no habría objeción en aceptar como cubana la literatura que se escribe en otros idiomas, siempre y cuando las ideas, los sentimientos, los valores, las vivencias y el espíritu puedan ser ubicados sin dificultad dentro de lo cubano[3]. Pero lo cubano insertado en lo universal pues lo contrario sería insistir en la visión de "las mulatas bajo las palmeras borrachas de sol".

Aún en el caso de escritores cubanos nacidos, criados y educados en los Estados Unidos y que escriben en inglés, no es precisamente el idioma lo que les confiere carta de naturaleza. A ese respecto explica Charles Gómez-Sanz[4] : *"I write in English because I hope to reach a greater number of people, a wider audience, and to give a positive image of what it means to*

---

[1]Ver la lista que aparece en *Directory of Latin American Writers in the New York Metropolitan Area* (New York: **OLLANTAY Press**, 1989) y la recogida en la *Antología de teatro cubano*, de Luis F. González-Cruz y Francesca Colecchia (Arizona: Bilingual Press/Editorial Bilingüe, 1992).

[2]El término también se ha aplicado a la poesía. Por ejemplo, *La poesía de las dos orillas, Cuba (1959-1993) Antología,* Selección y prólogo de León de la Hoz. (Madrid: Libertarios/Prodhufi, S.A., 1994.)

[3]Ver Ana María Hernández, "Sumario del encuentro" en Pedro R. Monge Rafuls, *Lo que no se ha dicho* (Nueva York: **OLLANTAY Press**, 1994), pp. 294-295.

[4]Ver Charles Gómez-Sanz, *"The Deal"* en Pedro R. Monge Rafuls, *Lo que no se ha dicho,* ob. cit., pp. 3-4.

be Cuban (...) The future of Cuban literature as theater in New York must be kept alive not only by those who bring the richness of their experiences of living in Cuba, but by those for whom Cuba exist perhaps not as much in vivid memories, but in feeling that stir the heart and that they will defend in an effort to preserve a precious heritage."

Creo que esta opinión–escrita en inglés pero pensada en cubano–expresa claramente la raíz del problema y dilucida la dudosa diferenciación entre escritor cubano y cubano-norteamericano. Por supuesto que el desarraigo puede producir un lento y doloroso proceso de aculturación, pero en el caso de los escritores cubanos este proceso no es la norma general sino la excepción, que lleva el riesgo de una pérdida de identidad, de una alienación cultural, y de un *no-man's-land* donde se es víctima de un fuego cruzado.

La trampa del idioma como definición cultural no es una idea nueva sino que remite sus raíces a una concepción colonizada de la identidad nacional contra la que tenemos que bregar todos los días. Ya en los primeros años republicanos, en 1904, Luisa Martínez Casado, cuya compañía teatral había sido siempre calificada como "española" a fin de ganar prestigio y espectadores–aunque esa excelente intérprete no fue remisa a representar obras cubanas y hasta incursionó en el bufo–lanzó la idea, desde las elegantes páginas de *El Fígaro,* de crear una escuela de teatro y desarrollar la dramaturgia nacional con la ayuda del nuevo Estado que nacía. Pero un intelectual tan importante como Enrique José Varona le salió al paso y expresó que el teatro cubano no podía existir como tal, pues al escribirse en castellano será siempre "teatro español escrito en Cuba". Habría que preguntarle a Varona si él calificaba la poesía de Martí o de Heredia como "españolas" escritas en los Estados Unidos o México. Y sin embargo, ese mismo Varona definió como "españolizado" a Augusto Madan porque llenaba la escena de personajes y situaciones peninsulares, aunque el autor había nacido en Cuba.

Por lo tanto, se puede escribir en correcto castellano y no insertarse en el desarrollo de una cultura nacional, o escribir en inglés (María Irene Fornés) o en francés (Eduardo Manet) y pertenecer por entero a la literatura y el teatro cubanos. Una vieja conseja yoruba expresa que el hombre, como el caracol, viaja con su casa a cuestas, y ese es el caso de los que un día abandonaron su suelo natal para descubrir que "de una Isla jamás nadie se escapa"[5] "por la maldita circunstancia del agua por todas partes".[6]

Y así arribamos al tema de la insularidad.

---

[5] Verso de Alina Galliano recogido en Reinaldo García Ramos, "La fortaleza en el destierro. Obra reciente de algunos poetas cubanos exiliados", en *Lo que no se ha dicho,* ob. cit., p. 205.

[6] Virgilio Piñera, "La isla en peso" (poema).

En fin, el mar [7]

El mar define nuestra naturaleza insular, nuestra cultura, nuestra diferenciación. Pertenecemos a un mundo distinto y alejado de los otros, delimitado geográficamente, sin fronteras artificiales, sólo esa "maldita circunstancia del agua por todas partes", y esa agua, convertida en mar, señalará tanto la entrada como la salida, porque una isla tiene playas pero también tiene puertos. La insularidad marca un ámbito espacial frente a la otredad, es decir, frente a la mirada del otro, del que se encuentra en "la otra orilla", sólo que lo hará desde afuera, en una distancia que él vence con su visión de la insularidad que no se pierde jamás.

Pero al mismo tiempo la insularidad castiga con sus límites cerrados, con la imposibilidad de traspasar el horizonte que retrocede en la misma medida en que se avanza, con una naturaleza que no puede vencerse más que con un acto de evasión, de transgresión de sus límites, y que tiene mucho que ver con ese universo cerrado y sin salida que nuestro teatro muestra con gran frecuencia. La Isla es cruce de caminos, "encrucijada de rutas marítimas"[8], de destinos, de partidas y regresos, de esperanzas y frustraciones, de adioses y abrazos, de idas y venidas. "¡Voy a partir! (...)/ ¡Adiós, patria feliz, edén querido!/ ¡Doquier que el hado en su furor me impela,/ tu dulce nombre halagará mi oído!" [9] dirá la Avellaneda al abandonar Cuba en 1836. La Isla será siempre una puerta abierta pero que puede no conducir a parte alguna, pues el mar carece de señales, de signos, de caminos, de límites, sólo esa terrible y pavorosa inmensidad "del agua por todas partes".

Y esta insularidad, esta diferenciación marcada por una geografía implacable, produce en nuestra cultura una doble mirada interna y externa, cuyo entrecruzamiento enriquece la visión de la isla, desde Heredia a nuestros días. Buena parte (y en ocasiones la mejor) de nuestra creación espiritual es esa visión otra que redescubre la isla desde la lejanía, y que se avizora en el *Diario* de Colón, primer texto sobre Cuba. José Lezama Lima advierte que "nuestra isla comienza su historia dentro de la poesía. La imagen, la fábula y los prodigios establecen su reino desde nuestra fundación y el descubrimiento".[10] El jueves 11 de octubre de 1492, el Almirante narra en su *Diario* que a las diez de la noche, estando en el castillo de popa, vio lumbre "como

---

[7]Nicolás Guillén, "Tengo" (poema).

[8]Alejo Carpentier, *La música en Cuba* (La Habana: Edit. Letras Cubanas, 1989), p. 8.

[9]Gertrudis Gómez de Avellaneda, "Al partir" (poema).

[10]José Lezama Lima, *Antología de la poesía cubana,* tomo I (siglos XVII-XVIII), (La Habana: Consejo Nacional de Cultura, 1965), p. 7.

una candelilla de cera que se alzaba y levantaba". Dos días antes "toda la noche oyeron pasar pájaros" y vieron juncos verdes y ramos de fuego.[11] Como anota Lezama Lima "ya comenzaban las seducciones de nuestra luz".[12] Y esas seducciones se han mantenido para transformarse en un redescubrimiento diario donde la luz se mezcla con los sonidos, la erosión del salitre, la cadenciosa música, el sabor agridulce de una fruta, o el sorpresivo golpe de viento que abanica la ceiba donde habitan los orishas. ¿Porque qué es esta Isla sino un eterno poema, una conciencia viva de insularidad, un rasgo hispano que escapa a toda definición, una sensibilidad que estalla jubilosa al paso de una mulata, o un cimarrón que se oculta en el monte? Y son los artistas, los creadores, los que la descubren en cada amanecer luminoso y nos dejan su imagen que vence el olvido.[13]

Y esas eternas seducciones están presentes en Varela, Heredia, Villaverde, la Avellaneda, Zenea, Saco, Lydia Cabrera, Reinaldo Arenas, Sarduy, Piñera, Carpentier, Cabrera Infante, y sobre todo en Martí, cuya obra y vida se desarrollan lejos de la isla, y sin embargo es la suya la mirada más penetrante y lúcida de lo cubano.

Lo que aporta la otredad a nuestra cultura y su teatro es una visión "distanciadora" pero al mismo tiempo abarcadora de las esencias de la cubanía, que busca anhelosa la unicidad como oposición a la otredad. Y sólo la cultura puede realizar esa unidad al expresar el espíritu del país y su devenir histórico, es decir, la eticidad cubana. Nacer en Cuba es una fiesta innombrable entre jardines insulares dirá Lezama Lima, y la otredad contemplará esa fiesta insular a través de la barrera del mar, de la misma manera que Colón, el Adelantado, intuye a Cuba desde la lejanía y la transforma en Cipango, meta de su viaje. "Es aquella isla la más hermosa que ojos hayan visto".[14] Son los ojos de la insularidad.

Esta cultura de la otredad, este modo de descubrir la isla desde la lejanía, envuelve la duplicidad de una mirada cómplice y activa que no se determina por la nostalgia, sino por la captación sorpresiva y profunda que define lo cubano, como cuando Heredia, desde el mar, vislumbra las palmas, o Martí en su *Diario* el 11 de abril, tras ver la farola de Maisí, anota que a su llegada a Cuba "la luna asoma, roja, bajo una nube", y termina el 19 de mayo

---

[11]Cristóbal Colón, *Diario de navegación* (La Habana: Comisión Nacional de la UNESCO, 1963), pp. 46 y 48.

[12]Lezama Lima, ob. cit., p. 7.

[13]Rine Leal, "La perla en el Mediterráneo americano", en *Revolución y Cultura*, No. 3, mayo-junio 1993, pp. 65 y 66.

[14]Colón, ob. cit., p. 73.

cuando Valentín le trae "un jarro hervido en dulce, con hojas de higo".[15]

El teatro cubano necesita abrirse al reconocimiento de las miradas, el yo soy necesita dialogar con el nosotros somos: a ese diálogo quizás podría llamarle cultura. Se habla del desplome del muro de Berlín que duró veinte y ocho años: en algún momento, no sé cuándo, no sé cómo, el mar que nos separa (y volvemos de nuevo a la insularidad) desaparecerá, y la cultura cubana se hará aún más diversa y rica sin perder su identidad, pues los creadores de "ambas orillas" pertenecen a una sola cultura, un solo teatro, como si fuesen las dos caras de una misma y legítima moneda. Porque la verdadera unidad es la que muestra la riqueza de una diversidad de miradas.

El transitado tema de la familia

Otra vertiente que unifica la dramaturgia de "las dos orillas" es el tema de la familia. Ya advertí hace varios años que la familia, como instrumental dramatúrgico y mecanismo de análisis de la realidad, surge en 1918 con *Tembladera* de José A. Ramos al mostrar el núcleo familiar como un microcosmos que revela el macrocosmos social. De esa forma Ramos nos entrega una estrategia dramática que posee en la Isla cinco etapas: de *Tembladera* a *La recurva* (1939) del propio Ramos; de *La recurva* a *Aire frío* (1959) de Piñera; de *Aire frío* a *La noche de los asesinos* (1965) de Triana; de *La noche...* a *La emboscada* (1978) de Roberto Orihuela; de *La emboscada* a *Manteca* (1994) de Alberto Pedro. Otra etapa, diferente y poco estudiada, podría encontrarse en los Estados Unidos, entre otros con *El super* (1977) de Iván Acosta; *Alguna cosita que alivie el sufrir* (1979) de René Alomá y *Union City Thanksgiving* (1982) de Manuel Martín, Jr. A partir de los ochenta el tema ha sufrido variantes a través de técnicas de experimentación, de "escritura escénica", de actitudes críticas por medio de la parábola, la ambigüedad, lo no-dicho, el silencio, la danza-teatro, el *ludus,* y en ocasiones, la ritualización de la vida doméstica o la yuxtaposición de acciones sin conexión interna.[16] Esto ha traído una "dinamitación" de las estructuras tradicionales y un rechazo al didactismo ideológico, lo que me llevó a afirmar públicamente en una discusión sobre *La cuarta pared* (1988) de Víctor Varela que "para enviar mensajes estaba el Ministerio de Comunicaciones y no el teatro".

[15]José Martí, *Diario* (de Cabo Haitiano a Dos Ríos), Edit. Nacional de Cuba, 1966, pp. 215 y 243. Parte del tema de la insularidad es uno de los capítulos del libro que preparo sobre la obra de Piñera.

[16]Ver por ejemplo *Time ball* de Joel Cano, publicada en *Teatro Cubano Contemporáneo* (Madrid: Centro de Documentación Teatral, 1992). Hay edición cubana, De Letras Cubanas, 1994

En lo que se refiere a la confrontación padres-hijos y la tiranía materno-paterna (y pienso en la ya famosa alusión de *Electra Garrigó* cuando habla del "machismo de nuestros hombres y el matriarcado de nuestras mujeres"), el motivo casi desaparece, porque los jóvenes que se muestran en las obras más recientes de la Isla se enfrentaron a sus padres en *Aire frío*, los mataron en *La noche...*, los sustituyeron por la familia ideológica en *La emboscada*, para finalmente encontrarse desamparados en *Manteca*.[17]

Lo que más interesa es que la relación padres/hijos no se limita en ningún momento a una confrontación generacional o doméstica, sino que siempre enmascara tensiones más profundas que tienen que ver con el poder y la opresión. Por eso es siempre una familia amenazada en la que las noticias, los hechos, la realidad que viene de fuera del hogar y entre enorme perenne peligro que destruye la unidad del núcleo familiar, como expresa Oscar en *Aire frío*: "¿Y sabes cuál ha sido nuestro baile? Pues haber vivido en peligro permanente", para añadir poco después: "Siento que sobre mí apunta siempre una acusación" (acto III, cuadro 1).

En cuanto a *La noche de los asesinos* es una limitación crítica contemplarla como la lucha entre lo nuevo y lo viejo, o como la necesidad de liberarse de la tiranía familiar, sino que la pieza igualmente analiza la relación poder/individuo a través de estos jóvenes que se ven sometidos a un engranaje inexorable donde confluyen los padres, la familia, la sociedad, el Estado y sus mecanismos represivos, representados por los progenitores, tíos y tías, vecinos, jueces y policías. En *La emboscada* lo que se muestra no es sólo la lucha entre hermanos (el Caínismo le llamaría Montes Huidobro[18]) sino esencialmente la violencia del poder enfrentado al contrapoder e individualizada en marcos familiares que determinan la elección final de la madre entre sus dos hijos. *Manteca* comienza con un imperativo categórico, pero también todo lo que llega del exterior, todo lo que se narra del pasado, todo lo que aconteció o puede suceder fuera del ámbito de la familia, es una perpetua amenaza sobre estos personajes que se debaten en una asfixia material y espiritual regida por la necesidad de la sangre para sobrevivir.

La familia en nuestro teatro—o su equivalente, un núcleo social atrapado en una situación límite—está siempre a punto de resquebrajarse por causas externas que inciden en el interior del grupo humano, y mantener su unidad es el objetivo de nuestra dramaturgia a lo largo de su historia. Las obras que

---

[17]Para el tema/el asunto de la familia en el teatro que se escribe fuera de la Isla, ver José A. Escarpanter, "La familia en el teatro cubano", **OLLANTAY Theater Magazine**, Vol. II, No. 1 (Winter/Spring 1994), pp. 89-100.

[18]Matías Montes Huidobro, *Persona, vida y máscara en el teatro cubano* (Miami: Edit. Universal, 1973), p. 107.

se reproducen en este volumen no escapan a esta constante, y si se leen cuidadosamente se descubrirá que por detrás de la fábula ronda el espectro del peligro de la desintegración, bien sean tambores y revueltas, prejuicios y rencores, vecinos y revolucionarios, el pasado que se hace presente, o un medio social indiferente y ajeno. El espacio se cierra una vez más, el círculo se completa, la serpiente muerde su cola. La familia deviene mito y realidad. Pero al final se salvará por el amor y el pasado que los une.

Un teatro de resistencia

Existe otra constante que tiene que ver con el teatro en cualquier orilla en que se escriba: la resistencia. A lo largo de nuestra historia, la cultura fue o bien menospreciada o situada en el índice de sospechas y listas negras. Y sin embargo, en respuesta a esos ataques la identidad nacional se refugió en la cultura y allí libró una batalla de fundación que aún no ha concluido. En años tan estériles como 1949, Lezama Lima afirmó: "No caigamos en lo del paraíso recobrado, que venimos de una resistencia, que los hombres que venían apretujados en un barco que caminaba dentro de una resistencia, pudieron ver un ramo de fuego que caía en el mar porque sentían la historia de muchos en una sola visión. Son las épocas de salvación y su signo es una fogosa resistencia"[19], para insistir años más tarde en "la carga de eticidad que entraña, como una resistencia sedosa y fina, que había de ser característica de todos los intentos nobles del cubano".[20]

El teatro que se desarrolla fuera de la Isla es también un teatro de resistencia que se manifiesta cuando el dramaturgo no se siente parte integrante del ámbito social en que vive, cuando despliega los valores dejados atrás o que se llevan en la sangre a pesar incluso del nacimiento en suelo ajeno, o simplemente cuando se autocalifica de "latino"[21] o "hispano", lo que señala ya una condición que lo hace diferente a "los otros", y que por ende debe defender para sobrevivir. La resistencia se hará sinonimia con la supervivencia, y el mismo hecho de escribir será la expresión de una identidad amena-

---

[19]Lezama Lima, "Resistencia" en "La fijeza", *Poesía completa* (La Habana: Edit. Letras Cubanas, 1985), pp. 191-192.

[20]Lezama Lima, Prólogo a *Antología de la poesía cubana,* tomo I, p. 7.

[21] "No es necesario explicar que el gentilicio "hispano" [y "latino"] sólo es usado—incorrectamente—en los Estados Unidos. Con él la sociedad angloamericana ha cobijado a todos los individuos naturales de cualquier país de América Latina que viven en los Estados Unidos, o a sus descendientes", Pedro R. Monge Rafuls, "Editorial: Nuestra presencia", **OLLANTAY Theater Magazine**, Vol. I, No. 1, January 1993, p. 5.

zada que se preserva a través del acto de creación. Con esto no pretendo, por supuesto, que los dramaturgos "latinos" deben necesariamente abordar temas "nacionales" pues ésa es una cuestión que el teatro superó desde sus mismos orígenes, y menos aún acomodarse a la visión que del "latino" se tiene en los Estados Unidos.[22] Lo fundamental de la resistencia es esa conciencia colectiva que ofrece una multiplicidad dentro de la unidad, y que se manifiesta no importa dónde se escriba e incluso en el idioma en que se realice. Ese es el centro de la resistencia, de la supervivencia, de esa identidad plural que va más allá de diferencias geográficas, de idiomas extraños, de discrepancias políticas, de decisiones personales. Es la voz de esos "hombres apretujados" que a lo largo de nuestra historia han luchado por un lugar bajo el sol, y que se alcanza cada vez que un dramaturgo cubano crea su obra.

En el caso de los teatristas que trabajan fuera del país, la supervivencia se hace más agónica cuando se observa la escasa representatividad escénica de sus textos, es decir, su aceptación como dramaturgos más allá de su condición "latina". Los éxitos internacionales de Triana, Fornés o Manet son notables excepciones que confirman la regla: el escritor "latino" debe funcionar con los circuitos "latinos", y si no lo hace así perderá su identidad. La resistencia marca su propia condición de teatrista.

La resistencia, que en cada caso asume estrategias diversas para lograr la supervivencia, será otro de los hilos conductores que emparentan el teatro de "las dos orillas" y lo hace tan unido como los dos rostros de Jano. Es pues la "unidad de pluralidades" la que identifica la resistencia en la dramaturgia cubana de ayer y de hoy, de dentro y de fuera, y que se manifiesta con la terca resolución de escribir, ya que hacer teatro fuera de Cuba (y en la Isla) es siempre un modo de existir, de supervivir, de resistir, de ser idéntico, de asumir los "intentos nobles del cubano" de que hablaron resistentes tan inconmovibles como Lezama Lima o Piñera.

Otro aspecto en común es el humor, el choteo, en una palabra el "relajo criollo". Ya Mañach aportó su "Indagación del choteo" y años más tarde Fernando Ortiz nos dejó un texto aún inédito sobre ese tema.[23] Lo interesante es que esa fuente común de nuestra escena (y que yo sostengo está

---

[22]Ver al respecto Pedro R. Monge Rafuls, "Sobre el teatro cubano", en **OLLANTAY Theater Magazine**, Vol. II, No. 1, Winter/Spring 1994, pp. 105-109.

[23]Ha sido reproducido, con el título "El choteo", en *Albur,* año IV, número especial, mayo 1992. Es una publicación de los estudiantes del Instituto Superior de Arte (ISA) quienes han logrado números excepcionales con materiales inéditos de Piñera, Mañach, Lezama Lima, Cintio Vitier, Fina García Marruz, el padre Las Casas, Octavio Smith, Félix Pita Rodríguez, Samuel Feijóo y otros escritores.

presente en nuestro primer texto *El príncipe jardinero y fingido Cloridano* (1730-33) es una forma también de resistencia frente a una realidad que se nos hace imposible de transformar. El humor, el choteo, y sobre todo la parodia, serán instrumentos demoledores de categorías y valores, pero al mismo tiempo de reestructuración del medio social. En una palabra, de "parejería", es decir, hacernos a todos parejos, democratizar el entorno y ofrecer una visión más real de la realidad. Y ese humor que puede ser trágico es constante en nuestra dramaturgia, no importa dónde o cómo se escriba, pues es una visión que aúna identidad, resistencia y cubanía. Encuentro al azar una frase de Bentley: "Quizá los hombres no parodian sino aquello que aman en secreto; tal vez envidian las proezas logradas por el autor parodiado; o tal vez piensan que podrían superarlo",[24] pero cuando un dramaturgo cubano parodia no hace más que poner las cosas en su verdadero sitio a través de un acto de transgresión y reordenamiento, o como dice Pavis[25], "por medio de un gigantesco juego de masacre".

El choteo es otro de esos hilos de Ariadna que unifica las expresiones teatrales de dentro y fuera de la Isla, y que nos libra del Minotauro de la falsa dicotomía. Y junto al choteo lo grotesco, lo sorpresivo, el *coup de théâtre*, el absurdo, el delirio paródico, y esa intermitente oscilación entre lo aparencial y lo real, que es en definitiva la esencia del juego teatral. El mundo de la apariencia se torna real, mientras la realidad se torna imprecisa y ambigua. Recordemos en *El príncipe jardinero...* los versos 583 y 584 en los que Aurora le replica al fingido Cloridano "que pareces lo que no eres / y eres lo que no pareces". El choteo corre por las arterias de nuestra escena, pasa a los bufos del XIX, se despliega en el Alhambra, y asume características tragicómicas en Piñera y la dramaturgia de fuera de la Isla, como lo demuestran *Las hetairas habaneras* (1989) de José Corrales y Manuel Pereiras, texto que considero una de las más logradas y fascinantes obras de nuestro teatro actual, y *Antígona-Antígona* (1994) de Héctor Santiago, para sólo citar dos títulos.

Recuerdo ahora lo que Piñera escribió en 1960[26]: "Yo diría que el humor es un anestésico necesario para el dolor de la verdad".

The play is the thing...

A través de estas constantes –insularidad, resistencia, identidad, choteo,

---

[24]Bentley, *La vida del drama* (Barcelona: Edit. Paidós Ibérica, S.A., 1982), p. 199.
[25]Pavis, *Diccionario del teatro* (La Habana: Edición Revolucionaria, tomo II, 1988), p. 350.
[26]Piñera, en *Lunes de Revolución,* No. 51, marzo 21 de 1960, p. 39.

otredad, parodia, familia amenazada, realidad y apariencia–surge una dramaturgia común que se unifica y define en términos de conciencia histórica y diversidad expresiva, como un rostro múltiple que se contempla en su espejo, "ese objeto verdaderamente teatral",[27] al que no hay que culpar por la imagen que refleja. Es una dramaturgia vital, que entronca ambas orillas y que aspira a su unicidad orgánica. Lo que importa en definitiva es asumir ese "otro" teatro y juzgarlo en función de su calidad estética más allá de coyunturas temporales que vencerán a la ausencia y el olvido.

Y ahora, leamos las obras.

II

Una femenina conducta de vida

Cuando María Irene Fornés ganó en 1960 una mención en el Premio Casa de las Américas con *La viuda*, era un nombre desconocido para el teatro cubano. Debido a sus largos años de ausencia (había salido de la Isla en 1945) no participó en el movimiento dramático que alcanzó cierta resonancia en los cincuenta, ni se le asociaba a grupo alguno. *La viuda* fue publicada, pero María Irene continuó siendo una desconocida y pronto fue olvidada. Luego, poco a poco, sus estrenos en los Estados Unidos se conocieron, sus frecuentes premios "Obie" despertaron admiración, su labor en el *Playwriting Lab* en INTAR aumentó su prestigio, y en apenas dos décadas se convirtió en la dramaturga cubana más estrenada, publicada y estudiada fuera de la Isla. Pero lamentablemente, en Cuba sus textos seguían siendo tan desconocidos como la autora en 1960.

Ahora tengo en mis manos *Fefu y sus amigas*, que estrenó y dirigió en 1977 en Nueva York. Cuando me enfrento a la obra pienso inevitablemente en Chéjov y el impresionismo, tal vez por ese diálogo que se desarrolla en un plano doméstico y aparentemente intrascendente, en esa especie de contrapunto de banalidades en el que un grupo de amigas revelan sus intimidades y frustraciones, en esa sensación de que los personajes no conversan sino que se escuchan a sí mismos, que se han reunido para monologar. Como analiza Gabriela Roepke "la frase corta, incisiva de Fornés no se presta al diálogo. Todos los personajes afirman algo que no tiene respuesta o monologan. El diálogo no existe, la conversación menos".[28] Las mujeres es-

---

[27]Bentley, ob. cit., p. 147.

[28]Gabriela Roepke, "Tres dramaturgos en Nueva York", en *Lo que no se ha dicho.*, ob. cit., p. 86.

tán ahí, piensan en voz alta, se mueven incesantemente, y terminan por manifestar una femenina conducta de vida.

La construcción de la pieza permite que cada una de las protagonistas tenga su momento de la verdad; es entonces que el diálogo fragmentado se transforma, en ocasiones, en largas tiradas. La primera parte pertenece a Fefu; en la segunda parte: el césped a Emma; el estudio a Cristina y Cindy; el dormitorio a Julia; la cocina a Paula, Cecilia y Sue; la tercera parte al conflicto de Fefu y Julia que tal vez podría tomarse como el centro de la obra y que conduce a una nueva muerte de Julia. Y alrededor de todas, como una presencia ominosa, la conducta de vida masculina, la nostalgia del hombre y el absurdo de la muerte de la que sólo nos salvan los guardianes que nos dan amor.

Fefu y sus amigas se estructura en tres partes, pero cada una de ellas está realizada a base de pinceladas escénicas que componen un gran friso final que abre y cierra el rifle con el que Fefu dispara al inicio sobre su marido y al final sobre un conejo. La primera y tercera parte de la pieza es un *living room* que debe ser observado en la forma tradicional, es decir, con los espectadores sentados tranquilamente en sus butacas. La segunda parte se organiza en cuatro escenarios diferentes y simultáneos: el césped, el estudio, el dormitorio y la cocina. De acuerdo con las instrucciones de la autora, "el público es dividido en cuatro grupos. Cada grupo es conducido a los diferentes espacios. Las escenas son actuadas simultáneamente. Cuando las escenas han terminado, el público se mueve al siguiente espacio y las escenas son actuadas de nuevo. Esto es repetido cuatro veces hasta que cada grupo ha visto las cuatro escenas. Entonces, el público es llevado al escenario principal". No es sorprendente que *Fefu y sus amigas* haya sido calificada como una de las pocas obras "experimentales que se escribieron en la década"[29] (de los setenta). Para este libro, María Irene ofrece una nueva versión de la segunda parte, donde suprime toda la estructura descrita. Ambas opciones de representación son presentadas juntas por primera vez.

Este tratamiento múltiple, simultáneo y aleatorio fragmenta la estructura dramatúrgica y la remite a esas pinceladas impresionistas a las que me he referido, y donde al no suceder, aparentemente, cosa alguna, convierten la acción en actividad escénica en la que el *stage time* y el *stage space* hacen que las cosas sucedan fuera del tiempo cronológico y más allá de las fronte-

---

[29]Bonnie Marranca, "María Irene Fornés", en *American Playwrights: A Critical Survey* (New York: Drama Book Specialist, 1981), según Beatriz J. Rizk: "Cuatro dramaturgos latinos: María Irene Fornés, Miguel Piñero, Tato Laviera y Pedro Pietri", en Miguel Falquez-Certain, editor; Silvio Torres-Saillant, coordinator, *New Voices in Latin American Literature*, (New York: **OLLANTAY Press**, 1993), p. 145.

ras conocidas.[30] Por su parte Bonnie Marranca habla (refiriéndose a *Abingdon Square*) de la "naturaleza icónica de las escenas", la "miniaturización" de la dimensión de escala de las escenas, de la influencia pictórica, y de cómo el espacio escénico y el público forjan una unidad arquitectural,[31] términos que podrían aplicarse sin dificultad a *Fefu y sus amigas*. Fornés somete sus textos a una exposición diafragmática (*Fefu*... posee seis escenas; *Mud* diecisiete; *The Conduct of Life* diecinueve) que difumina la acción, la somete a estructuras que recuerdan en ocasiones una partitura musical, entrega claves simultáneas, y termina por elaborar una especie de viñetas que conforman el evangelio puritano de una femenina conducta de vida.

A pesar de sus cincuenta años de ausencia geográfica y de escribir en inglés (aunque la dramaturga no sea remisa a su lengua materna, *Abingdon Square* fue escenificada en San Diego en sucesivas representaciones en inglés y español) María Irene Fornés pertenece al teatro cubano. Su sentido del evento de participación, el grotesco, la idea de la vida como un absurdo cotidiano regido por el azar o el *nonsense*, la dialéctica del opresor/oprimido y el intercambio de roles, y la parodia y la farsa como elementos desacralizadores de falsos valores morales, la emparentan con lo que Beatriz J. Rizk califica de "tradición teatral (...) en su Cuba natal",[32] mientras Susan Sontag habla de su inspiración profundamente cubana que le recuerda las fantasmagorías de Lydia Cabrera, Calvert Casey y Virgilio Piñera.[33]

Espero que la publicación de *Fefu y sus amigas* servirá para reconocer a esta dramaturga nuestra que aún hoy, injustamente, es tan desconocida en Cuba como lo era cuando obtuvo en 1960 una mención en el Premio Casa de las Américas.

Las monjitas ejecutan una farsa macabra

No puedo evitar asociar a Eduardo Manet con las despedidas. Hace cuarenta y seis años, con un grupo de amigos comunes, fui a su casa para despedirlo, pues al día siguiente salía para Europa, a ese "distanciamiento cultural" que en la época llevó a Carpentier a Caracas, y Piñera a Buenos

---

[30]Richard Gilman, *Introduction to María Irene Fornés, Promenade and other plays* (New York: Winter House, Ltd., 1971).

[31]Bonnie Marranca, "*The State of Grace. María Irene Fornés at Sixty-Two*", en *Performing Arts Journal* 41, p. 26.

[32]Rizk, ob. cit., p. 142.

[33]Susan Sontag, *Preface to María Irene Fornés plays* (New York: PAJ Publications, 1986), p. 7

Aires, asfixiados por el "aire caliente". En realidad apenas si le conocía, pero ya Manet se había ganado un prestigio entre los jóvenes dramaturgos con el estreno de *Scherzo* y era uno de los más prometedores autores de esa generación de los cincuenta que se frustró. Años más tarde lo reencontré en París y una vez más lo despedí cuando me anunció su retorno a Cuba a principios de 1960. Un año después volví a verlo en La Habana, y juntos trabajamos en el Conjunto Dramático Nacional, que él dirigía. Un día de finales de 1968 supe que había regresado definitivamente a París, y lamento que esta vez no lo despedí. Tuve noticias del exitoso estreno de *Las monjitas* y su larga duración de 360 representaciones, la obra cubana que más tiempo ha permanecido en escena, tanto en la Isla como fuera de ella. Y finalmente lo reencontré una vez más en París en 1994. El joven prometedor que despedí por primera vez en 1949 se ha convertido en un importante escritor, ampliamente reconocido y con varias obras representadas en Europa, Canadá y los Estados Unidos, pero inexplicablemente menos conocido en el mundo hispano. Posiblemente este libro sea una de las rarísimas veces en que Manet aparece como dramaturgo cubano, y esa injusticia alcanza tanto a la Isla como a los propios Estados Unidos. Y sin embargo, el escritor ha confesado que "entre más escribía más se acercaba a Cuba"[34] y que "hoy diría que escribo en francés, pero que soy profundamente latinoamericano".[35]

Las monjas (o mejor aún *Las monjitas* que era su título original pero que en otros idiomas pierde su connotación irónica) se escribe en La Habana entre octubre y noviembre de 1967. La pieza se inscribe sin dificultad en esa renovación escénica que abre *La noche...* de Triana en 1965, y que pasa por *María Antonia* (1967) de Eugenio Hernández, *La vuelta a la manzana* (1967) de René Ariza, *Los siete contra Tebas* (1968) de Antón Arrufat, *Dos viejos pánicos* (1968) de Virgilio Piñera, *En la parada llueve* (1968) de David Camps, *Juego de actores* (1969) de Guido González del Valle, *La procesión de San Lázaro* (1969) de Jesús Abascal, *Ejercicio de estilo* (1969) de Piñera, *Los juegos santos* (1970) de José Santos Marrero, *La toma de La Habana por los ingleses* (1970) de José Milián y *El Decálogo del Apocalipsis* (1970) de Ramiro Guerra,[36] renovación que el "decenio oscuro" congeló hasta 1976 y que reaparece con nueva fuerza a mediados de los ochenta. Pienso que esa misma renovación dramatúrgica acompañó a muchos escritores que abandonaron la Isla en los setenta y especialmente los ochenta, y que no ha sido

---

[34]Agencia ANSA, noviembre 4 de 1994.

[35]*Tribune de Genève*, octubre 25 de 1994.

[36]Ver mi prólogo "Piñera inconcluso" al *Teatro inconcluso de Virgilio Piñera* (La Habana: Unión, 1990), pp. 16-22, sección "El síndrome de los setenta".

estudiada en toda su dimensión, pues quizás caracterice buena parte de la creación teatral que se realiza fuera de Cuba a partir de esos años, y que demostraría la existencia de un invisible tejido que entreteje el teatro y la cultura cubanos.

En *Las monjas* descubrimos de inmediato un universo cerrado, una situación límite que rodea a los personajes, un mundo sin salida ni escapatoria, una ritualización de las acciones regida por la sangre y la violencia, un infierno cotidiano del cual no se puede escapar sino a través de un acto de transgresión. Como expresa Phyllis Zatlin, "Manet dijo a Benmussa en su entrevista que él concibió su trabajo como una investigación de la 'simulación', un término que él define como ir más allá de la mera hipocresía para incluir complejos juegos teatrales".[37] Estos juegos teatrales integran un "meta-teatro" (*"role-playing within the role"*[38]) que si bien se nutre de una realidad concreta (aunque ofrecida como parábola, una vieja estrategia del teatro cubano) me recuerda a Sartre y sobre todo a Genet, cuyas *Criadas* estrenó brillantemente Morín en enero de 1954 con las inolvidables actuaciones de Miriam Acevedo y Ernestina Linares. Y por supuesto, pienso de nuevo en Piñera, autor en el que descubro insospechados vasos comunicantes con Genet.[39] *Las monjas* posee ese grado de ambigüedad como elemento reproductor de sentidos que aparece en el teatro cubano a finales de los sesenta (nuestros "años felices" en el teatro, como les llamamos en Cuba) y que situó a la totalidad de los títulos que he citado en el índice prohibitivo o en esa zona de marginalidad que aplazó la renovación que se anunciaba o la desplazó al "nuevo teatro" con una marcada intención sociopolítica.

Lo que más impresiona en la obra de Manet es esa relación entre el microcosmos del sótano de un depósito abandonado y la turbulencia del macrocosmos exterior (la revolución haitiana de 1804) que nos remite a variantes de la familia y a la fórmula del espejo que refleja su propia imagen. De nuevo el mundo que se ofrece en la escena es amenazado por un peligro que llega del exterior, una amenaza continua que se traslada de afuera hacia adentro, y que termina por transformar el núcleo interno en un infierno,

---

[37]Phyllis Zatlin, *"Nuns in Drag? Eduardo Manet's Cross-Gender Casting of Les Nonnes"*, en *TDR The Drama Review*, Vol. 36, No. 4, 1992, p.116 (La traducción es mía).

[38]Zatlin, *Cinematic Devices in the Cuban-French Theatre of Eduardo Manet"*, en *Studies in Modern and Classical Languages and Literatures*, ed. Richard A. Lima. 3, 1990, p. 38.

[39]Leal, "Piñera-Genet: La transgresión del espejo", ponencia presentada al XI Congreso de la Asociación Internacional de Críticos Literarios, celebrado en La Habana en julio de 1990. Ha sido reproducida en *Conjunto* (Cuba), no. 87, abril-junio de 1991, pp. 42-44, y en *Espacio* (Argentina), año 7, no. 1, 1993.

donde se realiza, al decir de Zatlin[40], una farsa macabra. Volvemos a la unión de los contrarios que muestra nuestra escena de la década de los sesenta, y donde el trueque de realidades y la incorporación del "otro" (que soy yo mismo) es asumido con frecuencia por los dramaturgos.

Tampoco nadie se queda del todo

En *Nadie se va del todo* de Pedro R. Monge Rafuls entramos de lleno en el tema del regreso al hogar. La pieza se desarrolla en dos períodos históricos que enmarcan la vida cubana entre 1960 y 1991, es decir, entre los inicios de la revolución, con su carga de violencia y sangre, y la visita fugaz de algunos exiliados en busca de su memoria olvidada, de sus muertos, de su paraíso perdido. El texto resulta conmovedor y creíble pues plantea la dolorosa ruptura de la sociedad cubana que a pesar de todo se mantiene unida en torno a la identidad nacional, y que no importan los años transcurridos, la nostalgia o el resentimiento, se siente parte de un destino común. La visión de Monge Rafuls es irónica, en ocasiones amarga o agresiva, pero siempre honesta, en la que los espectros del pasado se transforman en una imagen lacerante, como una herida sangrienta que el autor restaña en todo momento. Creo que hay pocos instantes en nuestra dramaturgia que puedan parangonarse con la escena en que Lula levanta a su hijo Tony, de pocos meses de edad, para que contemple el fusilamiento público de su padre, y que parece una página arrancada a Dostoievski.

Pero *Nadie se va...* no se entrega a la violencia o la venganza, sino por el contrario al reencuentro, al anhelo de establecer un diálogo en que partiendo de las pasiones se arribe a la comprensión, alcanzada paradójicamente a través de la unidad que respete las diferencias, a un nexo que se basa en la existencia de contrarios. Esta vez Ulises regresa a Itaca después de una larga ausencia...y perdona a los pretendientes. Cuando Lula regala a Asunción una blusa para su madre (que ella sospecha fue la que delató a su marido) la obra se cierra, y el pasado lejos de hacerse presente, como teme Lourdes, la esposa de Tony, desaparece en aras de un reencuentro que ha transformado la vida de todos.

Tienen razón Lillian Manzor-Coats[41] y José Corrales[42] cuando señalan que

---

[40]Zatlin, *"Nuns in Drag?..."*, p. 11.

[41]Lillian Manzor-Coats, presentación a *Nadie se va del todo* (mecanoscrito, s.f., inédito).

[42]José Corrales, presentación a *Nadie se va del todo* (mecanoscrito, s.f., inédito).

Nadie se va... alcanza un contexto que rebasa lo meramente anecdótico y coyuntural para asumir el drama de los "desterritorializados", de las memorias truncas, de las gentes "extrañas" que por una razón u otra se alejaron de su lugar de origen. La vigencia, el significado de la pieza, supera los marcos insulares y se instala en una problemática más universal. Una vez más volvemos a la dialéctica de lo local y lo universal. Al mismo tiempo, lanzando un reto a la creatividad de cualquier director, la estructura dramatúrgica de la obra es una de las más novedosas que el teatro cubano puede ofrecer en los últimos años al mezclar el tiempo y el espacio en una concepción que Manzor-Coats[43] define como "tratamiento fractal rizomático". En efecto, si bien la disposición escénica (cuatro lugares a la vez: Nueva York, Miami, Central Zaza y La Habana) se desplaza en un eje de sincronía definido por la simultaneidad de acciones en un mismo plano, el tiempo se desarrolla en un eje de diacronía pero que no es lineal sino que asume la técnica del *puzzle*. La confluencia de ambos ejes apoya la expresividad de la obra, su riqueza de sentidos, que al mismo tiempo alcanza un alto nivel de ambigüedad.[44]

Por un lado está la caja de zapatos Amadeo que Antonio regaló a su hijo Julio, y que atesora fotografías de héroes y mártires, y que al final, en medio de una tormenta, vuelan en todas direcciones. Creo que el significado de la caja es la historia de Cuba, que el propio personaje resume al expresar: "Fotos de todos los mártires revolucionarios..., de Martí...de Batista... Fotos, fotos...., los héroes... ¿En qué año fue que Colón descubrió a Cuba?... *(Pausa. Piensa)* El sistema no tiene fallas... ¿Cuándo comenzaron a traer los chinos?... *(Pausa)* ¿Para qué los traerían?...¡ah!...¡para planchar...! A él *(se pasa la mano derecha por la barbilla en un movimiento muy rápido)* no lo salva ni el médico chino... Las fotos..., no tengo casi ninguna de colores..., la carta... Que no se metan conmigo, que yo no me meto con ellos..., aquí hay una de Platt..., el de la enmienda... Yo, a todos les sé... esta caja, esta caja..., tiene el secreto que... Esta es de Maceo, déjame esconderla aquí.., el secreto, ni Nena lo va a poder encontrar...". Pero Juan Carlos Martínez[45] se pregunta: "¿Qué ha ocurrido? ¿Cómo explicar su comportamiento? ¿Está negando Antonio la historia que él mismo ha compilado durante tres décadas, o nos está

---

[43]Lillian Manzor-Coats, ob. cit.

[44]Pudiéramos quizás hablar de un entrecruzamiento del "espacio por agregación" que lleva a una representación "continuativa", y el "espacio sistémico" que conduce a una representación "distintiva", siguiendo la clasificación de Erwin Panofsky. Ver Arnold Hauser: *Historia social de la literatura y el arte,* tomo I (Madrid: De. Guadarrama, Punto Omega, 1978), p. 343, nota 17.

[45]Juan Carlos Martínez, "El reencuentro, un tema dramático", en *Lo que no se ha dicho,* ob. cit., pp. 70-71.

sugiriendo que cada uno debe recoger su papelito–su parte de la historia– y ayudar a construirla nuevamente?".

Y esa ambigüedad se ahonda en la escena final cuando Lula en Nueva York expresa: "Es una cosa que uno la cuenta y no la creen", y su hijo Tony le responde: "Yo creo que debíamos suspender el viaje". Es el último parlamento de la obra pero que abre una inquietante pregunta: ¿se efectuó el regreso de Lula y Tony a Cuba? ¿O es más bien que el autor "metaforiza la existencia de una memoria colectiva que garantiza la continuidad histórica del pueblo cubano, a contracorriente de pesares, desarraigos, exilios y revoluciones?".[46]

Nadie se va del todo no es *a memory play* sino una pieza que busca la memoria, porque nadie puede escapar a sus orígenes, a sus recuerdos, a sus muertos, a su historia. Un tigre puede huir de su jaula, pero no de su piel rayada. Pero igualmente sucede que si nadie se va del todo, también es verdad que nadie se queda del todo.

El hijo de Pedro Páramo regresa a Comala

Balada de un verano en La Habana de Héctor Santiago forma parte de un amplio ciclo que el autor denomina "Los rituales del miedo". Volvemos al tema del reencuentro, de la unidad familiar, pero esta obra más que insistir en esa temática puede ser leída como un homenaje a la fuerza del teatro y la cultura popular, pues Santiago busca su memoria colectiva a través de las figuras que la dramaturgia y el folklore nacionales han creado: Luz Marina Romaguera, Agamenón y Electra Garrigó, Tabo y el propio Virgilio (Piñera); Alejandro (Alberto) Yarini, la Macorina, Jimmy y el Chino (Carlos Felipe); Sara y Tulipa (Manuel Reguera Saumell); María Antonia (Eugenio Hernández); Pato Macho (Ignacio Gutiérrez); Caín (Abelardo Estorino); Carlota (Fermín Borges); Pericas (Nicolás Dorr); Pura (Flora Díaz Parrado); Camila (José R. Brene); Lila (Rolando Ferrer); Miguel y Mario (José Corrales); Juana, la cubana y Mime (Monge Rafuls); Padre Rabel (René Alomá); Rita (Manuel Martín); Machito (Carmelita Tropicana); Alfredo Márquez (Machado); Roberto González Amador (Ivan Acosta). Rosa la china (Ernesto Lecuona); Pancha Jutía (Bartolomé José Crespo Borbón); Taita Jicotea (Lydia Cabrera); Chucho, Jacinto y José (Osvaldo Farrés); Dolores Rondón, Olga la tamalera, Bigote 'e gato (folklore), así como alusiones a *Nadie se va del todo* (Monge Rafuls); *Bebo and the Band* (Pereiras García); *La plaza chica* (Fornés); *El palacio de los gritos* y *Juana Machete, la muerte en bicicleta* (Corrales) y *Volumen de*

---

[46]Juan Carlos Martínez, ibid.

Carlota (Fermín Borges).[47] Como expresa el personaje Santiago, su regreso a Cuba es una verdadera "borrachera de nostalgia".

Pero al mismo tiempo confiesa el autor: "con esta obra regresé a visitar mis muertos y cerrar ciclos con los vivos, por lo que la obra está plagada de instantes autobiográficos (...). El primer acto expone el aferramiento de Teresa a una realidad que no quiere reconocer está en ruinas y es un sueño traicionado. En el segundo el mismo proceso ocurre con Santiago en términos de no querer desmitificar el exilio. Cuando parece que ambas posiciones son irreconciliables, los elementos culturales (religión, recuerdos, nacionalidad) se encargan de reconciliarlos como un solo pueblo, una sola cultura, y queda la derrota de ambos sueños, el exilio y la revolución":

Santiago. ¡El exilio es una mierda!
Teresa. ¡La revolución es otra mierda! (...) Me engañaron, mi hermano.
Santiago. Yo también he tenido que enfrentarme a mis mentiras.
Teresa. ¡Al menos tenemos algo en común!
Santiago. Sí ¡somos hermanos! (...) Al final el amor nos hará olvidar y tendremos que perdonar. Cuando miremos para atrás no habrá víctimas ni verdugos, sencillamente gente que estuvo atrapada en un mal sueño.

Si bien hay acercamientos y tropismos entre *Balada...* y *Nadie se va del todo* (el tema, el perdón final, la unidad de los contrarios, la irrealidad del relato) tanto el tratamiento dramático como el sentido de la nostalgia y el áspero choque familiar las distinguen por completo. Se trata de dos miradas a un mismo objeto, de dos perspectivas diferentes que enriquecen esta temática y la universalizan al superar esquemas e intolerancias. No hay diálogo de sordos sino por el contrario el encuentro de una voz con su propio

---

[47]Las obras donde, aparecen estos personajes son: *Aire frío, Electra Garrigó* y *Dos viejos pánicos* (Piñera); *Réquiem por Yarini, El travieso Jimmy* y *El chino* (Felipe); *Sara en el traspatio* y *Tulipa* (Reguera Saumell); *María Antonia* (E. Hernández); *El Pato Macho* (Gutiérrez); *Los mangos de Caín* (Estorino); *El volumen de Carlota* (Borges); *Las pericas* (Dorr); *El velorio de Pura* (Díaz Parrado); *Santa Camila de La Habana Vieja* (Brene); *Lila, la mariposa* (Ferrer); *Miguel y Mario* (Corrales); *Noche de ronda* y *Nadie se va del todo* (Monge Rafuls); *Una cosita que alivie el sufrir* (Alomá); *Rita and Bessie* (Manuel Martín); *Memories of the Revolution* (Tropicana); *Broken Eggs* (Machado); *El Super* (Acosta); *Rosa, la china* (Lecuona); *La boda de Pancha Jutía y Canuto Raspadura* (Crespo Borbón, conocido como Greta Gangá); *Taita Jicotea* (Lydia Cabrera); *Mis cinco hijos* (guaracha de Farrés); los tres últimos personajes forman parte del folklore y las leyendas populares. Es muy justo cuando el propio autor define su obra y su estilo como amalgama: en realidad *Aire frío, Nadie se va del todo* y *Nunca tuvimos miedo* (Leopoldo Hernández) forman la estructura, el tema y el impulso inicial de *Balada de un verano en La Habana*.

eco: la familia busca el reencuentro consigo misma y su identidad escindida, porque ese es el verdadero "paraíso perdido" y no la nostalgia del paisaje. El tema del regreso pertenece hasta ahora al teatro que se escribe fuera de la Isla, pues los ejemplos que cita Juan Carlos Martínez del teatro que se escribió en Cuba[48] (a los que habría que sumar *Desengaño cruel* (1989) de Luis Agüero y *Blue Moon in Havana* (1994) de Miguel Montesco) son en realidad menores que los que muestra la dramaturgia creada en los Estados Unidos. El trauma de la separación y el anhelo del reencuentro son siempre más dolorosos en el que parte que en el que permanece, y esto origina (entre otros motivos) la riqueza expresiva e imaginativa de esas obras.

Con *Balada...* volvemos a la fantasmagoría de lo real que emparenta esta pieza con la dramaturgia de la Isla, al intercambio de roles (Teresa y Santiago incorporan al padre, la madre y la miliciana), a la ambigüedad como espesor de significados, a la ritualización de la vida cubana[49], a ese *ludus* del ser y la apariencia que hilvana nuestra escena desde sus orígenes. Como aclara su autor, la obra "indaga en el credo religioso isleño dándole así un toque de realismo mágico, que junto con algo de teatro de la crueldad y realismo, crean la amalgama que forma mi estilo".

Héctor Santiago escribe lejos de la Isla, pero sus palabras brotan de esa memoria colectiva, de esa fuente originaria que no se quiere perder ni se olvida, y que se manifiesta en los muertos que los dos hermanos comparten y por los que luchan entre ellos (tal vez el *leit motiv* fundamental del tema del reencuentro), de ese sueño-pesadilla que los ha atrapado. Al final el reloj, que se detuvo en el instante del fusilamiento del tío Jimmy, vuelve a dar sus campanadas: el tiempo ha echado a andar y los muertos guían a los vivos y los unifican.

En este caso, Ulises no regresa a Itaca, sino que el hijo de Pedro Páramo vuelve a Comala para descubrir que todos, incluyendo él mismo, están muertos.

De lo local a lo universal

Aún recuerdo con nitidez la escena. Era la mañana de un domingo de enero de 1961, y en el Teatro del Lyceum de La Habana me presentaron a un joven dramaturgo cuya obra, estrenada pocas semanas antes, era el centro de atracción del momento. El entonces joven se llamaba José Triana, la obra

---

[48] Juan Carlos Martínez, ob. cit., pp. 63-64, especialmente p. 66.

[49] Román de la Campa, "José Triana: ritualización de la sociedad cubana".

en cartelera era *Medea en el espejo*, y nuestra amistad se selló con el regalo que Pepe me hizo de su libro de poemas *De la madera del sueño*. Ya en *Medea...* se apuntaban las características que marcan el teatro de Triana: sentido de lo popular, acento paródico, tradición vernácula, estructuras flexibles, imaginación desenfrenada que llega al delirio, manejo de ritmo escénico, y una concepción dramática que oscila entre la realidad y la ilusión. En 1965 ganó el premio Casa de las Américas con *La noche de los asesinos* que rápidamente se convirtió en uno de nuestros títulos más significativos y traducidos.

El impacto que *La noche...* produjo en la escena cubana perdura aún en la cultura nacional, y para los hombres de mi generación la pieza fue el eco de nuestros propios pensamientos, de esa necesidad vital de amar y existir por encima de limitaciones y reglas ajenas. Lejos de funcionar en un universo cerrado y autónomo, el ritual asesino de los tres hermanos es la expresión de una fuerza renovadora en la sociedad cubana, y dio pie, tanto en la Isla como en el extranjero, a las más disímiles interpretaciones.

En 1980 Triana se instala en París, pero su teatro lejos de perder cubanía ganó en profundidad. Si analizamos sus últimas obras se observa que la preocupación de Triana por las raíces populares (y que ya asomaba en *Medea...* al transformar el palacio de Corinto en un solar chancletero) se ha ampliado como si el autor buscara anheloso no la visión de las palmas heredianas, sino ese choteo, esa manera nuestra de asumir y trastrocar la realidad mediante el chiste paródico. Al respecto, Triana me confesó (carta del 21 de diciembre de 1994), "*La fiesta* es un homenaje al teatro vernáculo. De mi imaginación no se apartan aquellas figuras danzando y delirando en un escenario de telones mal pintados y que apenas tenía una utilería apropiada. Que andaban de trotamundos, llenos de vitalidad y fervor, repartiendo la sana alegría y disparate (...) Pero esa triste o ambigua fantasía me ha permitido escribir esta obra, que busca una libertad y un rigor absolutos." *La fiesta* o *Comedia para un delirio* lleva un exergo del "Arte nuevo de hacer comedias" de Lope que la define y al mismo tiempo caracteriza al teatro de Triana: "Lo trágico y lo cómico mezclados". E incluyo en este exergo lopesco a *La noche...* a pesar de su presunta tragicidad, su sangre y su violencia, pues la obra puede ser leída como una farsa grotesca, un juego adolescente de disfraces, un ritual de mentiras, donde descubrimos al final que nada ha sucedido en la realidad. En las observaciones generales a *La fiesta*, el autor señala que el decorado puede ser una casa, un escenario, un parque, una playa, un fragmento de los Everglades o del palacio de Vizcaya: "Puede ser varias cosas al mismo tiempo. El sentido de su realidad debe estar dado por objetos dispares y anacrónicos (...) La obra es un juego de disfraces". ¿Pero no es éste acaso el sentido total del teatro de Triana?

La fiesta encaja en esa indagación de la familia a la que es tan generosa nuestra escena, y es sintomático que las divergencias en el seno de los Pérez y Villavicencio de Mendieta puedan ser trasladadas sin dificultad a la Isla, lo que evidencia la unicidad del teatro cubano. Y ese sentido de la vida como un carnaval perpetuo (y en nuestra historia no han faltado las caretas) se cierra con la rumba final del teatro vernáculo, que en alguna ocasión[50] he calificado como nuestro *deus ex machina* que resuelve alegremente los conflictos trágicos. Y como siempre la unidad familiar es amenazada por un peligro, un disturbio, un desequilibrio que viene del exterior y cataliza las acciones: en este caso la avioneta que estalla al final, la sociedad ajena que los rodea, y los prejuicios y recuerdos nostálgicos, como esa luna de Bayamo en un cielo azul y donde todo era una fiesta..."a pesar de la política", acota Doña Pepilla.

Triana está en plena madurez creadora y perfeccionando su concepción escénica que llevó a niveles de brillantez insospechada en *La noche de los asesinos* hace ya treinta años. Aquel joven, que me dedicó con timidez su primer libro de poemas, es la figura del teatro cubano más conocida, traducida y representada de todas. Pero en la misma medida en que su obra se monta en los escenarios mundiales su cubanía se afianza y cada vez hunde más sus raíces en las tradiciones populares, y hasta en sus localismos. A este respecto recuerdo la respuesta que Nazim Hikmet dio en La Habana a un novel escritor que le preguntó qué era lo universal. El poeta respondió con humildad: "¿Lo universal?... Lo universal es lo local".

III

Silencio de la cultura y cultura del silencio

Este libro ha sido posible, en primer término, por la calurosa y fraterna acogida de los teatristas que me hicieron llegar sus originales y apoyaron en todo momento el proyecto editorial, así como por supuesto los seleccionados que autorizaron la publicación de sus textos inéditos. Esta condición determinó, en cierto sentido, la selección que se ofrece, que en ningún momento aspira a convertirse en una antología, sino más humildemente es una muestra del teatro cubano que se escribe lejos de la Isla, y que refleja multiplicidad de fórmulas expresivas. Como en toda selección (y llevo treinta y dos años seleccionando teatro) los autores escogidos bien merecen el

---

[50]Rine Leal, "La chancleta y el coturno", prólogo a *Teatro bufo* (Antología), 2 vols., (La Habana: Edit. Arte y Literatura, 1976). Por feliz coincidencia, Triana fue el editor de esos volúmenes.

calificativo de coautores. Agradezco el apoyo y la ayuda de José Corrales, de Roberto Pérez León, de Miguel Falquez-Certain. A Phyllis Zatlin que nos ofreció el original de *Las monjas* y al artista cubano Luis Mallo cuya fotografía aparece en la portada. A los conocidos dramaturgos Hugo Argüelles, Osvaldo Dragún y Rodolfo Santana por sus palabras de apoyo. Y finalmente, *last but not least*, al *National Endowment for the Arts*, y al *The Department of Cultural Affairs of the City of New York*, sin cuyas generosas ayudas y permanentes estímulos al **OLLANTAY Center for the Arts** habría sido imposible (e inútil) la realización de este trabajo, que ofrezco como el primer paso hacia el autorreconocimiento del teatro cubano por encima de las barreras que lo separan. Cuando publiqué en La Habana en 1992 mi artículo "Asumir la totalidad del teatro cubano" nunca pensé que ese breve texto, dictado por una necesidad interior, me llevaría a empeños mayores y a acercarme a esa "otra" dramaturgia que debe ser asumida como parte de nuestro teatro nacional. Lo contrario es imponer el silencio de la cultura que conduce inexorablemente a la cultura del silencio. Ya llegarán los tiempos en que el teatro de "las dos orillas" se unifique en una sola y variada expresión de nuestra cultura.

Y para esos tiempos escribo yo.

La Habana–Caracas, 1995

BIBLIOGRAFIA BASICA

CAMPA, Ramón de la. *José Triana: ritualización de la sociedad cubana.* Institute for the Ideologies and Literature, University of Minnesotta, 1979.

CORRALES, José. Presentación a *Nadie se va del todo* (mecanoscrito, inédito, 1994).

ESCARPANTER, José A. "El teatro cubano fuera de la Isla", en *Encuentro de dos mundos,* v. II. Madrid: Centro de Documentación Teatral, 1987.

———. "La familia en el teatro cubano". **OLLANTAY Theater Magazine,** vol. II, no. 1, winter/spring 1994.

ESPINOSA DOMINGUEZ, Carlos. "Una dramaturgia escindida", en *Teatro cubano contemporáneo.* Madrid: Centro de Documentación Teatral, Sociedad Estatal Quinto Centenario y el Fondo de Cultura Económico, 1992.

GILMAN, Richard. *Introduction. Promenade and Other Plays* (María Irene Fornés). New York: The Winter Repertory 2; Winter House, Ltd., 1971. Incluye *A Successful Life of 3; Dr. Kheal; A Vietnamese Wedding; Molly's Dream; The Burning Light; Promenade; Tango Palace.*

GOMEZ-SANZ, Charles. "The Deal" en *Lo que no se dicho,* **OLLANTAY Press,** New York: *Literature/ Conversation Series,* vol. IV, 1994. (Editor, Pedro R. Monge Rafuls).

GONZALEZ-CRUZ, Luis F. y Francesca COLECCHIA. *Antología de teatro cubano.* Arizona: Bilingual Press/Editorial Bilingüe, 1992.

LEAL, Rine. "Asumir la totalidad del teatro cubano", En *La Gaceta de Cuba,* septiembre/octubre 1992 (reproducido en **OLLANTAY Theater Magazine,** v. I, no. 2, July 1993); "La perla en el Mediterráneo americano", en *Revolución y Cultura,* no. 3, mayo/junio 1993; "Tampoco nadie se queda del todo", presentación a *Nadie se va del todo* (mecanoscrito, inédito, 1993).

MANET, Eduardo. *Plays by Eduardo Manet (In cronological order,* mecanoscrito, inédito, s.f.). Anota *Sberzo* (1948); *Presagio* (1949); *La infanta que no quiso tener ojos verdes* (1949); *Lady Strass* (1977); *Les Poupées en noir* (1990), radio play; *Ma'Déa* (1985); *Histoire de Maheu, le boucher* (1986).

MANZOR-COATS, Lillian. Presentación a *Nadie se va del todo* (mecanoscrito, inédito, s.f.).

MARRANCA, Bonnie. "The state of grace. María Irene Fornés at sixty-two" en *Performing Arts Journal* 41, p. 26

MARTINEZ, Elena M. "Conversación con Pedro R. Monge Rafuls, dramaturgo cubano" (entrevista del 29 de mayo de 1994 en Queens, Nueva York). Aparecerá en *Linden Lane Magazine*.

MARTINEZ, Juan Carlos. "El reencuentro, un tema dramático", en *Lo que no se ha dicho,* **OLLANTAY Press,** New York: Literature/Conversation Series, Vol IV, 1994. (Editor, Pedro R. Monge Rafuls).

MARZAN, Julio. Editor. *Directory of Latin American Writers in the New York Metropolitan Area.* New York: **OLLANTAY Press,** 1989.

MONGE RAFULS, Pedro R. *Curriculum vitae* (mecanoscrito, inédito, 1994)

———. *"Productions history"* (mecanoscrito, inédito, s.f.) *United*, "Trash", "At Carmita's There Always a Fire"; *American Classic: Dracula*.

RIZK, Beatriz J. "Cuatro dramaturgos latinos: María Irene Fornés, Miguel Piñero, Tato Laviera y Pedro Pietri", en *New Voices in Latin American Literature*. New York: **OLLANTAY Press,** *Literature/Conversation Series*, Vol. III, 1993 (edición bilingüe), Miguel Falquez-Certain, editor.

SONTAG, Susan. "Preface to María Irene Fornés Plays". New York: PAJ Publications, 1986. Contiene *Mud, The Danube, The Conduct of Life, Sarita*.

VARIOS. "Manos a la obra. Respuesta a Rine Leal", en **OLLANTAY Theater Magazine**, Vol. l, No. 2, July 1993.

VARLICK, Roberto. "Sifting Through Trash: A Solo Vision", en **OLLANTAY Theater Magazine**, Vol. III, No. 1, *winter/spring*, 1995.

ZATLIN, Phyllis. "Nuns in Drag? Eduardo Manet's Cross-Gender Casting of *Les Nonnes*", en *TDR The Drama Review,* Vol. 4, No. 36, 1992, pp. 106-120.

———. "Cinematic Devices in the Cuban-French Theatre of Eduardo Manet", en *Studies in Modern and Classical Languages and Literatures*, ed. Richard A. Lima, 3 (1990): 37-43.

FEFU Y SUS AMIGAS

María Irene Fornés

FEFU AND HER FRIENDS fue estrenada el 5 de mayo de 1977 por el New York Theater Strategy en el Relativity Media Lab.

FEFU	*Rebecca Schull*		
CINDY	*Gwendolyn Brown*	LUCES	*Candice Dunn*
CHRISTINA	*Carolyn Hearn*	VESTUARIO	*Lana Fritz*
JULIA	*Margaret Harrington*	ESCENOGRAFÍA	*Linda Conaway*
EMMA	*Gordona Rashovich*		
PAULA	*Connie LoCurto Cicone*	DIRECCIÓN	*María Irene Fornés*
SUE	*Janet Biehl*		
CECILIA	*Joan Voukides*		

Fefu and her Friends fue publicada por PAJ Publications, Nueva York, en 1978. Una segunda edición se publicó en 1992.
Fefu y sus amigas ha sido traducida al español por María Irene Fornés.

MARIA IRENE FORNES
Nació en La Habana en 1930. En 1945 viaja a los Estados Unidos y durante años se dedica a la pintura. Luego se traslada a París donde reside tres años. En 1960 comienza a escribir *Tango Palace* y al año siguiente recibe una mención del Premio Casa de las Américas con *La viuda,* que es editada ese mismo año. Ha estrenado *Tango Palace* (1962); en el Judson Poet's Theatre con música de Al Carmines; *The Successful Life of 3* (1965); *Promenade* (Musical, 1965. Premio Obie); *The Office* (1966); *A Vietnamese Wedding* (1967); *The Annunciation* (1967); *Dr. Kheal* (1968); *The Red Burning Light* (1968); *Molly's Dream* (Musical, 1968); *Cap a Pie* (Musical, 1975); *Fefu and Her Friends* (1977); *The Danube* (1981); *Mud* (1983. Premio Obie); *Sarita* (Musical, 1984); *Drowning* (1985); *The Conduct of Life* (1985. Premio Obie); *What of the Night* (1988. Finalista al Premio Pulitzer); *Oscar and Bertha* (1991); *Terra Incognita* (1992); *Enter the Night* (1993); *The Summer in Gossensass* (1995). Fornés se distingue tanto en la dirección de escena como en la escritura. Ha dirigido casi todas sus obras y además obras de otros escritores contemporáneos. También ha dirigido a Calderón, Chéjov e Ibsen. En 1980 funda el taller de dramaturgia de INTAR que en sus trece años formó a diversos autores. Ha sido objeto de estudios y ensayos críticos como los de Susan Sontag y Bonnie Marranca. Ha recibido el "Obie" en la categoría de "sostenidos logros en el teatro" y ha obtenido premios como el *National Endowment for the Arts, Guggenheim Memorial Foundation* y el Premio de Literatura de la *American Academy and Institute of Arts and Letters.* Además de dramaturga, María Irene Fornés ha realizado la traducción de *La vida es sueño* (1981) de Calderón de la Barca y la traducción-versión de *Aire frío* (1987) de Piñera, además de diseños de vestuario y escenografía. La autora escribe en inglés, pero realizó la traducción de *Fefu y sus amigas,* que aparece en español por primera vez.

PERSONAJES

Fefu
Es sencilla, cariñosa y juguetona.
Es compleja, sutil y dinámica. De 50 a 60 años.

Cindy
Fiel amiga de Fefu. Alegre y considerada con los demás. De 35 a 45 años.

Cristina
Amiga de Cindy. De 35 a 45 años.

Julia
Brillante y enérgica. Es alta y delgada. Amiga íntima de Fefu. De 35 a 45 años.

Emma
Un espíritu bohemio y artístico. Ha estado activa en el teatro y en la danza. De 30 a 45 años.

Paula
Es atractiva y simpática. Se dedica a la enseñanza a través de la pintura y la artesanía. Ha practicado deportes. De 25 a 35 años.

Sue
Es contadora pública. Se interesa en las artes, especialmente en la danza. Amiga de Paula y las demás. De 20 a 30 años.

Cecilia
Muy distinguida y atractiva. De pelo y ojos negros. Escribe sobre la filosofía de la enseñanza. De 35 a 45 años.

Nueva Inglaterra, en la primavera de 1935.

Primera Parte: Al mediodía. La sala.

Segunda Parte: Por la tarde. El patio, el estudio, el dormitorio, la cocina. El público se divide en cuatro grupos. Cada grupo es dirigido hacia los distintos espacios. Las cuatro escenas son actuadas simultáneamente. La escena en la cocina sirve de medida. Cuando se termina de representar una escena, se conduce el público hacia la próxima habitación donde la escena vuelve a representarse para el nuevo grupo. Esto se repite cuatro veces hasta que los cuatro grupos han visto todas las escenas. Entonces se lleva al público de regreso a la platea principal.

Tercera Parte: Al atardecer.

La sala de una casa de campo. El decorado y los muebles son una mezcla de estilos, desde fin de siglo hasta piezas rústicas. El conjunto denota simpleza y buen gusto. A la derecha está el zaguán y la puerta principal. A la izquierda hay una puerta y una ventana que dan a la terraza, al patio y a un lago. En la pared del fondo está la escalera que da al primer piso, la entrada a la cocina, al comedor y a otras habitaciones de la planta baja y puertas de cristal que dan al exterior. En el centro hay un sofá. Frente al sofá hay una mesa de pie. A cada lado del sofá hay una silla. Al fondo-izquierda hay un piano. Más al frente hay una lámpara de pie. Contra la pared de la derecha hay un estante de bebidas con licores, vasos, un cubo de hielo y un sifón de agua. Recostado contra el marco de las puertas hay un rifle de doble cañón. En la mesa hay una vasija con chocolates. En el espaldar del sofá hay una manta.

PRIMERA PARTE

Fefu está en el descanso de la escalera. Cindy está recostada en el sofá. Cristina está sentada en la silla a la derecha.

FEFU. Mi marido se casó conmigo para tener presente cuán aborrecibles son las mujeres.

CINDY. ¿Cómo?

FEFU. Sí.

CINDY. Qué horrible.

FEFU. No.

CINDY. ¿No es horrible?

FEFU. No.

CINDY. No creo que nadie pueda casarse por eso.

FEFU. El sí.

CINDY. ¿Te lo dijo?

FEFU. Continuamente.

CINDY. Dios.

FEFU. Yo me río cuando lo dice.

CINDY. ¿Te ríes?

FEFU. Sí.

CINDY. ¿Cómo puedes?

FEFU. Porque me hace gracia. Y además porque es verdad. Por eso me río.

CINDY. ¿Qué es verdad?

FEFU. Que las mujeres son aborrecibles.

CINDY. ¡Fefu!

FEFU. ¿Te sorprende?

CINDY. Sí. Yo no creo ser aborrecible.

FEFU. No me refiero a ti.

CINDY. ¿No te refieres a mí?

FEFU. No. Es algo que provoca el pensamiento. Es un modo de pensar.

CINDY. Un modo horrible de pensar.

FEFU. Retiro lo que dije.

CINDY. *(A Cristina.)* ¿No es increíble ella?

FEFU. Cindy, es una idea abstracta. Nadie en particular.

CINDY. Nadie en particular. Sólo las mujeres en general.

FEFU. Sí.

CINDY. *(Con ironía.)* Qué alivio. Pensé que te referías a nosotras.

FEFU. *(Afectuosa.)* Eres tonta.

CINDY. Aborrecible y tonta. *(A Cristina.)* ¿Has visto cosa igual?

CRISTINA. Estoy muda.

FEFU. ¿Por qué estás muda?

CRISTINA. Eres increíble.

FEFU. No te ofendas. No tengo tacto, pero no te ofendas. Sé que no tengo tacto. A Cindy no le ofende lo que digo. Ella se hace la que está ofendida, pero no lo está. Ella comprende lo que digo.

CINDY. No es cierto.

FEFU. *(Cariñosa.)* Sí es cierto. *(Pausa.)* Me gustan las ideas. Me llenan de energía.

CRISTINA. ¿El que la mujer sea aborrecible?

FEFU. *(Jocosa.)* Me indigna y me repugna.

CRISTINA. ¿Y eso te estimula?

FEFU. ¿Y a ti no?

CRISTINA. No.

FEFU. A mí sí. Me hace enredarme con la idea. ¿Qué haces tú con lo que te repugna?

CRISTINA. Lo evito.

FEFU. Um. *(A Cindy.)* ¿Tú también?

CINDY. Sí.

FEFU. Dime, ¿nunca has levantado una piedra que ha estado hundida en la tierra? ¿En la tierra húmeda?

CRISTINA. Sí.

FEFU. ¿Y al voltearla está llena de fango?

CRISTINA. Sí.

FEFU. ¿Y de gusanos?

CRISTINA. Sí.

FEFU. ¿Te da asco?

CRISTINA. Sí.

FEFU. ¿Y al mismo tiempo no te fascina?

CRISTINA. Sí.

FEFU. ¿Ves? A ti también te fascina lo repugnante.

CRISTINA. Hm.

FEFU. ¿Ves? Lo que se expone a la intemperie es liso y seco y limpio. Lo que no, lo que está debajo es viscoso y lleno de fango y gusanos. Es otra vida que existe paralela a la que manifestamos. Está ahí, presente, del mismo modo que los gusanos están debajo de la piedra. Si no la reconoces...¡te muerde! *(Pausa.)* Esa es mi opinión. *(Fefu mira su reloj.)* Bueno, ¿quién está para almorzar?

CINDY. *(Levanta la mano.)* Para mí gusanos fritos con bastante pimienta.

FEFU. *(A Cristina.)* ¿Para ti?

CRISTINA. A mí me los pones en un sandwich con mayonesa.

FEFU. ¿De beber?

CRISTINA. Un poco de agua sucia en un vaso grande con hielo.

Fefu se voltea hacia Cindy.

CINDY. Lo mismo.

FEFU. Bien. Voy al jardín a escarbarlos.

Fefu se dirige a la puerta del jardín. Desde allí le hace señas a Cristina que se acerque.

FEFU. Pst... *(Cristina se acerca mientras Fefu toma el rifle.)* ¿No has conocido a Felipe?

CRISTINA. No.

FEFU. Es aquél. *(Apunta el fusil.)*

CRISTINA. *(mirando hacia afuera.)* ¿Cuál?

FEFU. *(Dispara.)* ¡Ese!

Cristina y Cindy gritan. Fefu se sonríe, sopla la punta del fusil, lo pone de nuevo en su lugar y mira hacia afuera.

CINDY. Por Dios, Fefu.

FEFU. Mira. Ya se levanta. Es un juego que jugamos. Yo disparo y él se tira al piso. Cuando oye el tiro cae al piso. Esté donde esté, cae. Una vez cayó en un charco y se mojó todo. *(Mira hacia afuera.)* Sólo se empolvó un poco. Se está sacudiendo el polvo. *(Le dice adiós a Felipe y se dirige hacia la cocina.)* No le ha pasado nada. Pueden verlo. *(Fefu sale.)*

CINDY. *(A Cristina.)* ¿Quieres un trago?

CRISTINA. Sí.

CINDY. *(Se dirige al gabinete de bebidas.)* ¿Qué tomas?

CRISTINA. Whisky con soda. *(Cindy echa hielo y whisky en un vaso. Comienza a echar seltzer con el sifón.)* Sólo soda. *(Cindy pone el vaso a un lado, toma otro vaso y comienza a echar seltzer de nuevo.)* Espera. *(Cindy deja de echar el zeltzer.)* Dame hielo con una gota de whisky. *(Cindy pone el vaso a un lado y toma otro.)*

CINDY. ¿Un hielo o dos?

CRISTINA. Uno para chupar.

Cindy pone un hielo en el vaso y unas gotas de whisky y se lo da a Cristina.

CINDY. Ella es especial. No hay otra como ella.

CRISTINA. ¿Cómo Fefu?

CINDY. Sí.

CRISTINA. Por suerte.

CINDY. No la conoces. Ella es adorable, ¿sabes? En serio, lo es.

CRISTINA. Está loca.

CINDY. Un poco. Tiene un matrimonio extraño.

CRISTINA. ¿Extraño? *(Jugando.)* Es aborrecible. *(Se ríen.)* ¿Cómo es él?

CINDY. El tambien es...alocado. No están locos. Se enloquecen el uno al otro.

CRISTINA. ¿Por qué no se separan?

CINDY. ¿Por qué han de separarse?

CRISTINA. ¿Por qué?

CINDY. Se quieren.

CRISTINA. ¿Se quieren?

CINDY. Claro.

CRISTINA. ¿Quiénes son los otros dos hombres?

CINDY. El sobrino de Fefu, Juan, y Tomás, el jardinero. *(Cindy se da cuenta que Cristina está preocupada.)* El rifle no estaba cargado, sabes.

CRISTINA. ¿Cómo lo sabes?

CINDY. No lo estaba. ¿Cómo iba a estarlo?

CRISTINA. Sonó como si lo estuviera.

CINDY. No tenía proyectil, sólo pólvora.

CRISTINA. Como un cañón.

CINDY. Era pólvora sin bala.

CRISTINA. Sólo el estrépito puede matarla a una. A mi por poco me mata. Aún me late el corazón.

CINDY. Porque te asustaste.

CRISTINA. Claro que es porque me asusté.

CINDY. Quiero decir que no fue nada.

CRISTINA. *(Irónica.)* Qué suerte que no me disparara.

CINDY. Fefu no va a dispararte. Ella sólo le dispara a Felipe.

9

CRISTINA. Muy amable de su parte. Guarda el rifle, no me gusta verlo.
Fefu aparece en la escalera.
FEFU. Acabo de arreglar tu inodoro.
CINDY. ¿Lo arreglaste?
FEFU. Sí. No funcionaba la cosa que impide que el agua se salga. Ya lo arreglé. Estoy esperando que se llene el tanque para ver si funciona bien.
CRISTINA. ¿Eres plomera?
FEFU. Sólo tuve que doblar el metal que sujeta la tapa de goma para que caiga bien encima del hueco. Lo que pasaba es que caía de lado, por eso el agua seguía saliéndose del tanque. *(Fefu se sienta cerca de Cindy.)* Esta vez me asusté, sabes. Me pareció que se había lastimado de verdad.
CINDY. Yo creía que el rifle no estaba cargado.
FEFU. Nunca estoy segura.
CRISTINA. ¿Cómo?
CINDY. Fefu, ¿qué estás diciendo?
FEFU. Me ha dicho que un día pondrá balas en el rifle. Le gusta mortificarme. *(Hay un momento de silencio.)* Ahora las he hecho sentirse mal. *(A Cindy.)* No quiero preocuparte. *(A las dos.)* Así somos, siempre vamos de un extremo al otro. Pero no hay que preocuparse.
CRISTINA. Me asustas.
FEFU. Eso no es nada. Yo también me asusto a veces. Pero no tiene importancia. Al contrario, me hace sentir más fuerte. El no va a poner balas en los rifles. Así somos. Es un juego. Si no le tiro en juego capaz de que le tire de veras. ¿Ves que tiene sentido?
CRISTINA. *(Suavemente.)* Estás loca.
FEFU. No lo estoy. Estoy cuerda.
CRISTINA. Es una estupidez.
FEFU. No lo es.
CRISTINA. *(Suavemente.)* Me deprimes.
FEFU. No te deprimas. Ríete de mí si no estás de acuerdo conmigo. Di que soy ridícula. Yo se que soy ridícula. Anda, ríete. No soporto el pensar que te he deprimido.

CRISTINA. *(Sonriéndose.)* Está bien, me reiré.

FEFU. ¿Te preparo un trago?

CRISTINA. No, sólo estoy chupando el hielo.

FEFU. ¿No te sientes bien?

CRISTINA. Estoy bien.

FEFU. ¿Qué estás tomando?

CRISTINA. Whisky.

FEFU. *(Yendo a tomar el vaso de Cristina.)* Dejame servirte otro.

Fefu va al gabinete de bebidas.

CRISTINA. Sólo una gota.

FEFU. *(Con mucho cuidado deja caer una sola gota de whisky sobre el hielo.)* ¿Así?

CRISTINA. Sí, gracias.

Fefu le da el vaso a Cristina y observa cómo ella se lleva el hielo a la boca y lo chupa.

FEFU. Es lo más gracioso que he visto. ¿No se te enfrían los dedos? *(Cristina dice que sí con la cabeza.)* Necesitas un palito en el hielo como una paleta. Así puedes sostenerlo sin enfriarte los dedos. Yo tengo palitos. Te puedo preparar algunos.

CRISTINA. No, no te molestes.

FEFU. No es molestia. Quizás así me aprecies más. *(Pausa. Se sonríe.)* Soy excéntrica, Cristina. Pero tengo suerte de que no me importa ser excéntrica. Es difícil para los demás a veces, pero no tan difícil. ¿No es verdad, Cindy? Los que me quieren, me quieren precisamente porque soy como soy. ¿No es cierto?

Cindy se sonríe y asiente con la cabeza.

CINDY. Yo te querría aunque no fueras como eres.

FEFU. No me conocieras si no fuera como soy.

CINDY. Yo supiera que en el fondo eres tú.

FEFU *(A Cristina.)* ¿Ves? Tengo buenas cosas. Yo nunca me enfado, por ejemplo.

CRISTINA. Pero enfureces a todo el mundo.

FEFU. *(Lo piensa un momento.)* No.

CRISTINA. A mí me has enfurecido.

FEFU. Lo sé. Y puede que te vuelva a enfurecer. Pero así y todo quisiera que simpatizaras conmigo. ¿Tú crees que es posible?

CRISTINA. ...No sé.

FEFU. Ya veremos. *(Fefu camina hacia las puertas del jardín y dirige las palabras siguientes hacia afuera, en un modo reflexivo.)* Simpatizo con los hombres más que con las mujeres. Los envidio. A veces me siento como el hombre, pienso como él. Ellos se sienten bien en compañía de otros hombres. Las mujeres no. Míralos. Examinan el cortahierbas nuevo...al aire libre, en el sol, mientras nosotras nos sentamos aquí en la oscuridad... Los hombres tienen fuerza natural. Las mujeres tienen que encontrar su fuerza, y cuando la encuentran, sale con amargura y es errática... Las mujeres se sienten intranquilas unas con las otras. Son como cables de alta tensión...chachareando para evitar contacto, o si no, esquivándose unas a otras...como Orfeo... Como si algún dios hubiera dicho, "Y si algún día llegaran a reconocerse, el mundo estallaría". Siempre están al tanto de si llega el hombre. Y hasta que no llega no empiezan a calmarse...tranquilizadas y en un ligero estupor. Con los hombres se sienten protegidas. El peligro se retira. Pueden sentirse casi íntegras. Los hombres son como músculos que cubren los nervios expuestos. Son aisladores. El peligro desaparece, pero el precio es la mente y el espíritu. ¡Alto precio! Nunca lo comprendí. ¿Por qué? ¿A qué le temen? Hm. Bueno... ¿Ustedes saben? Quizás teman que el cielo se derrumbe. *(Se vuelve a ellas.)* ¿Las he vuelto a ofender?

CRISTINA. No, yo también hubiera querido sentir ese apoyo que sienten ellos. La fe que el mundo pone en ellos y la fe conque ellos ven al mundo. Yo sé que no la tengo.

FEFU. Hm. Bueno, tengo que ir a ver cómo va mi inodoro. *(Fefu se dirige a la escalera y sube unos escalones. Saca la cabeza y sonríe.)* La plomería es más importante de lo que ustedes creen.

Cristina se cae de su silla fingiendo un desmayo. Cindy se dirige a ella.

CINDY. *(Orgullosa de Fefu.)* ¿Qué te parece?

CRISTINA. No puedo pensar. Me duele todo. Estoy hecha pedazos.

CINDY. ¿Puedo ayudarte?

CRISTINA. Cántame algo.

Cindy canta una canción alegre. Cristina le hace segundo. Después se oye el sonido de un claxon. Fefu entra.

FEFU. Es Julia. *(A Cristina que está en el piso.)* ¿Estás bien?

CRISTINA. Sí. *(Fefu sale al zaguán. Cindy también va.)* ¡Siempre me sorprende! *(Cristina se pone de pie.)*

FEFU. *(Fuera de escena.)* ¡Julia!...déjame ayudarte.

JULIA. Yo puedo. Estoy muy fuerte.

FEFU. Bien.

JULIA. ¿Tienes mi maleta?

FEFU. Sí.

Julia y Fefu entran. Julia está en una silla de ruedas.

JULIA. Hola, Cindy.

CINDY. Hola querida, ¿cómo estás?

JULIA. Estoy muy bien. Ya puedo conducir. Debes ver mi coche. Es sorprendente cómo lo han arreglado. Debes manejarlo. No es difícil. *(A Cristina.)* ¡Hola, Cristina!

CRISTINA. Hola, Julia.

JULIA. Me alegra verte.

FEFU. Voy a llevar esto a tu cuarto. Te voy a poner aquí abajo. Así estás cerca del baño.

Fefu se dirige hacia el cuarto. Julia la sigue.

CINDY. No puedo acostumbrarme.

CRISTINA. Está mejor, ¿no?

CINDY. No. Realmente no.

CRISTINA. ¿Por fin la hirió la bala?

CINDY. No... Yo estaba con ella.

CRISTINA. Lo sé.

CINDY. Pensé que la bala la hirió, pero no. ¿Cómo puede saberse si una bala ha herido a una persona?

CRISTINA. Cindy...cuando la bala hiere, hay herida.

CINDY. El cazador apuntó...al venado...y disparó.

CRISTINA. ¿El cazador?

CINDY. Sí.

CRISTINA. ¿No fue...? *(Apunta en dirección a Fefu.)*

CINDY. ¿Fefu? ... No. Ella no estaba. Solía ir de cacería, pero ya no. Se compadece de las criaturas.

CRISTINA. ¿Y qué pasó?

CINDY. El cazador disparó. Julia y el venado cayeron. El venado murió. Julia estaba inconsciente. Tenía convulsiones...como el venado. El murió y ella no. Yo grité y pedí ayuda. El cazador vino y examinó a Julia. La frente le sangraba. El dijo: "La bala no la hirió. Se hirió al caer." Yo sé que no fue él el que la hirió. Fue otro. Entonces él fue a buscar ayuda y Julia comenzó a delirar. Se había lastimado la espina dorsal. Se dio un golpe en la cabeza y tuvo una contusión. Ahora a veces, debido al golpe, se le queda la mente en blanco. Es una cicatriz en el cerebro. Le dicen el *petit mal*.

Fefu aparece en la puerta.

CRISTINA. ¿Qué decía en su delirio?

CINDY. ¿En su delirio? ... Que la perseguían... Que la torturaban... Que la habían procesado y que el tiro fue su ejecución. Que ella se declaró culpable porque quería vivir... Que si ella le hablaba a alguien de lo que había sucedido...la volverían a torturar y la matarían...Y yo no le he mencionado esto...a nadie...porque temo que le hagan daño.

CRISTINA. ¿Quién?

CINDY. No sé.

CRISTINA. No tiene sentido, Cindy.

CINDY. Para mi tiene sentido. *(Ve a Fefu.)* ¿Tú oíste?

FEFU. *(Se dirige a Cindy.)* ¿Quién la hirió?

CINDY. No sé.

FEFU. *(A Cristina.)* ¿La conociste?

CRISTINA. La conocí una vez, hace años.

FEFU. Entonces te acuerdas de cómo era. No le temía a nada. ¿Has conocido a alguien como ella? ... Sabía tanto... Era tan joven y sin embargo sabía tanto... ¿Cómo es que llegó a saber tanto? *(A Cindy.)* ¿No te sorprendía?

Bueno...todavía no he chequeado mi inodoro. ¿Puedes creerlo? Todavía no lo he chequeado. *(Fefu sube.)*

CRISTINA. ¿Cuándo fue el accidente?

CINDY. Hace un año...poco más de un año.

CRISTINA. ¿Siente dolor?

CINDY. Creo que no.

CRISTINA. ...Qué frágiles somos... ¿No es cierto?

Se siente el sonido de un automóvil que llega, de la puerta de un automóvil que se abre y después que se cierra, y de una ventana que se abre. Los siguientes diálogos se oyen fuera de la escena.

FEFU. ¡Emma! ¿Qué te has puesto? Luces divina.

EMMA. Me lo compré en Turquía.

FEFU. Hola, Paula, Sue.

PAULA. Hola.

SUE. Hola.

Cindy sale a saludarlas, Julia entra a la sala en la silla de ruedas y espera a las otras. El siguiente diálogo continúa oyéndose fuera de la escena.

FEFU. ¡Enseguida bajo! ¡Oigan, mi inodoro funciona!

EMMA. Estefany, el mío también!

FEFU. ¡No seas graciosa!

EMMA. Ven, baja.

Emma, Sue, y Paula entran por el zaguán. Fefu entra por la escalera. Emma y Fefu se abrazan.

FEFU. ¿Cómo estás?

EMMA. Bien...bien...bien... *(Aún abrazada a Fefu, Emma ve a Julia.)* ¡Julia! *(Corre hacia Julia y se sienta en sus piernas.)*

FEFU. ¡Emma!

JULIA. ¡No importa!

EMMA. Dame un paseo. *(Julia le da una vuelta a Emma en la silla. Emma saluda con la mano al dar la vuelta.)* ¡Hola, Cindy, Paula, Sue, Fefu!

Las demás la saludan.

JULIA. ¿Conoces a Cristina?

EMMA. Mucho gusto.

CRISTINA. Mucho gusto.

EMMA. *(Señalando.)* Sue... Paula...

SUE. Hola.

PAULA. Hola.

CRISTINA. Hola.

PAULA. *(A Fefu.)* Me gustó tu conferencia en el liceo.

FEFU. No me lo recuerdes. Estuve malísima. Vengan, les voy a enseñar los cuartos. *(Se dirige hacia la escalera.)*

PAULA. Fefu, yo encontré la conferencia muy interesante.

EMMA. ¿Cuándo fue? ¿Sobre qué fue?

FEFU. Aviación.

PAULA. No fue sobre aviación. Fue sobre Voltairine de Cleyre.

JULIA. Si lo hubiera sabido hubiera ido.

FEFU. No tuvo importancia.

JULIA. Yo hubiera ido.

FEFU. De verdad no tuvo importancia.

EMMA. Ahora nos tienes que contar a Julia y a mi sobre Voltairine de Cleyre.

FEFU. Ustedes lo saben todo sobre Voltairine de Cleyre.

EMMA. No se nada de Voltairine de Cleyre.

FEFU. Les contaré a la hora de almuerzo.

EMMA. Ya yo almorcé.

JULIA. Puedes oír mientras almorzamos.

EMMA. Bien, ¿cuándo empezamos el *meeting*?

FEFU. Después de almuerzo. Primero comemos y despues el *meeting*. ¿Quién tiene hambre?

El siguiente diálogo se dice casi simultáneamente.

CINDY. Yo.

JULIA. En realidad no tengo hambre.

CRISTINA. Yo podría comer ya.

PAULA. Yo sí.

SUE. Prefiero esperar.

EMMA. Yo solo tomaré café.

FEFU. ...Bueno...después votaremos.

CINDY. ¿Cuál es el programa para hoy?

FEFU. Primero debemos decidir cuál va a ser el tema principal de la conferencia. Después, quién va a tomar cada faceta del tema. Así no duplicamos lo que vamos a decir. Después ensayamos, así determinamos el orden en que vamos a aparecer y qué tiempo va a tomar toda la presentación.

EMMA. Debemos ensayar con el vestuario...qué color va a usar cada una. Es muy importante. ¿Ya decidieron qué se van a poner?

PAULA. Yo no he decidido. ¿Qué color crees que debo usar?

EMMA. Rojo.

PAULA. ¿Rojo?

EMMA. Cereza o blanco.

SUE. ¿Y yo?

EMMA. Verde oscuro.

CINDY. La tesorera debe ponerse verde.

EMMA. Y además le queda bien.

SUE. Debemos determinar en qué orden vamos a hablar.

EMMA. Sí. El orden será basado en los colores del vestuario según el arco iris. ¿Quién más quiere su color? *(Cindy y Julia levantan las manos. A Cindy.)* Para ti, lila. *(A Julia.)* Púrpura. *(Fefu levanta la mano.)* Para ti, todo el oro de Persia.

FEFU. En Persia no hay oro.

EMMA. En Perú. Yo traje mi ajuar. Ya me lo pondré.

FEFU. ¿No es el que llevas?

EMMA. No. Este es simple. Mi ajuar es...dramático. No les diré más. Ya lo verán.

SUE. No pensé que íbamos a hacer teatro.

EMMA. La vida es teatro. El teatro es vida. Si vamos a instruir sobre la vida...a lo que puede llegar la vida, debemos hacer teatro.

SUE. ¿Me van a poner a actuar?

EMMA. No es actuar. Es ser. Es lanzarse por las fuerzas del espíritu. Es inhalar. Exhalar. Respirar.

JULIA. Yo haré una danza.

EMMA. Yo te hago la coreografía.

JULIA. ¿Sentada?

EMMA. En un cheslón.

JULIA. De acuerdo.

Emma respira profundamente y sale al jardín.

EMMA. ¡Phillip! ¿Qué haces? ¡Hola! ¡Hola, John! ¿Qué? ¡Le voy a hacer un baile a Julia!

FEFU. No la volveremos a ver. Vengan.

Fefu, Paula y Sue suben. Julia se dirige hacia el rifle, lo toma y huele la punta del cañón. Mira a Cindy.

CINDY. Fue sólo pólvora, sin proyectil.

JULIA. *(Saca el casquillo del rifle.)* Se está haciendo daño.

Julia cae en un trance y deja caer el casquillo al piso. Cindy recoge el casquillo y observa el estado de Julia.

CINDY. ...Julia... *(A Cristina.)* No nos oye.

CRISTINA. ¿Qué hacemos?

CINDY. Nada, volverá en sí en un momento.

Toma el rifle de las manos de Julia. Julia vuelve en sí.

JULIA. Es un casquillo vacío... No había proyectil.

CINDY. Sí.

JULIA. Se hace daño. *(Julia emite un quejido. Se dirige a la mesa, toma un chocolate, se lo lleva a la boca y continúa hacia su cuarto. Antes de salir se detiene.)* Debo recostarme un rato.

CINDY. ...Llama si necesitas algo...

JULIA. Sí. *(Sale.)*

CINDY. *(Trata de poner el casquillo en el rifle.)* ¿Sabes cómo se hace esto?

CRISTINA. Claro que no.

Cindy logra poner el casquillo en el rifle. Cecilia llega al umbral de la puerta.

CECILIA. Soy Cecilia Johnson. ¿Es este el lugar?

CINDY. Sí.

Cindy tranca el rifle. Las luces se empiezan a apagar. Sólo queda un círculo de luz alrededor de Cecilia. La luz se apaga.

SEGUNDA PARTE

EN EL PATIO

Hay un banco o un árbol truncado. **Fefu y Emma** *sacan cajas de papas, zanahorias, remolachas y calabazas del fondo, donde hay un granero o cobertizo o un promontorio o árboles y las ponen en una carretilla que está delante. Fefu lleva un sombrero de paja y guantes de jardín. Emma viene del fondo mientras Fefu pone una caja en la carretilla.*

EMMA. ¿Tú no piensas en genitales continuamente?

FEFU. *(Sonriéndose.)* ¿Yo, en genitales? *(Tornándose de la carretilla y dirigiéndose al fondo.)* No, yo no pienso en genitales continuamente.

EMMA. Yo sí, y me trastorna. *(Pone la caja en la carretilla y empieza a dirigirse al fondo.)* Cada persona que veo en la calle, en cualquier parte, siempre pienso en sus genitales. ¿Cómo son, si están así, si están asao?. Yo pienso lo raro que es que todo el mundo los tenga. ¿No te parece?

FEFU. *(Cruzándose con Emma.)* No, no me parece. Me parecería mucho más extraño que alguien no los tuviera. *(Emma se sonríe.)*

EMMA. Lo que quiero decir es que la gente actúa como si no los tuviera.

Fefu sale y vuelve a entrar con otra caja.

FEFU. ¿Y cómo actúa la gente que los tiene?

EMMA. Cuando los hombres y las mujeres de negocio se reúnen para discutir algún asunto, se hacen los que no los tienen. Pero todo el mundo los tiene, sólo se hacen los que no los tienen.

FEFU. Ya veo. *(Mueve las cejas de arriba a abajo y los ojos de un lado al otro y sonríe con picardía.)* ¿Crees que deben hacer así todo el tiempo?

EMMA. *(Se ríe.)* No, no es eso. Piénsalo. ¿No crees que tengo razón?

FEFU. Sí, creo que tienes razón. Oh, Emma, Emma, Emma, Emma. *(Se sienta y se quita los guantes.)*

EMMA. Ese es mi nombre. ¿Ves? Generalmente se cree que si una es buena, va al cielo. Si eres mala, vas al infierno. Eso es correcto, pero en el cielo no se juzga la bondad como en la tierra. No. Ellos tienen un registro divino de comportamiento sexual. En ese registro se apunta toda actividad sexual por pequeña que sea. Si tú no pones tu entera fe, anhelo; si sólo funcionas como si fuera un deber y no sientes la devoción más profunda; si no entregas tu espíritu, tu corazón y tu carne del modo más religioso, te condenan. Te ponen en la lista negra y no vas al cielo. El cielo está copado de amantes divinos. Y en el infierno están los amantes funestos.

FEFU. Eso es cierto.

EMMA. Sabía que me darías la razón.

FEFU. Es cierto, es cierto. En el mundo se nos juzga por nuestros actos públicos. Y el sexo es un acto privado. No se puede decir que el compañero es parte del público, pues él también es partícipe. Entonces es natural que sean los ángeles los que juzguen nuestros actos sexuales.

EMMA. Naturalmente.

Pausa.

FEFU. Siempre me traes alegría.

EMMA. Gracias.

FEFU. Gracias a ti. *(Fefu empieza a notarse afligida. Se quita el sombrero.)* Me he sentido muy angustiada. Una angustia extraña. Si me rindo me parece que no podré deshacerme de ese mal... Que no podré recuperarme. No es un dolor físico...no es tristeza... Es algo extraño, Emma, no sé describirlo... Me da mucho miedo... Es como si en el cuerpo hubiera un lubricante...no en el cuerpo...sino en el espíritu...y sin él, la vida es una pesadilla y todo se deforma. *(Pausa corta.)* Un gato negro empezó a venir a mi cocina...un gato maltrecho, grande. Le faltaba un ojo...tenía sarna. Al principio me repugnó, pero después pensé, "éste es un monstruo que se me ha enviado y debo alimentarlo". Y le dí de comer. Un día tuvo diarrea en la cocina. Diarrea hedionda. Aún viene...y aún le doy de comer. Le tengo miedo. *(Emma le da un beso en la mejilla. Fefu se sonríe tristemente.)* ¿Quieres limonada?

EMMA. Sí.

FEFU. ¿Después jugamos tenis?

EMMA. Sí.

Fefu sale. Emma improvisa una escultura de Fefu usando maderas y poniéndole el sombrero y los guantes de Fefu. Le recita.
De las estrellas no mi juicio prendo
sin embargo creo tener astrología.
No por decir de buena o mala suerte,
de plagas, muertes, o calidades de estaciones,
ni tampoco decir fortuna al justo instante
señalando a cada uno su trueno, lluvia y viento
o predecir a príncipes si todo saldrá bien
con frecuentes presagios que en el cielo encuentre.
Pero en tus ojos derivo mi saber
y estrellas fijas, en ellos leo este arte:
que verdad y beldad han de florir
si a guardar tu ser te prestas.
Si no de ti yo pronostico:
tu fin será el fin de la belleza y la verdad.[1]

Emma le canta y le baila una canción de la época a la estatua de Fefu mientras que ella regresa con la limonada.

EN EL ESTUDIO.

Las paredes están llenas de libros. Hay un escritorio, sillas de fin de siglo, alfombra en el piso. Cristina está sentada al escritorio. Repasa una lección de francés murmurando el texto para sí. Cindy está sentada a la derecha del escritorio con los pies sobre él.

CRISTINA. *(Repasando la lección de francés.)* Êtes-vous externe ou demi-pensionnaire? La cuisine de votre cantine est-elle bonne, passable ou mauvaise? *(Continúa leyendo en voz baja. Pasan unos segundos.)*

CINDY. *(Leyendo la revista.)* Una señora en la selva se divorció de su esposo porque era un lobo.

CRISTINA. *(Riéndose.)* Ay, Dios. *(Leyendo.)* Est-ce que votre professeur interroge souvant les élèves? *(Lee en silencio por unos segundos.)*

CINDY. ¿Por qué hay que dejar correr el agua si no la vas a beber?

CRISTINA. Porque si no la dejas correr se estanca.

---

[1]William Shakespeare, *Sonetos*, No. XIV.

CINDY. Y que importa que se estanque si no se va a beber.

CRISTINA. Pues porque trae mosquitos

Se ríen.

CINDY. ¿Lo estás pasando bien?

CRISTINA. Sí. Me alegro de haber venido.

CINDY. ¿Te ha caído bien todo el mundo?

CRISTINA. Sí.

CINDY. ¿Te cae bien Fefu?

CRISTINA. Sí... Me confunde un poco. Yo trato de ser sincera...y no sé si ella lo es... No quiero decir que no diga lo que siente. Sé que sí. Me refiero a una especie de integridad. Sé que tiene integridad, pero no sé si es consecuente con la vida...o con algo más grande que el ser... Lo que quiero decir no es la vida. Son más bien las convenciones. No creo que ella sea consecuente...que no le preste atención a las convenciones que tenemos. Creo que en cierto modo es aventurera. Su mente es aventurera y arriesgada. No sé si eso es no ser sincera pero en la aventura hay que entregarse al azar y tomar riesgos, y hay que atenerse a las consecuencias...tenerle menos respeto a las cosas como las vemos los demás...creo. Supongo que al fin y al cabo soy conformista. Y supongo que a veces yo me retraigo por temor a faltarle el respeto o a destruir algo que es convencional. Yo admiro los que no son convencionales pero al mismo tiempo siento como que yo peligro en presencia de ellos. Yo no creo que son peligrosos para el mundo: creo que tienen más valor que yo. Que son más importantes. Pero siento que algo en mí peligra por su modo de ser. ¿Entiendes?

CINDY. Sí, entiendo.

CRISTINA. Creo que soy orgullosa y no me gusta pensar que respeto cosas que no tienen valor. *(Pausa.)* Sí. Ella me cae bien.

Leen un rato.

CINDY. Anoche tuve un sueño.

CRISTINA. ¿Qué soñaste?

CINDY. Una pesadilla.

CRISTINA. ¿Qué fue?

CINDY. Yo estaba en un baile y había un joven doctor que yo había visto por motivos de salud. Todos bailábamos en un círculo y él se identificó y me dijo que había hablado con Mike acerca de mí pero que todo estaba bien, que él lo había presentado de modo que todo estaba bien. Yo no comprendía qué era lo que pudiera importarle a Mike ni por qué le había hablado. Entonces, de pronto, todo el mundo se sentó en el piso y empezó a hacer el papel de que estaban tomando una lección de canto y una persona estaba practicando italiano. Al profesor de canto lo estaban examinando dos policías secretos. Lo tenían probando la voz de alguien que ellos habían traído y parecía que él no sabía enseñar. Entonces uno de los policías le puso las manos en las cuerdas vocales y le dio una patada que lo sacó por la puerta. Entonces me agarró por detrás y me puso los dedos pulgares en la garganta mientras me rozaba los pechos con los meñiques. Entonces me sacó por la puerta de un empujón. Entonces el joven doctor empezó a insultarme. Movía la boca como si fuera la boca de un caballo. Yo estaba en un balcón con una baranda y le dije, "Cállese y óigame!"; se lo dije tan fuertemente que se calló. Todo el mundo se volvió hacia mí en admiración porque lo hice callar. Entonces le dije: "Contrólese". Yo quise decir "respéteme". Yo no estaba segura de que lo que me salía de la boca era lo que yo quería decir. Me volví para preguntarle a mi hermana. El joven estaba doblándose y temblando con una ira loca. Otro hombre me dijo que huyera antes de que el joven tratara de matarme. Meg y yo bajamos la escalera corriendo. Ella me preguntó si yo quería ir a su casa. Subimos a un taxi corriendo pero antes de que el taxi cogiera suficiente velocidad él salió corriendo hacia el taxi y estaba a punto de abrir la puerta cuando desperté.

Se abre la puerta. Fefu saca la cabeza. Su entrada puede interrumpir el monólogo en cualquier momento de acuerdo con el tiempo que le demore llegar a la cocina.

CRISTINA. ¡Qué sueño!

CINDY. ¿Qué crees tú que significa?

CRISTINA. Que debes ir a otro médico.

CINDY. No era mi médico real.

CRISTINA. Me alegro. Estoy segura que no es buen médico.

Al terminar la cuarta repetición, cuando Fefu las invita a jugar tennis, Cindy dice: "Vamos a jugar" y siguen a Fefu.

EN EL DORMITORIO.

Las paredes no están pintadas. Quizás una habitación que se ha usado como almacén y se ha adaptado para que Julia la use como dormitorio. Hay un colchón en el piso. A la derecha del colchón hay una mesa pequeña. A la izquierda está la silla de ruedas de Julia. Hay un lavado en la pared. Hay hojas secas en el piso. Las sábanas son de hilo. Julia está acostada en el colchón cubierta con la sábana hasta los hombros. Lleva puesta una bata de dormir tipo hospital. Julia alucina. Sin embargo su presencia no debe ser delirante ni la que se le atribuye a personas locas. Debe estar quieta y luminosa. Hay aspectos de la alucinación que la asustan pero el alucinar en sí no.

JULIA. Me golpearon. Me rompieron la cabeza. Me rompieron la voluntad. Me rompieron las manos. Me arrancaron los ojos. Me quitaron la voz. No me hicieron nada en el corazón porque no llevé corazón. Me volvieron a pegar, pero la cabeza no se me rompió en pedazos. Eso es porque ellos eran tan buenos y me tuvieron compasión. Los jueces. ¿No conoces a los jueces? Yo me porté bien. Nunca dejé de sonreirme. Me sonreí con todo el mundo. Si dejaba de sonreirme me darían golpes por mi bien. Decían que me querían. Yo les sigo la corriente porque si no... *(Desliza el índice por el cuello como cortando la garganta y hace el sonido que acompaña ese gesto.)* Yo les dije que las partes del cuerpo que apestan son las más importantes. El ano, los genitales, la boca, las axilas. Todas partes importantes menos las axilas. Y quién sabe, quizás las axilas también son importantes. Eso fue lo que yo dije. *(Su voz se torna grave y contraída al reproducir la voz de los jueces.)* El dijo que todas esas partes deben mantenerse limpias y guardadas. Que lo que más pesa en el mundo son las entrañas de la mujer y que una mujer corriendo produce una imagen disparatada e incongrua en la mente. Antiestética. Por lo tanto la mujer no debe correr. Sino que debe ponerse en posiciones que tomen en consideración el peso de sus entrañas. Solo así pueden ellas lucir estéticas. Dijo, "Por ejemplo, La Maja de Goya". Dijo que las mujeres de Rubens no son estéticas. Carne. Dijo que el trasero de las mujeres debe estar siempre en un cojín, si no es repulsivo. Dijo que hay excepciones. Las bailarinas de ballet son una excepción. Ellas pueden levantar las piernas porque no tienen entrañas. Isadora Duncan tenía entrañas, y por eso no debió bailar. Pero bailó y por eso se volvió loca. *(Vuelve a su propia voz.)* Ella no estaba loca. *(Se lleva la mano a la cara de repente como para protegerse de un golpe.)* ¡Estaba loca! El dijo que había que castigarme porque me estaba poniendo muy lista. Yo no soy lista. Nunca lo fui. Ni tampoco Fefu es lista. Ellos le tienen echado el ojo. A ella también. ¡Pues todavía está caminando! *(Se protege contra un golpe y cierra los ojos.)* ¡Espera! Rezaré mi oración. Ya estoy rezando. *(Murmura como si rezara. Después abre los ojos con cautela. Le habla al público.)* Tú no piensas que voy a discutir con ellos. *(Para sí.)* Yo hice la penitencia. Les dije exactamente lo que ellos querían oír. Me mataron. Yo me morí. El tiro no me hirió. Hirió al venado. Pero yo morí. El no. Entonces hice mi penitencia y el venado murió

25

y yo viví. Ellos dijeron, *(con voz grave.)* Vive, pero inválida. Y si hablas... *(Repite el gesto de cortar la garganta.)...* ¿Por qué tienes que matar a Fefu? Ella sólamente es una chistosa... *(con voz grave.)* No matarla, curarla", *(con su propia voz.)* ¿no le hagan daño? *(Lloriquea.)* Oh, querida, querida, querida mía, mi querida quieren tu luz. Tu luz, mi querida. Tu preciosa luz. Oh, querida mía, querida mía. *(Mueve la cabeza bruscamente como si recibiera un fuerte golpe.)* No llorar. Diré mi oración. La diré. Enseguida. Mira. *(Se sienta mecánicamente como impulsada por un fuerza invisible. Recita lo siguiente mecánicamente.)* "El ser humano es del género masculino. En su infancia es niño y después hombre. Todo lo que hay en el mundo es para él—el hombre. Para nutrirlo. En el mundo hay cosas maléficas y nocivas. Esas cosas también son para él. Para que luche contra ellas y las domine y las convierta en cosas benéficas para que ellas también lo nutran. Hay plantas malignas, animales malignos, minerales malignos. Y la mujer es maligna. Ella no es un ser humano. Ella es: 1- Un misterio. 2- Otra especie. 3- Aún sin identificar. 4- Incierta. Por lo tanto maligna y mansa y perversa y gentil lo cual es nocivo. Si un hombre comete un acto de villanía, él es digno de piedad, pues el mal le ha llegado a él de afuera—ha penetrado en él—y se ha convertido en acción. La mujer genera el mal por sí. Dios le ha dado al hombre la mujer de pareja. El buey es bueno pero no le dió Dios el buey al hombre de pareja. La oveja es buena pero no le dió Dios la oveja al hombre de pareja. La pareja del hombre es la mujer. Y ésa es la cruz que él debe llevar. El hombre no es sexual de espíritu. Su sexo es físico. Por eso su espíritu es puro. El espíritu de la mujer es sexual y por eso, después del coito, se prolongan en ella ánimos nefarios que alimentan su espíritu. He ahí que se le hace difícil volver al mundo humano. Sus sentimientos sexuales continúan en ellas hasta la muerte y se llevan esos sentimientos consigo hasta el más allá donde corrompen los cielos, y entonces se les destierra al infierno donde a través del sufrimiento puede que se desprendan de esos sentimientos y se les permita regresar a la tierra con forma de hombre". *(Mueve la cabeza como si la golpearan.)* No me golpees. ¿No ven que acabo de decir el rezo? *(Le dan un golpe menos fuerte. Vencida.)* Sí, lo creo. Sí lo creo. *(Gime.)* Dicen que cuando llegue a creer la oración olvidaré a los jueces. Y cuando olvide a los jueces llegaré a creer la oración. Dicen que las dos cosas suceden al mismo tiempo. Que todas las mujeres lo han hecho. ¿Por qué yo no? ¿Por qué no podré yo?

Julia cierra los ojos y reposa, exhausta. Unos segundos después, entra Sue con el plato de sopa en la bandeja.

SUE. Julia, ¿estás dormida?

Pausa corta.

JULIA. No.

SUE. Te traje sopa.

JULIA. Ponla en la mesa, Sue, ya me levanto.

SUE. *(Pone el plato en la mesa.)* ¿Quieres que te ayude?

JULIA. No, yo puedo, gracias Sue.

SUE. *(Empieza a retirarse.)* ¿Te sientes bien?

JULIA. Sí.

SUE. Hasta luego.

JULIA. Gracias, Sue.

Sue sale. Julia cierra los ojos.

EN LA COCINA

Una cocina de campo. Hay una mesa con sillas, una estufa, un refrigerador, un mostrador de cocina con tres vasos, una bandeja con un plato de sopa, una cuchara y un cucharón. En la estufa hay una olla de sopa calentándose y una tetera con agua. En el refrigerador hay una bandeja de hielo con paletas de madera en cada cubo. Las paletas deben estar en dos hileras como las patas de un cienpiés boca arriba. En el refrigerador también hay dos jarras; una con agua y otra con limonada. Paula está sentada a la mesa y escribe en un cuaderno. Sue está esperando que la sopa se caliente.

PAULA. Ya lo resolví.

SUE. ¿Qué?

PAULA. Una aventura de amor dura siete años y tres meses.

SUE. ¿Cómo?

PAULA. *(Leyendo.)* Tres meses de amor. Un año diciendo: "Todo va bien. Esto es un problema pasajero". Un año tratando de comprender cuál fue el problema. Dos años sabiendo que el final ha llegado. Un año buscando el modo de romper la relación. Después de la separación, dos años tratando de comprender qué causó la desunión. Siete años y tres meses. *(Pensando.)* En cualquier momento una relación nueva puede comenzar. La nueva, que tiene el mismo desarrollo de la primera, la relega a un segundo plano. Y así, aunque una más adelantada que la otra, ambas continúan sus secuencias al mismo tiempo.

Sue se acerca a Paula y mira el papel donde ella ha escrito.

SUE. De verdad lo sumaste.

PAULA. Claro.

SUE. ¿Qué quieres tomar?

PAULA. Agua. *(Para sí.)* Cuando empieza la nueva relación puede que no tengas conciencia de que el proceso de la anterior aún continúa. Sin embargo, desde que empiezas a tratar de comprender los problemas de la nueva, te das cuenta de que el proceso de la anterior aún no ha terminado.

SUE. ¿Y cómo resuelves el problema?

PAULA. ¿Abstinencia?

SUE. *(Dirigiéndose al refrigerador.)* La abstinencia no resuelve nada.

PAULA. Es cierto.

Sue abre el refrigerador y saca una bandeja de hielo con paletillas, en cada cubito.

SUE. ¿Qué es esto? *(Paula mueve la cabeza.)* ¿Postre? *(Paula se encoge de hombros. Sue toma un cubo de hielo por la paletilla y se lo pone en la frente.)* Para el dolor de cabeza. *(Toma otro cubo con la otra mano y mueve los brazos al estilo judo.)* Lucha de esquimales. *(Se pone uno de los cubos detrás de la oreja.)* Refrescante para el cerebro. Por si piensas demasiado. Deberías probarlo. *(Trata de ponérselo a Paula detrás de la oreja. Retozan y se ríen. Se pone la paleta en la boca y se la saca para hablar.)* Para cuando quieras ser casta. Nadie querrá besarte. *(Se vuelve a poner la paleta en la boca como demostración. Entonces se la vuelve a sacar.)* Muy bueno para el celibato. Si andas con uno de estos en la boca por siete años, puedes mantener todas tus secuencias en orden. Puedes terminar una antes de que la otra empiece. *(Pone el hielo de nuevo en la bandeja y mira las dos hileras de paletas.)* Un ciempiés congelado. *(Pone la bandeja de nuevo en el refrigerador.)*

PAULA. ¿Vas a poner ese cubo ahí?

SUE. Yo estoy limpia. *(Examina la sopa.)* ¿Y qué más tienes sobre el amor? *(Pone un plato y una cuchara en la mesa y se sienta a esperar que la sopa se caliente.)*

PAULA. Bueno, el rompimiento toma lugar en partes: el cerebro, el corazón, el cuerpo, las cosas mutuas, las cosas compartidas. La mente se marcha pero el corazón se queda. El corazón se va pero el cuerpo quiere quedarse. El cuerpo se ha ido, pero las cosas están aún en el apartamento. Debes volver.

Lo has sacado todo del apartamento pero la mente se ha quedado allí. La memoria se demora en el lugar. Siete años más tarde, quizás siete años más tarde, se retira. Quizás no. Quizás perdura. Quizás nunca muere.

SUE. Quizás.

PAULA. Quizás.

SUE. Algo te preocupa.

PAULA. ...No.

Sue sirve sopa en el plato mientras Paula sigue escribiendo.

SUE. Voy a llevarle esto a Julia.

PAULA. Bueno.

Sue sale. Cecilia entra. A lo largo de la siguiente escena Cecilia mantiene un tono cordial, pero al mismo tiempo distante.

CECILIA. ¿Puedo entrar?

PAULA. Sí...¿quieres algo de comer?

CECILIA. No, ya almorcé.

PAULA. Yo no almorcé. No tenía apetito.

CECILIA. Ya vi.

PAULA. ¿Quieres tomar algo?

CECILIA. Té.

PAULA. Yo te lo preparo.

CECILIA. No. Siéntate. Yo lo hago.

Cecilia busca el té. Paula lo ve y se lo da a Cecilia.

PAULA. Aquí está.

CECILIA. *(Mientras enciende la hornilla.)* He estado por llamarte.

PAULA. No importa. No tiene importancia. Yo sé que estás ocupada.

CECILA. De todos modos te hubiera llamado, pero no hallé tiempo.

PAULA. No te preocupes.

CECILIA. Quisiera volver a verte. No debemos dejar que pase tanto tiempo.

PAULA. No hay prisa. Ahora es más facil vernos.

CECILIA. Sí, me alegro que ya podemos.

PAULA. He pensado mucho sobre mi vida desde el día que nos vimos. No pude evitarlo. Me pregunto si me encuentras distinta.

CECILIA. Eres la misma.

PAULA. Cuando te vi me sentí pequeña en tu presencia... No he podido hacer todo lo que hube querido hacer. Nuestras vidas han tomado rumbos tan distintos. Me he pasado el tiempo pensando en aquello que nos apartó...pensando y repasando todo aquello que nos llegó a apartar. Y después...¿qué he hecho de mi vida? Me dí por vencida...sin deseo de hacer nada. Me abandonaste. Yo continué. Pero después de un tiempo sesó mi impulso. Era por estar contigo. Por darte placer. Por reír contigo, ser feliz contigo. Aportarle algo bello al mundo. Ahora nos desconocemos. Nos tratamos con cautela. Yo te hablo y no entiendes mis palabras. Pero yo...me acuerdo de todos nuestros días.

Fefu entra con una jarra de limonada y tres vasos.

FEFU. Emma y yo vamos a jugar tenis. ¿Quién quiere jugar? ... Nadie. Tienen una conversación seria.

PAULA. *(Triste.)* ...Muy seria... *(A Cecilia conciliatoriamente.)* ...demasiado seria...

FEFU. *(Saliendo.)* Vengan.

PAULA. *(A Cecilia.)* Perdóname. No te estoy reprochando. ¿Jugamos al tenis?

CECILIA. *(Estrechándole la mano.)* Yo también te he extrañado.

Salen agarradas de mano.

TERCERA PARTE

La sala. Según entra el público algunas de las actrices están al piano tocando y cantando "Who is Silvia" de Schubert. Al terminar, salen. Emma entra, le da un vistazo al espacio en la sala, examina el reflejo de la luz en la piel de sus brazos y manos y sube las escaleras para prepararse. Hay un ligero cambio de luces que indica el paso del tiempo. Cecilia, Sue, Emma, Julia, Paula, Cindy y Cristina entran desde el comedor.

CECILIA. Cada uno tiene su sistema de recibir información, de catalogarla y de reaccionar a ella. *(Se sienta en el centro del sofá. Las demás se sientan alrededor de ella.)* A veces ese sistema funciona con tal predisposición que reacciona antes de prestar la más mínima atención. Esta falta es, yo creo, el origen de la estupidez y hasta de la locura; el no distinguir aquello que hace una cosa diferente de la otra, en otras palabras el no interesarse en la real naturaleza de las cosas.

SUE. Por ejemplo...

CECILIA. Por ejemplo, una persoma me grita. No me gusta que me griten. Esa persona es grosera. Otra persona grita o la misma persona, en otra ocasión, grita. En este caso la ira es justificada. Ha sido provocada por alguna ofensa, algún abuso, algún daño. El individuo grita con razón. Entonces el gritar de uno es distinto al gritar del otro. El gritar en sí puede ser el mismo pero la situación es distinta. La esencia del gritar se ha transformado. En ciertos casos el no gritar es menos aceptable que el gritar. Pero con demasiada frecuencia preferimos opinar sobre las cosas en modos generales, no nos ocupamos de prestarle atención a cada detalle. Parece como si prestar esa atención fuera demasiado difícil para quienes han perdido el interés en las cosas.

SUE. ¿Por qué ocurre eso?

CECILIA. Quizás porque el examinar las cosas nos hace verlas de un modo personal y esto pudiera crearnos una sensación de aislamiento. Pues nos pudiera desunir de las opiniones y conocimientos comunes. Y quizás el aislamiento es lo que más tememos en la vida. A veces preferimos sacrificar nuestra inteligencia ysometernos al pensamiento común a sentirnos aislados.

SUE. Así es.

CECILIA. No podemos vivir en un vacío. Tenemos que ser parte de una comunidad por pequeña que sea. Los más seguros de sí mismos pueden sobrevivir con un mínimo número de personas afines a ellos. Pero no es así con la mayor parte del mundo. Ellos necesitan grandes cantidades de personas que vean y sientan como ellos. Algunos necesitan identificarse con todo una nación. De ahí esa sensación de éxito que se tiene cuando se es parte de una multitud que grita euforica "¡Sí!" o grita "¡No!". Pero mientras más grande esa necesidad, más reducida la calidad de las percepciones y los pensamientos. El impulso conformista logra entorpecer los sentidos. Es una posición cómoda, pero es alto el precio que se paga. Esto, claro está, le concierne al educador quien debe animar al joven estudiante a conocer las diferencias en su propio ser y a conocer las diferencias en cada una de las personas que conocemos y observamos. No el supervisar la memorización de datos. Si no todo lo especial en nosotros perecerá. Y llegará el momento en que cualquier pensamiento que no surja de la comunidad será censurado por el propio individuo aún antes que llegue a su propia conciencia...

La cabeza de Emma aparece en lo alto de la escalera.

JULIA. Así es. Mis alucinaciones son locura, por supuesto, pero quisiera estar con otros que también alucinen. Aún acompañada sabría que estoy loca pero no me sentiría tan aislada. Las alucinaciones son reales. ¿Saben? No son como sueños. Son tan reales como todo lo que veo aquí. Yo hasta he pedido que me ingresen para estar con otros locos. Pero los médicos no quieren. No pueden diagnosticarme. Y eso me hace sentir aún mas aislada. *(Hay un momento de silencio.)* ¿Uds. ven? Ahora mismo es un momento difícil porque ustedes no saben qué decir ni hacer. Si yo estuviera entre los que alucinan, ellos dirían: "Oh, sí, claro, es terrible. Son tontos. No ven nada". *(Viendo que las demás se afligen.)* No es tan horrible. De veras que no. Yo me río. *(Viendo a Emma en la escalera.)* Emma ya está. Empecemos. *(A Fefu.)* ¡Vamos!

FEFU. ¡Vamos!

Fefu comienza a mover la mesa. Las demás ayudan a mover los muebles para abrir espacio en el centro. Emma permanece en la escalera. Fefu va al centro. Las demás se sientan en el piso, delante, formando un semicírculo mirando hacia el centro. Cecilia se sienta en una silla a la izquierda.

FEFU. Yo comienzo. ¿No?

CINDY. Sí.

FEFU. Hablo de las condiciones sofocantes de la educación primaria, etc... etc...los detalles del proyecto...yo sé lo que voy a decir pero no quiero aburrirlas, ya lo sabemos de memoria. Hablo... hablo...y hablo...y esto y lo otro y aquello y lo otro y lo de más allá. Entonces presento a Emma... ¡Y ahora la espectacular Emma Blake! *(Aplauden. Emma dice que no con la cabeza.)* ¿Qué?

EMMA. Paula va primero.

FEFU. ¿Importa el orden?

EMMA. Claro que importa el orden. Dra-ma-tur-gia. Tiene que haber un desarrollo y una culminación. Yo estoy de indumentaria.

FEFU. ¡Ah! ¡Y ahora, damas y caballeros, la señorita Paula Cori va a hablarnos sobre "El arte como arma de aprendizaje"! Y les digo del trabajo que has hecho en el instituto, centros comunales, ensayos, etc...¡Paula Cori!

Las demás aplauden. Paula va al centro.

PAULA. Damas y caballeros, yo, como mi compañera educadora y colega, Stephany Beckmann...

FEFU. No soy educadora.

PAULA. ¿Qué eres?

FEFU. Bienechora...*girl scout.*

PAULA. Bueno, yo, como mi compañera *girl scout*, Stephany Beckmann, hablo y hablo y hablo...y esto y lo otro y lo de más allá y les ofrezco las joyas de mi sabiduría y experiencia, y escribiré un ensayo que me aprenderé de memoria. Y aún después de aprendérmelo de memoria estoy segura que me quedaré tartamudeando y con la mente en blanco.

EMMA. Yo te ayudaré a prepararlo.

PAULA. Sin embargo, después que nuestra colega Emma Blake me ayude... *(Imitando a Emma, une las manos y abre los brazos mientras inclina la cabeza hacia atrás al hablar.)* Mis impulsos se desbordarán en una sinfonía de elocuencia.

EMMA. ...Inhala... *(Paula inhala lentamente.)* ...y saluda. *(Paula hace una venia inspirada. Las demás aplauden.)*

PAULA. *(Al enderezarse de la venia.)* Ah...me gustó. *(Se sienta en el sofá.)*

EMMA. Muy bien.

Más aplausos.

FEFU. Y ahora, damas y caballeros, la uniquísima, la incomparable, nuestra exquisita, preciosa, ¡Emma Blake!

Emma va al centro. Lleva un traje largo cuyas mangas llegan al piso.

EMMA. El prólogo de *La ciencia de la educación dramática* de Emma Sheridan Fry.[1] *(Toma una pose dramática y comienza dramatizando el monólogo con gestos interpretativos y movimientos que cubren toda el área central.)* El ambiente toca a las puertas de los sentidos. Una multitud de voces nos llaman día y noche... No respondemos. Todo en nuestro alrededor le grita a nuestra sordera, lucha contra nuestra falta de voluntad, golpea nuestras murallas, chispea contra nuestra ceguera, trata de introducirse por cada uno de nuestros poros, rogando, luchando, insistiendo. Grita: ¿Dónde estás? ¿Dónde estás? Pero estamos sordos. Las señales no nos llegan. La sociedad nos restringe, la escuela nos pone en camisa de fuerza, la civilización nos sumerge, la privación nos exprime, el lujo nos malcría. La Urgencia Divina es detenida. El caballo alado se resiste en el camino, y nosotros, desanimados, vencidos, desmontamos y nos ensimismamos. Las rejas se cierran, el Impulso Divino se aprisiona en el centro. Así nos posee Indiferencia, que es la muerte. Ambiente, encontrando las puertas cerradas trata de romperlas. Desechado, regresa por otro camino. Detenido estrecha su brazo hacia nosotros. Siempre esforzándose en llegar a nosotros. Nunca hubo pretendiente más insistente que Ambiente, buscando entrada, exigiendo reconocimiento, haciendo señas para que se le reconozca, gritando para que se le oiga. Y a través de las épocas nos retraímos, sordos, mudos, ciegos, inmóviles... Quizás no eres sorda...Quizás las señales te llegan. Quizás te agitas... Las puertas ceden. Impulso Eterno se fuerza contra el estupor de nuestros sentidos, abriendo camino para encontrarse con el desafiante pretendiente, ventanas para verlo, oídos para oírlo. Ambiente gritando ¿Dónde estás?" Y Centro golpeando en la puerta gritando "Aquí estoy", y torciendo barras, arrancando rejas, forzando puertas, poniendo el oído en las rendijas, llegando a todas partes, y exigiendo que las rejas de los sentidos se abran de par en par. ¡Se abren las puertas! El Impulso Eterno se detiene en la entrada

---

[1] Emma Sheridan Fry enseñó actuación a niños en *The Educational Alliance* en Nueva York de 1903 a 1909. En 1917, su libro *Dramática Educacional* fue publicado por Lloyd Adams Noble. El texto del monólogo de Emma proviene de ese prólogo.

blandiendo la bandera de la Buenaventura. Un instinto imperioso nos deja saber que "todo" es nuestro, y que todo lo que el mundo ha jamás sabido, o podrá llegar a tener o saber algún día, lo llamaremos y reclamaremos. Un sentido de vida universal surge a través de nuestra vida individual. Atacamos la fiesta de esta mesa con insaciable apetito que nos llama a todos. ¿Qué somos? Una creación de la conciencia de Dios que llegamos ahora lenta y dolorosamente a nuestro propio reconocimiento. ¿Qué es Personalidad? Una pequeña parte de nosotros. El todo en nosotros está más allá de ese hambriento destello en la puerta de los Sentidos. ¿Qué es civilización? Un orden limitado en el cual aún no ha entrado el todo. ¿Qué es el ambiente? Nuestro compañero, nuestro verdadero compañero que pide a gritos nuestra reunión. ¡Nos reuniremos con él! ¡Lo tomaremos todo, lo aprenderemos todo, lo conoceremos todo aquí, para navegar la distancia en la gran búsqueda! ¡La tarea de Ahora es solo un paso hacia la obra del Todo! ¡Buscaremos ahora las leyes que gobiernan las verdaderas fuerzas de la vida, que, abriéndose camino, puedan crecer, crear y construir. ¡Despertemos la vida adormedecida! Atrapemos la estrella de la intención, izémosla como la linterna de nuestra necesidad, y haced que ilumine la oscuridad de nuestra conformidad. ¡Ven! La luz se alumbra. *(Emma sube al sofá, con una antorcha imaginaria en alto.)* ¡Ven! ¡Ilumina nuestro camino! ¡Ven! ¡No dejes que su gloriosa luz pase desapercibida! ¡Ven! ¡Ha llegado el día! *(Emma se tira en el sofá. Paula la abraza.)* ¡Ay! ¡Qué cosa más bella!

JULIA. ¡Bellísima!

Aplauden.

CINDY. ¡Otra vez! ¡Otra vez!

EMMA. *(Se pone de pie.)* El Ambiente toca a las puertas de los sentidos. *(Se ríe y se sienta con las otras en el semicírculo. Paula se queda en el sofá.)* ¿Qué viene ahora? ¿A quién le toca?

FEFU. *(Yendo al centro.)* Presento a Cecilia. No creo que debo presentar a Cecilia. Ella debe simplemente comenzar después de Emma. Ya las cosas no necesitan introducción. *(Yendo hacia el fondo e imitando a Emma.)* ...Están sucediendo.

EMMA. ¡Así es!

CECILIA. *(Va al centro.)* Bueno...es muy difícil ir después de un espectáculo como éste.

EMMA. Dificilísimo.

CECILIA. Sí. Debo decir mi nombre primero.

FEFU. Sí.

CECILIA. También debo respirar. *(Respira profundamente. Las otras, menos Paula, empiezan a cantar "Cecilia".[2] Cecilia aturdida camina hacia atrás hasta que topa con el sofá y se sienta al lado de Paula. Sin darse cuenta que es Paula quien está a su lado, le pone la mano en la rodilla. Al final de la canción Cecilia se da cuenta de quien está a su lado y se pone de pie.)* Debo ir antes que Emma. No creo que nadie deba hablar después de Emma.

CINDY. Sí. Debe ser Fefu, Paula, Cecilia, entonces Emma, y después Sue explicando el presupuesto y pidiendo donaciones. Y el dinero caerá en abundancia. Va a quedar muy bien.

Aplauden mientras Cindy se retira y Sue va al centro.

SUE. Sí. Blablabla, blablabla, cheques y dinero.

Las demás aplauden mientras Sue hace varios pasos de ballet. Se dirige a su asiento.

FEFU. ¿Quién quiere café?

CINDY. *(Poniéndose de pie.)* Y lavar los platos.

CRISTINA. *(Levantándose.)* Yo ayudo.

EMMA. *(Levantándose.)* Yo también.

FEFU. No vengan todas. Siéntense. Siéntense. *(Saliendo.)* Ya han hecho demasiado. Descansen.

Cuando han puesto los muebles en su lugar, Emma y Sue saltan sobre el espaldar del sofá haciendo sonidos guerreros. Cristina y Paula las siguen. Cecilia sale al jardín.

JULIA. Debería ir a lavar los platos. No he hecho nada.

CINDY. Puedes hacer algo mañana.

JULIA. Es verdad. ¿Y cómo has estado?

CINDY. Ummm...

JULIA. Déjame verte... Lo sabré si te miro a los ojos. No muy mal.

CINDY. No muy mal.

Se sienten risas desde la cocina. Cristina entra corriendo.

[2]"Cecilia" de Herman Ruby y Dave Dreyer, © 1925

CRISTINA. Tienen una guerra de agua para ver quién va a lavar los platos.

CINDY. ¿Emma?

CRISTINA. Y Paula y Sue, todas. Fefu estaba entrando en la guerra. Cecilia salió por la puerta de atrás.

Cristina se dirige a la cocina con cautela. Oye los sonidos de la cocina, regresa corriendo, se lanza en el sofá y se cubre con la manta. Emma entra con una olla de agua en la mano. Está mojada. Cindy y Cecilia apuntan hacia el jardín. Emma corre hacia el jardín. Se oye el tocar en una puerta y la siguiente conversación fuera mientras Emma, Sue, Cindy y Julia salen y entran de la sala al jardín y a la cocina en una guerra de agua. Los gritos y las risas pueden ahogar las siguientes palabras.

PAULA. ¡Abre!

FEFU. Aquí no hay nadie.

PAULA. Abre, cobarde.

FEFU. No puedo. Estoy ocupada.

PAULA. ¿Qué estás haciendo?

FEFU. Tengo un hombre aquí.

PAULA. Está bien, esperaré. No te apures.

FEFU. Me va a tomar mucho tiempo.

PAULA. No importa, yo espero.

FEFU. Hazme un favor.

PAULA. Seguro. Abre y te haré un favor.

Hay un sonido de una olla cayendo, y una puerta que se cierra.

FEFU. Llénamela de agua.

PAULA. Bueno.

FEFU. Gracias.

PAULA. Aquí la tienes. Abre.

FEFU. Déjala en el piso. En seguida salgo.

PAULA. Está bien. Aquí está. Ya me voy.

Paula baja la escalera con una olla llena. Emma se esconde al pie de la escalera y le echa el agua a Paula. Paula le echa agua a Emma. Sue aparece

con una olla llena de agua.
PAULA. ¡Paz!
SUE. ¿Quién ganó?
PAULA. Tú. Tú lavas los platos.
SUE. Yo gané. Tú lavas los platos.
FEFU. *(Desde la baranda, con una olla.)* ¡Pónganse en fila!
SUE. ¡Pst! *(Paula y Emma miran hacia arriba. Sue les echa agua.)* ¡Vencidas!
EMMA. ¡Por favor, no!
PAULA. ¡Paz! ¡Paz!
FEFU. *(De lo alto con una olla llena.)* Pónganse en fila. *(Apuntando a la cocina.)* ¡A la cocina! *(Van a la cocina.)* Empiecen a lavar los platos.
Hay una pausa.
JULIA. Ya se acabó.
CINDY. Estamos a salvo.
JULIA. *(A Cristina.)* Ya puedes salir. *(Cristina no se mueve.)* ¿Prefieres esperar?
CRISTINA. *(Asiente con la cabeza.)* Siento que acecha el peligro.
CINDY. Ha estado escondida todo el día.
FEFU. *(Entra. Está mojada.)* Gané. Las puse a trabajar.
JULIA. Yo creía que la guerra era por lavar los platos.
FEFU. Sí. *(Comienza a salir.)* Tengo que cambiarme. Estoy empapada.
CRISTINA. Se olvidaron del porqué de la guerra.
FEFU. *(Dirigiéndose hacia Cristina.)* ¿Sí?
JULIA. Así es generalmente.
FEFU. *(Levantándole la cubierta de la cara.)* ¿No te apetece ya un cubito de hielo?
Fefu sale por la escalera. Cristina sale al jardín corriendo. Cindy y Julia se sonríen.
CINDY. ¿Y cómo te va?
JULIA. Bien. Cuidándome.

CINDY. Tienes buen aspecto.

JULIA. No es cierto... ¿Y tú cómo vas? ¿Has visto a Mike?

CINDY. No. No desde las Pascuas.

JULIA. Lo siento.

CINDY. No importa. ¿Y cómo está tu vida amorosa?

JULIA. No existe... No pienso en eso.

CINDY. Perdona...

JULIA. No es nada... Me siento mórbida en estos días, Cindy. Pienso mucho en la muerte.

PAULA. *(En la entrada de la cocina.)* ¿Alguien quiere café? *(Cindy y Julia levantan las manos.)* ¿Con leche? *(Levantan las manos.)*

JULIA. ¿Vamos a la cocina?

PAULA. Yo los traigo. *(Sale.)*

JULIA. Me siento siempre amenazada por la muerte, cada segundo, cada instante la tenemos presente. Y en cada momento algo nos rescata. Algo nos rescata de la muerte en cada momento. Cada momento que vivimos se lo agradecemos a algo. Algo que lucha por nosotros y nos salva. Yo me he llegado a sentir sin vida y frente a la muerte. La muerte no es nada. Es sólo estar sin vida...y yo a veces me he sentido sin vida pero he sido rescatada por...guardianes. Yo no estoy segura quiénes son los guardianes. Sólo se que existen porque he sentido su ausencia. Creo que los conocemos como vida, y nos hemos acostumbrado a las formas que toman. Nuestra vista es una de las formas que toman. Es por eso que sentimos placer en mirar las cosas, y encontramos algunas cosas bellas. El sol es un guardián. Las cosas que nos dan placer son generalmente guardianes. Sentimos placer al ver la luz del día cuando entra por la ventana. ¿No es cierto? Nosotros, como personas, somos guardianes los unos para los otros cuando sentimos amor. Y además, claro, tenemos glóbulos blancos y anticuerpos que nos protegen. Cuando me siento sin vida temo que un día los guardianes no llegarán a tiempo y me encontraré sin defensa. Moriré...sin motivo aparente.

PAULA. *(Se para en la puerta con una botella de leche. Impasible)* ¿Alguien toma leche cortada? *(Pausa.)* Estoy bromeando. Esta está cortada pero hay más ahí... No se preocupen. El chiste no es bueno.

JULIA. Sí. Es bueno, Paula.

PAULA. Aquí nos pareció gracioso, pero allí no lo es. *(Encogiéndose de hombros mientras sale.)* Es un chiste de cocina. Adiós.

JULIA. Es gracioso, Paula.

CINDY. Está bien. A Paula no le importa.

JULIA. Creo que sí. *(Dirigiéndose a la cocina.)* Voy a ver...

PAULA. *(Aparece en la puerta.)* "Oye, ¿quién era la dama con quien te vi? No es dama, es que se corta". Este tampoco es gracioso.

Paula sale. Sue empieza a entrar. Lleva una bandeja con azúcar, leche y dos tazas de café. Se detiene en la puerta para hablarle a Paula y Emma, que están detrás de la puerta.

SUE. ¿Qué están haciendo? ¿Cómo? OK. OK. *(Entra y pone la bandeja en la mesa.)* Están planeando algo.

PAULA. *(Aparece en la puerta.)* Damas y caballeros. Damas, como que nuestro material es demasiado atrevido y *avant-garde*, hemos decidido elevar el tema para que sea más aceptable al público sensible.

Paula adopta una pose mientras Emma entra y se lleva una cámara imaginaria a los ojos.

EMMA. Di ¡queso!

PAULA. ¡Queso!

EMMA. ¡Click!

Las dos se vuelven hacia el frente, sonríen y hacen una reverencia. Las demás aplauden.

PAULA. ¡Exito! ¡Exito! La leche cortada no gusta. ¡Pero! si la sigues batiendo se convierte en ¡queso! El café en la cocina.

SUE. Oh, yo traje el de ellas.

PAULA. Bien, lo tomamos aquí.

JULIA. Podemos ir a la cocina.

Cristina y Sue se llevan sus tazas a la cocina. Sue se lleva la bandeja. El azúcar se queda en la mesa.

PAULA. O aquí o allá. *(Se sienta en el sofá.)* Estoy cansada.

CECILIA. *(Entra del patio.)* ¿Se acabó la guerra?

PAULA. Sí.

CECILIA. Está lindo el cielo. *(Paula asiente.)* ¿Dónde está todo el mundo?

PAULA. En la cocina, tomando café.

CECILIA. Tenemos que hablar. *(Paula empieza a hablar.)* No ahora. Ya te llamaré. *(Empieza a salir.)*

PAULA. ¿Cuándo?

CECILIA. No sé.

PAULA. No te quiero, ¿sabes?

CECILIA. Lo sé.

PAULA. No, no lo sabes. No te deseo.

CECILIA. Lo sé. *(Empieza a irse.)* Te llamaré.

PAULA. ¿Cuándo?

CECILIA. Tan pronto como pueda.

PAULA. No voy a estar en casa.

CECILIA. ¿Cuándo vas a estar?

PAULA. Miraré mi calendario.

CECILIA. Haz eso. Me iré después del café. Me despido ahora.

PAULA. Adiós.

Cecilia va a la cocina. Paula comienza a subir la escalera. Fefu baja las escaleras.

FEFU. Aún estás mojada.

PAULA. Voy a cambiarme ahora.

FEFU. ¿Necesitas algo para ponerte?

PAULA. No gracias. Traje para cambiarme.

Paula sube. Fefu permanece de pie en la escalera. Las luces cambian lentamente a un tono gris-verde espectral que indica una visión o alucinación de Fefu. Julia entra caminando en cámara lenta, se dirige a la mesa, toma la azucarera, la eleva en dirección de Fefu, alarga el brazo, toma la tapa, la alza, la vuelve a poner en la azucarera y camina hacia la cocina aún en cámara lenta. Tan pronto como sale Julia se oye la voz de Sue diciendo las siguientes palabras. En un pestañear, Julia regresa en la silla de ruedas rodeada de Cindy, Cristina, Emma y Cecilia con Sue conduciendo la silla. En los brazos de la silla hay una bandeja con una cafetera, tazas y la azucarera.

41

Para crear la impresión de una entrada imposible, la silla de ruedas y las cuatro actrices deben estar cerca de la entrada al escenario. Al llegar Julia se sienta en la silla mientras una de ellas le pone una frazada en las piernas y otra pone la bandeja sobre los brazos de la silla, mientras que Sue, desde el extremo derecho del escenario, empieza a hablar y caminar hacia la silla. Esto dará la impresión de que Sue lleva la silla desde ese momento. Al llegar a donde está la silla, Sue la toma y sale con ella al escenario, continuando el diálogo. Así se logrará el efecto deseado.

Cuando llegan al centro se sientan. Sue pone la bandeja en la mesa y se sirven café. Fefu permanece en el fondo y observa a Julia con duda y curiosidad.

SUE. Yo estaba terriblemente desvelada y agotada. Vivía de café. Y estudiaba toda la noche. Estábamos todas en un estado de nervios. Nos solían hacer pruebas médicas todo el tiempo pero lo que hacían era preguntarnos cómo nos sentíamos. Nosotras decíamos que estábamos bien y ellos nos daban el visto bueno. Mientras tanto yo parecía un fantasma. Era todo huesos. ¿Se acuerdan de Susan Austin? Era muy ingenua y cuando le preguntaban cómo se sentía decía que estaba nerviosa y no dormía bien. Desde entonces tuvo que ver un siquiatra.

EMMA. Bueno, ella estaba loca.

Fefu sale al jardín.

SUE. No, no lo estaba. ¡Ay Dios! Qué días más horribles... ¿Se acuerdan de Julie Brooks?

EMMA. Claro.

SUE. Era muy bella.

EMMA. Ah, sí, era bellísima.

Paula baja las escaleras tan pronto como haya terminado de cambiarse de ropa. Se sienta en la mitad de la escalera.

SUE. Al final del primer semestre la llamaron a la oficina porque había salido con veintiocho jóvenes y pensaron que eso era horrible. Lo peor es que después de eso pensaba que había actuado mal.

CINDY. *(Bromeando.)* Era ninfómana, eso es todo.

SUE. No lo era. Ella era muy bella y todos los muchachos querían salir con ella. Y si un muchacho la invitaba a tomar café, ella firmaba el libro de salida y ponía el nombre del muchacho. Ninguna de nosotras lo hacía. Sólo iban a tomarse un café o iban a un cine. Era muy inocente.

EMMA. ¿Y Gloria Schuman? Escribió un trabajo de psicología y ellos decidieron que ella no lo había escrito. Ella insistió que lo había escrito y también la mandaron a un siquiatra.

JULIA. Todo el mundo tenía que ir al siquiatra.

EMMA. Después de algunas visitas el siquiatra le decía: ¿Tú no crees que ya me conoces lo suficiente como para decirme la verdad sobre el papel? Por poco la vuelven loca. Ellos no podían creer lo inteligente que era.

SUE. Fue una época difícil.

PAULA. Eramos jóvenes y susceptibles. Por eso era difícil. En mi primer año yo pensé que ustedes eran muy felices. Yo tuve una niñez pobre y siempre pensé que los ricos eran todos felices. En el verano ustedes iban de vacaciones a Europa o al Oriente. Yo iba a trabajar y sentía resentimiento por eso. Pero llegué a darme cuenta que la pobreza arruina muchas vidas, pero que la riqueza también arruina muchas vidas. Yo siempre me las arreglaba. Y creo que me divertía tanto cuando iba a la playa de Revere en mi día libre como ustedes cuando iban de vacaciones al Taj Mahal. *(Cecilia entra al vestíbulo. Se para y desde allí escucha.)* Entonces, cuando dejé de sentir envidia, empecé a darme cuenta del desperdicio. Empecé a sentir desprecio por los que teniéndolo todo lo desprecian y lo echan a perder. Si lo tienes todo debes ser generoso. Si puedes estudiar tu mente debe ser mejor. Si no tuviste que luchar por tu lugar en el mundo deber ser más noble. Pero las vi haciendo trampa y arrebatando las cosas como los muchachos de la calle, o consintiéndose o perdiéndose en vicios. Y las vi ser simplemente estúpidas. Si hay una razón por la que algunos son ricos mientras que otros se mueren de hambre debe ser para que los que tienen lo pongan todo al servicio de los demás. Deben aceptar la responsabilidad de todo lo que sucede en el mundo. Ellos pueden tener influencia sobre las cosas. Los pobres no tienen ese poder. Creo que debemos enseñar a los pobres y dejar que los ricos se ocupen de sí mismos... Lo siento. Yo sé que eso es lo que estamos haciendo. Lo que Emma está haciendo. Lo siento... Pero no es suficiente. *(Se le salen las lágrimas.)* Me voy a lavar la cara. Enseguida vuelvo. *(Baja y se dirige hacia la cocina. Se detiene y se vuelve.)* Las estimo mucho...a todas.

Cecilia se dirige a Paula. Paula se vuelve. Cecilia abre los brazos y envuelve a Paula en un abrazo siniestro. La besa. Paula da un paso atrás, se vuelve y sale. Cecilia la sigue. Fefu entra en el jardín.

FEFU. ¿Han salido afuera? El cielo está estrellado.

Emma, Sue, Cristina y Cindy salen. Julia mira a Fefu.

JULIA. ¿Qué pasa?

Fefu mueve la cabeza negativamente. Julia empieza a dirigirse al jardín.

FEFU. Quédate un momento, ¿quieres?

JULIA. Por supuesto.

FEFU. ¿Tomaste suficiente café?

JULIA. Sí.

FEFU. ¿Encontraste el azúcar?

JULIA. Sí. Había azúcar en la cocina. ¿Qué te pasa?

FEFU. ¿Puedes caminar? *(Julia se siente, abre los brazos indicando que no esconde nada.)* Lo siento, querida.

JULIA. ¿Qué te pasa?

FEFU. No sé, Julia. Cada aliento me duele. No sé. *(Fefu toma la cabeza de Julia en las manos para mirarla en los ojos.)* Yo creo que tú sabes.

JULIA. *(Evitando la mirada de Fefu.)* No sé. No te he visto mucho últimamente. He pensado mucho en ti. Siempre pienso en ti. Cindy me dice como estás. Yo siempre le pregunto. ¿Cómo está Philip? ¿Las cosas no le van bien a Philip?

FEFU. No.

JULIA. ¿Qué le pasa?

FEFU. Muchas cosas.

JULIA. El te quiere.

FEFU. No puede soportarme.

JULIA. El te quiere.

FEFU. Me ha dejado. Su cuerpo está aquí, pero el resto se ha marchado. Lo agoto. Lo atormento y me atormento yo misma. Yo lo necesito, Julia.

JULIA. Lo sé.

FEFU. Necesito sus manos. Necesito sus besos. Necesito la persona que es. No puedo resistir el no estar a su lado. *(Mira a Julia a los ojos.)* Miro en tus ojos y sé lo que ves. *(Julia cierra los ojos.)* Es la muerte. *(Julia dice que no con la cabeza.)* ¡Lucha!

JULIA. No puedo.

FEFU. Te vi caminando.

JULIA. No. No puedo caminar.

FEFU. Viniste a buscar azúcar, Julia. Viniste a buscar azúcar. ¡Camina!

JULIA. Sabes que no puedo caminar.

FEFU. ¿Por qué no? ¡Trata! ¡Ponte de pie! ¡Párate!

JULIA. ¿Qué te pasa?

FEFU. ¡Te has dado por vencida!

JULIA. ¡Me canso! ¡Me agoto! ¡Estoy agotada!

FEFU. ¿Qué es lo que ves? *(Julia no contesta.)* ¿Qué es lo que ves? ¡¿Qué es lo que ves que te cansa tanto?!

JULIA. ¡No puedo estar con otros! ¡Me agoto!

FEFU. ¡¿Qué es lo que ves?!

JULIA. ¿Quieres verlo tú también?

FEFU. No. No quiero. Tú estás trastornada. Porque quieres.

JULIA. Sabes que no es así.

FEFU. Es contagioso. Yo también me estoy volviendo loca.

JULIA. ¡Trato de no acercarme a ti!

FEFU. ¿Por qué?

JULIA. Puedo perjudicarte.

FEFU. ¿Por qué?

JULIA. Es algo contagioso.

FEFU. ¡No tienes valor!

JULIA. No seas cruel.

FEFU. Necesito descansar, Julia. Como se descansa. Quiero tener tranquilidad en mi mente. Tengo miedo, Julia. *(Julia mira a Fefu.)* No me mires. *(Fefu cubre los ojos de Julia con la mano.)* Pierdo el valor cuando me miras.

JULIA. Que no llegue el daño a tu mente.

FEFU. ¡Lucha!

JULIA. ¡Qué el daño no llegue a tu voluntad!

FEFU. ¡Lucha, Julia!

Fefu empieza a sacudir la silla de ruedas y a tratar de sacar a Julia de la silla.

JULIA. ¡No me queda vida!

FEFU. ¡Lucha, Julia!

JULIA. ¡Qué el daño no entre en tus manos!

FEFU. ¡Necesito que luches!

JULIA. ¡Qué el daño no entre en tus ojos!

FEFU. ¡Necesito que luches!

JULIA. ¡Qué el daño no entre en tu voz!

FEFU. ¡Lucha a mi lado!

JULIA. ¡Qué el daño no entre en tu corazón!

Cristina entra. Fefu ve a Cristina y suelta a Julia. A Cristina.

FEFU. ¡Crees que soy un monstruo! ¡No es cierto! *(Se vuelve a Julia.)* ...Perdóname...si puedes.

JULIA. *(Asiente con la cabeza.)* Te perdono.

Fefu toma el rifle.

CRISTINA. ¡Qué diablos vas a hacer con ese rifle!

FEFU. ¡Voy a limpiarlo!

CRISTINA. ¡Suéltalo!

FEFU. ¡Eres una ridícula!

Cecilia aparece en la escalera.

CRISTINA. ¡No me importa si te haces daño! ¡Es el daño que le haces a otros!

Fefu da un paso hacia afuera y se vuelve.

FEFU. ¿Quién eres tú para decirme eso? *(Pausa.)* Apuesto a que no tiene bala. ¿Qué quieres apostar?

CRISTINA. ¡No! ¡No quiero apostar! *(Fefu sale. Cristina se dirige a Julia.)* ¿Estás bien?

JULIA. ...Sí.

CRISTINA. ¿Qué te puedo traer?
JULIA. Agua. *(Cecilia va al gabinete.)* Ponle azúcar... ¿Me puedes traer una toalla mojada para la frente? *(Cristina va hacia la cocina. Julia mira hacia delante.)* No le dije nada. ¿No es cierto? No se lo dije.
CECILIA. *(Camina hacia Julia con el agua.)* ¿Dijiste qué?
JULIA. *(Para sí.)* Ella lo sabía.

Se oye el sonido de un tiro. Julia se lleva la mano a la frente. Cristina y Cecilia corren hacia afuera. La mano de Julia empieza a bajar lentamente. Tiene sangre en la frente. Su cabeza cae hacia atrás. Fefu entra con una liebre muerta en la mano.

FEFU. Lo maté...disparé...Lo maté... *(Fefu ve a Julia. Dejando caer la liebre)* ¡Julia!

Se dirige a Julia y se para detrás de ella, mirándola. Sue y Cindy entran por el vestíbulo, Emma y Paula entran por la cocina, Cristina y Cecilia entran por el jardín y forman un semicírculo detrás de Julia. Las luces se apagan lentamente.

SEGUNDA VERSION DE LA SEGUNDA PARTE

Por la tarde: En la sala.

Paula está sentada en el sofá. Escribe en una libreta. Luego, apoya el lápiz en su mejilla en la posición típica de pensar. Vuelve a escribir un rato. Después mira intensamente al piso de nuevo pensando profundamente. Vuelve a escribir. Sue entra. Tiene puesto un delantal. Se sienta.

SUE. Ya casi está la sopa.

Paula mira a Sue y se sonríe pensando en lo que escribe. Entonces vuelve a escribir por un rato.

PAULA. Ya lo resolví.

SUE. ¿Qué?

PAULA. Una aventura de amor dura siete años y tres meses.

SUE. ¿Cómo?

PAULA. *(Leyendo.)* Tres meses de amor. Un año diciendo: "Todo va bien. Esto es un problema pasajero". Un año tratando de comprender cuál fue el problema. Dos años sabiendo que el final ha llegado. Un año buscando el modo de romper la relación. Después de la separación, dos años tratando de comprender qué causó la desunión. Siete años y tres meses. *(Pensando.)* En cualquier momento una relación nueva puede comenzar. La nueva que tiene el mismo desarrollo de la primera la relega a un segundo plano. Y así, aunque una más adelantada que la otra, ambas continúan sus secuencias al mismo tiempo.

Sue se acerca a Paula y mira el papel donde ella ha escrito.

SUE. De verdad lo sumaste.

PAULA. Claro.

SUE. Hm.

PAULA. *(Hablando para sí.)* Cuando empieza la nueva relación puede que no tengas conciencia de que el proceso de la anterior aún continúa. Sin embargo, desde que empiezas a tratar de comprender los problemas de la nueva, te das cuenta de que el proceso de la anterior aún no ha terminado.

SUE. ¿Y cómo resuelves el problema?

PAULA. ¿Abstinencia?

SUE. *(Poniéndole el dedo en la frente a Paula.)* La abstinencia no resuelve nada.

PAULA. Es cierto.

Sue sale. Paula continúa escribiendo. Después de un momento Sue regresa con una bandeja de hielos con paletillas en cada cubito.

SUE. ¿Qué es esto? *(Paula mueve la cabeza.)* ¿Postre? *(Paula se encoge de hombros. Sue toma un cubo de hielo por la paletilla y se lo pone en la frente.)* Para el dolor de cabeza. *(Toma otro cubo con la otra mano y mueve los brazos al estilo judo.)* Lucha de esquimales. *(Se pone uno de los cubos detrás de la oreja.)* Refrescante para el cerebro. Por si piensas demasiado. Deberías probarlo. *(Trata de ponérselo a Paula detrás de la oreja. Retozan y se ríen. Se pone la paleta en la boca y se la saca para hablar.)* Para cuando quieras ser casta. Nadie querrá besarte. *(Se vuelve a poner la paleta en la boca como demostración. Entonces se la vuelve a sacar.)* Muy bueno para el celibato. Si andas con uno de éstos en la boca por siete años, puedes mantener todas tus secuencias en orden. Puedes terminar una antes de que la otra empiece. *(Pone el hielo de nuevo en la bandeja y mira las dos hileras de paletas.)* Un ciempiés congelado.

Sue sale hacia la cocina. Paula sigue escribiendo. Emma entra del fondo, se asoma a la ventana de la izquierda y le habla a Fefu que está en el patio.

EMMA. Hay raquetas, pero no vi ninguna pelota.

FEFU. *(Afuera.)* ¿No viste pelotas?

EMMA. No.

FEFU. *(Afuera.)* ¿Has visto a Cindy?

EMMA. No.

FEFU. *(Afuera.)* Voy a ver si la encuentra. Ella estaba jugando.

EMMA. Bueno. *(Llamando hacia afuera.)* ¡Sue!

49

SUE. *(Entrando.)* Sí...

EMMA. ¿Has visto a Cindy?

SUE. No la he visto.

EMMA. ¿Has visto las pelotas de tenis?

SUE. Sí.

EMMA. ¿Dónde?

SUE. En la cocina.

EMMA. *(Hacia afuera.)* ¡Fefu!

FEFU. *(De lejos.)* ¡¿Qué?!

EMMA. ¡Están en la cocina!

FEFU. ¿Qué?

EMMA. ¡Las pelotas! ¡En la cocina! ¡Voy a buscarlas!

FEFU. *((Afuera.)* Bueno.

EMMA. Gracias, Sue.

SUE. De nada. *(Se sienta. Emma sale al fondo.)* ¿Y qué más tienes sobre el amor?

PAULA. El rompimiento toma lugar en partes: el cerebro, el corazón, el cuerpo, las cosas mutuas, las cosas compartidas. La mente se marcha pero el corazón se queda. El corazón se va pero el cuerpo quiere quedarse. El cuerpo se ha ido, pero las cosas están aún en el apartamento. Debes volver. Lo has sacado todo del apartamento pero la mente se ha quedado allí. La memoria se demora en el lugar. Siete años mas tarde, quizás siete años más tarde, se retira. Quizás no. Quizás perdura. Quizás nunca muere.

SUE. Quizás.

PAULA. Quizás.

SUE. Algo te preocupa.

PAULA. ...No.

SUE. Voy a llevarle la sopa a Julia.

PAULA. Sí.

Sue sale hacia la cocina. Cecilia entra del jardín. A lo largo de la siguiente escena Cecilia mantiene un tono cordial pero al mismo tiempo distante.

CECILIA. ¿Puedo entrar?

PAULA. Sí... *(Un poco nerviosa.)* Sue fue a llevarle sopa a Julia.

CECILIA. Ah.

PAULA. Yo no almorcé. No tenía apetito.

CECILIA. Ya vi.

PAULA. ¿Quieres tomar algo?

CECILIA. No, gracias. *(Pausa.)* He estado por llamarte.

PAULA. No importa. No tiene importancia. Yo sé que estás ocupada.

CECILIA. De todos modo te hubiera llamado, pero no hallé tiempo.

PAULA. No te preocupes.

CECILIA. Quisiera volver a verte. No debemos dejar que pase tanto tiempo.

PAULA. No hay prisa. Ahora es más fácil vernos.

CECILIA. Sí, me alegro que ya podemos.

PAULA. He pensado mucho sobre mi vida desde el día que nos vimos. No pude evitarlo. Me pregunto si me encuentras distinta.

CECILIA. No. Eres la misma.

PAULA. Cuando te vi me sentí pequeña en tu presencia... No he podido hacer todo lo que hube querido hacer. Nuestras vidas han tomado rumbos tan distintos. Me he pasado el tiempo pensando en aquello que nos apartó...pensando y repasando todo aquello que nos llegó a apartar. Y después...¿qué he hecho de mi vida? Me dí por vencida...sin deseo de hacer nada. Me abandonaste. Yo continué. Pero después de un tiempo cesó mi impulso. Era por estar contigo. Por darte placer. Por reír contigo, ser feliz contigo. Aportarle algo bello al mundo. Ahora nos desconocemos. Nos tratamos con cautela. Yo te hablo y no entiendes mis palabras. Pero yo...me acuerdo de todos nuestros días.

Cecilia empieza a hablarle a Paula. Sue se asoma por la ventana.

SUE. ¿Quieren jugar?

PAULA. Si. *(A Cecilia.)* Perdóname... No te estoy reprochando. ¿Jugamos al tenis?

CECILIA. No, gracias. Voy arriba un rato. *(Pausa.)* Yo también te he extrañado.

Cecilia sube las escaleras. Paula se detiene un momento. Después sale al jardín. Sue se retira de la ventana. Fefu y Emma entran por el foyer. *Cada una lleva una caja grande de vegetales y verduras. Fefu lleva sombrero de paja y guantes de jardín.*

EMMA. ¿Tú no piensas en genitales continuamente?

FEFU. *(Sonriéndose.)* ¿Yo, en genitales? No, yo no pienso en genitales continuamente.

EMMA. Yo sí, y me trastorna. *(Emma sale hacia la cocina. Fefu pone su caja en el piso. Se sienta y se quita el sombrero y los guantes. Emma regresa sin la caja.)* Cada persona que veo en la calle, en cualquier parte, siempre pienso en sus genitales. Cómo son, si están así, si están asao. Yo pienso lo raro que es que todo el mundo los tenga. ¿No te parece?

FEFU. No, no me parece. Me parecería mucho mas extraño si alguien no los tuviera.

EMMA. *(Se sonríe.)* Lo que quiero decir es que la gente actúa como si no los tuviera.

FEFU. ¿Y cómo actua la gente que los tiene?

EMMA. Cuando los hombres y las mujeres de negocio se reúnen para discutir algún asunto, se hacen los que no los tienen. Pero todo el mundo los tiene, sólo se hacen los que no los tienen.

FEFU. Ya veo. *(Mueve las cejas de arriba para abajo y los ojos de un lado al otro y sonrié con picardía.)* ¿Crees que deben hacer así todo el tiempo?

EMMA. *(Se ríe.)* No, no es eso. Piénsalo. ¿No crees que tengo razón?

FEFU. Sí, creo que tienes razón. Oh, Emma, Emma, Emma, Emma.

EMMA. Ese es mi nombre. ¿Ves? Generalmente se cree que si eres buena, vas al cielo. Si eres mala, vas al infierno. Eso es correcto, pero en el cielo no se juzga la bondad como en la tierra. No. Allá tienen un registro divino de comportamiento sexual. En ese registro se apunta toda actividad sexual por pequeña que sea. Si tú no pones tu entera fe, anhelo; si solo funcionas como si fuera un deber y no sientes la devoción más profunda; si no entregas tu espíritu, tu corazón y tu carne del modo más religioso, te condenan. Te ponen en la lista negra y no vas al cielo. El cielo está copado de amantes divinos. Y en el infierno están los amantes funestos.

FEFU. Eso es cierto.

EMMA. Sabía que me darías la razón.

FEFU. Es cierto, es cierto. En el mundo se nos juzga por nuestros actos públicos. Y el sexo es un acto privado. No se puede decir que el compañero es parte del público, pues él también es partícipe. Entonces es natural que sean los ángeles los que juzguen nuestros actos sexuales.

EMMA. Naturalmente.

Pausa.

FEFU. Siempre me traes alegría.

EMMA. Gracias.

FEFU. Gracias a ti.

Se empiezan a oír los sonidos del juego de tenis afuera. Fefu se dirige a la ventana y mira hacia afuera.

PAULA. *(Fuera de escena.)* ¡Fefu! ¡Ven! ¡Juega!

FEFU. Sí, luego...

Fefu se queda mirando hacia afuera por un rato. Hay algo triste en su mirada. Emma se sienta en la silla de la derecha y observa a Fefu. Fefu se dirige a la caja. Emma se adelanta y la levanta.

EMMA. Yo la llevo. Descansa.

Emma sale con la caja. Fefu mira el juego afuera. Después de un momento Emma entra y observa a Fefu por un instante. Se preocupa por ella. Fefu se vuelva hacia Emma.

FEFU. Vamos a ver el juego.

EMMA. Ve tú. Me quedo aquí por un rato. *(Fefu sale. Emma se queda por un rato, pensativa. Después toma el sombrero y los guantes de Fefu y se sienta al lado de la puerta de la izquierda. Se sigue oyendo el sonido de la pelota y las risas de afuera. Emma pone el sombrero en la lámpara de pie y pone los guantes con los dedos hacia arriba de modo que parecen manos abiertas.)*

EMMA. *(Le recita el siguiente soneto de Shakespeare a la esfigie de Fefu.)*
De las estrellas no mi juicio prendo
sin embargo creo tener astrología.
No por decir de buena o mala suerte,
de plagas, muertes, o calidades de estaciones,
ni tampoco decir fortuna al justo instante
señalando a cada uno su trueno, lluvia y viento
o predecir a príncipes si todo saldrá bien

53

con frecuentes presagios que en el cielo encuentre.
Pero en tus ojos derivo mi saber
y estrellas fijas, en ellos leo este arte:
que verdad y beldad han de florir
si a guardar tu ser te prestas.
Si no de ti yo pronostico:
tu fin será el fin de la belleza y la verdad.[4]

Entran Cindy y Cristina. Cristina lleva un libro de texto de francés. Cindy lleva una revista. Cindy se asoma a la ventana.

FEFU. *(Afuera.)* Cindy, ¿encontraste a Cristina?

CINDY. Sí, estaba reposando.

FEFU. *(Afuera.)* La hemos agotado.

CRISTINA. *(Riendo)* Me agotó el viaje.

FEFU. *(Afuera.)* ¿No juegan?

CINDY. Dentro de un rato.

FEFU. *(Afuera.)* Emma ¿no vienes?

EMMA. ¡Voy!

Emma sale. Cindy y Cristina se sientan.

CRISTINA. *(Leyendo.)* ¿Êtes-vous externe ou demi-pensionnaire?

CRISTINA. *(Leyendo.)* La cuisine de votre cantine est-elle bonne, passable ou mauvaise? *(Continúa leyendo para sí.)*

CINDY. *(Leyendo la revista.)* Una señora en la selva se divorció de su esposo porque era un lobo.

CRISTINA. *(Riéndose.)* Ay, Dios. *(Leyendo.)* Est-ce que votre professeur interroge souvant les élèves? *(Lee en silencio por unos segundos.)*

CINDY. ¿Por qué hay que dejar correr el agua si no la vas a beber?

CRISTINA. Porque si no la dejas correr se estanca.

CINDY. Y por qué importa que se estanque si no se va a beber.

CRISTINA. Pues porque trae mosquitos.

Se rien

[4]William Shakespeare, *Sonetos*, No. XIV.

CINDY. ¿Lo estás pasando bien?

CRISTINA. Sí. Me alegro de haber venido.

CINDY. ¿Te ha caído bien todo el mundo?

CRISTINA. Sí.

CINDY. ¿Te cae bien Fefu?

CRISTINA. Sí... Me confunde un poco. Yo trato de ser sincera... y no sé si ella lo es... No quiero decir que no diga lo que siente. Sé que sí. Me refiero a una especie de integridad. Sé que tiene integridad, pero no sé si es consecuente con la vida...o con algo mas grande que el ser.... Lo que quiero decir no es la vida. Son más bien las convenciones. No creo que ella sea consecuente...que no le preste atención a las convenciones que tenemos. Creo que en cierto modo es aventurera. Su mente es aventurera y arriesgada. No sé si eso es no ser sincera pero en la aventura hay que entregarse al azar y tomar riesgos, y hay que atenerse a las consecuencias...tenerle menos respeto a las cosas como las vemos los demás...creo. Supongo que al fin y al cabo soy conformista. Y supongo que a veces yo me retraigo por temor a faltarle el respeto o a destruir algo que es convencional. Yo admiro los que no son convencionales pero al mismo tiempo siento como que yo peligro en presencia de ellos. Yo no creo que son peligrosos para el mundo: creo que tienen más valor que yo. Que son más importantes. Pero siento que algo en mí peligra por su modo de ser. ¿Entiendes?

CINDY. Sí, entiendo.

CRISTINA. Creo que me siento orgullosa y no me gusta sentir respeto por cosas que no tienen valor. Sí. *(Pausa.)* Me cae bien.

Leen un rato.

CINDY. Anoche tuve un sueño.

CRISTINA. ¿Qué soñaste?

CINDY. Una pesadilla.

CRISTINA. ¿Qué fue?

CINDY. Yo estaba en un baile y había un joven doctor que yo había visto por motivos de salud. Todos bailábamos en un círculo y él se identificó y me dijo que había hablado con Mike acerca de mí pero que todo estaba bien, que él lo había presentado de modo que todo estaba bien. Yo no comprendía qué era lo que pudiera importarle a Mike ni por qué se le había hablado. Entonces, de pronto, todo el mundo se sentó en el piso y empezó a hacer el papel de que estaban tomando una lección de canto y una persona estaba practicando italiano. Al profesor de canto lo estaban examinando dos policías secretos. Lo tenían probando la voz de alguien que ellos habían traido y parecia que él no sabía enseñar. Entonces uno de los policías le puso las manos en las cuerdas vocales y le dio una patada que lo sacó por la puerta. Entonces me agarró por detrás y me puso los dedos pulgares en la garganta mientras me rozaba los pechos con los meñiques. Entonces me sacó por la puerta de un empujón. Entonces el joven doctor empezó a insultarme. Movía la boca como si fuera la boca de un caballo. Yo estaba en un balcón con una baranda y le dije, "Cállese y óigame!"; se lo dije tan fuertemente que se calló. Todo el mundo se volvió hacia mí en admiración porque lo hice callar. Entonces le dije: "Contrólese". Yo quise decir "respéteme". Yo no estaba segura si lo que me salía de la boca era lo que yo quería decir. Me volví para preguntarle a mi hermana. El joven estaba doblándose y temblando con una ira loca. Otro hombre me dijo que huyera antes de que el joven tratara de matarme. Meg y yo bajamos la escalera corriendo. Ella me preguntó si yo quería ir a su casa. Subimos a un taxi corriendo pero antes de que el taxi cogiera suficiente velocidad él salió corriendo hacia el taxi y estaba a punto de abrir la puerta cuando desperté.

CRISTINA. ¡Qué sueño!

CINDY. ¿Qué crees tú que significa?

CRISTINA. Que debes cambiar de médico.

CINDY. *(Riéndose.)* No era mi médico real.

CRISTINA. Me alegro.

Vuelve a su lectura. Fefu entra de la cocina con vasos y una jarra de limonada.

SUE. *(Afuera.)* ¡Esa cayó afuera!

Fefu se acerca a la ventana.

EMMA. *(Afuera.)* ¿Estás segura?

SUE. *(Afuera.)* Sí.

EMMA. *(Afuera.)* Yo pensé que cayó dentro.

SUE. *(Afuera.)* No, cayó fuera.

EMMA. *(Afuera.)* ¿Estás segura?

SUE. *(Afuera.)* Sí.

EMMA. *(Afuera.)* Juega.

FEFU. ¿Alguien quiere limonada?

CRISTINA. Sí, gracias.

Fefu pone los vasos sobre la mesa y empieza a servir. Cristina se dirige a la mesa.

FEFU. ¿Tú, Cindy?

CINDY. Sí.

Fefu sirve otra y se asoma a la ventana

FEFU. ¿Quién quiere limonada?

EMMA. *(Afuera.)* Yo quiero

FEFU. Ven.

Emma entra.

EMMA. Uf, qué calor. *(Toma un vaso de limonada.)* Gracias. *(Se sienta.)* Me tomo un poco de esto y vuelvo a salir.

SUE. *(Fuera.)* Emma, ¿Juegas o no?

EMMA. *(Hacia afuera.)* Sí, ya voy. *(Va hacia las escaleras.)* Enseguida bajo.

Salen todas menos Fefu. Ella, de pie, se le nota que está triste. Está como en un vacío. Después de unos momentos entra Emma. Nota que Fefu está afligida. Se acerca a ella. Fefu permanece con la vista baja unos momentos. Después mira a Emma.

FEFU. ...Me he sentido muy angustiada... Una angustia extraña. Si me rindo me parece que no podré deshacerme de ese mal... Que no podré recuperarme. No es un dolor físico...no es tristeza... Es algo extraño, Emma no sé describirlo... Me da mucho miedo... Es como si en el cuerpo hubiera un lubricante...no en el cuerpo...sino en el espíritu...y sin él, la vida es una pesadilla y todo se deforma. *(Pausa corta.)* Un gato negro empezó a venir a mi cocina...un gato maltrecho, grande. Le faltaba un ojo...tenía sarna. Al principio me repugnó, pero después pensé, "éste es un monstruo que se me ha enviado y debo alimentarlo". Y le dí de comer. Un día le dio diarrea en la cocina. Diarrea hedionda... Aún viene...y aún le doy de comer... Le tengo miedo. *(Emma le da un beso en la mejilla. Fefu se sonríe tristemente.)* Voy a subir un rato. Ve a jugar. Estoy mejor, no te preocupes.

Fefu se dirige a la escalera. Emma la mira ir. Fefu se vuelve y se sonríe. Emma se dirige al jardín según van bajando las luces. Pasa un momento. Julia entra lentamente en la silla de ruedas. La cabeza le cuelga. Se dirige al sofá. Se detiene un momento. Después alza su cuerpo apoyándose en los brazos de la silla hasta que se desplaza al sofá. Con sus manos sube las piernas al sofá, hasta quedar acostada. Cubre su cuerpo con la manta. Su cuerpo se pone rigido, su mirada fija y su hablar es rápido como si estuviera en un trance. Las luces vuelven a subir.

JULIA. Me golpearon. Me rompieron la cabeza. Me rompieron la voluntad. Me rompieron las manos. Me arrancaron los ojos. Me quitaron la voz. No me hicieron nada en el corazón porque no llevé corazón. Me volvieron a pegar, pero la cabeza no se me rompió en pedazos. Eso es porque ellos eran tan buenos y tuvieron compasión de mi. Los jueces. ¿No conoces los jueces? Yo me porté bien. Nunca deje de sonreirme. Me sonreí con todo el mundo. Si dejaba de sonreirme me darían golpes por mi bien. Decían que me querían. Yo les sigo la corriente porque si no... *(Desliza el índice por el cuello como cortando la garganta y hace el sonido que acompaña ese gesto.)* Yo les dije que las partes del cuerpo que apestan son las más importantes. El ano, los genitales, la boca, las axilas. Todas partes importantes menos las axilas. Y quién sabe, quizás las axilas también son importantes. Eso fue lo que yo dije. *(Su voz se torna grave y contraída al reproducir la voz de los jueces.)* El dijo que todas esas partes deben mantenerse limpias y guardadas. Que lo que más pesa en el mundo son las entrañas de la mujer y que una mujer corriendo produce una imagen disparatada e incongrua en la mente. Antiestética. Por lo tanto la mujer no debe correr. Sino que debe ponerse en posiciones que tomen en consideración el peso de sus entrañas. Solo así pueden ellas lucir estéticas. Dijo, "Por ejemplo, La Maja de Goya". Dijo que las mujeres de Rubens no son estéticas. Carne. Dijo que el trasero de las mujeres debe estar siempre en un cojín, si no es repulsivo. Dijo que hay excepciones. Las bailarinas de ballet son una excepción. Ellas pueden levantar las piernas porque no tienen entrañas. Isadora Duncan tenía entrañas, y por eso no debió bailar. Pero bailó y por eso se volvió loca. *(Vuelve a su propia voz.)* Ella no estaba loca. *(Se lleva la mano a la cara de repente como para protegerse de un golpe.)* ¡Estaba loca! El dijo que había que castigarme porque me estaba poniendo muy lista. Yo no soy lista. Nunca lo fui. Ni tampoco Fefu es lista. Ellos le tienen echado el ojo. A ella también. ¡Pues todavía está caminando! *(Se protege contra un golpe y cierra los ojos.)* ¡Espera! Rezaré mi oración. Ya estoy rezando. *(Murmura como si rezara. Después abre los ojos con cautela. Le habla al público.)* Tú no piensas que voy a discutir con ellos. *(A sí misma.)* Yo hice penitencia. Les dije exactamente lo que ellos querían oír. Me mataron. Yo me morí. El tiro no me hirió. Hirió al venado. Pero yo morí. El no. Entonces hice mi penitencia y el venado murió y yo viví. Ellos dijeron, *(con voz grave.)* "Vive, pero inválida. Y si hablas..." *(Repite el gesto de cortar la garganta.)* ¿Por qué tienes que matar a Fefu? Ella es sólo una chistosa... *(Con voz grave.)* "No matarla, curarla". *(Con su propia voz.)* ¿No le hagas daño? *(Lloriquea.)* Oh, querida, querida, querida mía, mi querida, quieren tu luz. Tu luz, mi querida. Tu preciosa luz. Oh, querida mía, querida mía. *(Mueve la cabeza bruscamente como si recibiera un fuerte golpe.)* No llorar. Diré mi oración. La diré. Enseguida. Mira. *(Se sienta mecánicamente como impulsada por un fuerza invisible. Recita lo siguiente mecánicamente.)* "El ser humano es del género masculino. En su infancia es niño y después es hombre. Todo lo que hay en el mundo es para él—el hombre. Para nutrirlo. En el mundo hay cosas maléficas y nocivas. Esas cosas también son para él. Para que luche contra ellas y las domine y las convierta en cosas benéficas para que ellas también lo nutran. Hay plantas malignas, animales malignos, minerales malignos. Y la mujer es maligna. Ella no es un ser humano. Ella es: 1- Un misterio. 2- Otra especie. 3- Aún sin identificar. 4- Incierta. Por lo tanto maligna y mansa y perversa y gentil lo cual es nocivo. Si un hombre comete un acto de villanía, él es digno de piedad, pues el mal le ha llegado a él de afuera—ha penetrado en él—y se ha convertido en acción. La mujer genera el mal por sí. Dios le ha dado al hombre la mujer de pareja. El buey es bueno pero no le dio Dios el buey al hombre de pareja. La oveja es buena pero no le dio Dios la oveja al hombre de pareja. La pareja del hombre es la mujer. Y ésa es la cruz que él debe llevar. El hombre no es sexual de espíritu. Su sexo es físico. Por eso su espíritu es puro. El espíritu de la mujer es sexual y por eso, después del coito, se prolongan en ella ánimos nefarios que alimentan su espíritu. He ahí que se le hace difícil volver al mundo humano. Sus sentimientos sexuales continúan en ellas hasta la muerte y se llevan esos sentimientos consigo hasta el más allá donde corrompen los cielos, y entonces se les destierra al infierno donde a través del sufrimiento puede que se desprendan de esos sentimientos y se les permita que regresen a la tierra con forma de hombre". *(Mueve la cabeza como si la golpearan.)* No me golpees. ¿No ven que acabo de decir el rezo? *(Le dan un golpe menos fuerte. Vencida.)* Lo creo. *(Gime.)* Dicen que cuando llegue a creer la oración olvidaré a los jueces. Y cuando olvide a los jueces llegaré a creer la oración. Dicen que las dos cosas suceden al mismo tiempo. Que todas las mujeres lo han hecho. ¿Por qué no yo? ¿Por qué no podré yo?

Julia cierra los ojos y reposa exhausta. Unos segundos después entra Sue con un plato de sopa en una bandeja.

SUE. Julia, ¿estás dormida?

Pausa corta.

JULIA. No.

SUE. Te traje sopa.

JULIA. Ponla en la mesa, Sue. Ya me levanto.

SUE. *(Pone el plato en la mesa.)* ¿Quieres que te ayude?

JULIA. No, yo puedo. Gracias Sue.

SUE. *(Empieza a retirarse.)* ¿Te sientes bien?

JULIA. Sí.

SUE. Hasta luego.

JULIA. Gracias, Sue.

Sue sale. Julia cierra los ojos. Se oscurecen las luces lentamente y vuelven a subir lentamente. Entran Cindy, Emma, Sue y Paula desde la izquierda y Fefu por la escalera. Rodean a Julia

SUE. ¿Julia, estás bien?

JULIA. Sí, estoy bien.

Se apagan las luces.

Nueva York, julio de 1995.

LAS MONJAS
Parábola en dos actos

Eduardo Manet

A la memoria de
Roger Blin.

LAS MONJAS fue estrenada como *LES NONNES* el 5 de mayo de 1969 en el Théâtre de Poche-Montparnasse, París, con el siguiente reparto:

MADRE SUPERIORA	Etienne Bierry	
SOR ANGELA	André Julien	Dirigida por *Roger Blin*.
SOR INÉS	Pierre Byland	
SEÑORA	Suzel Goffre	

THE NUNS, la traducción al inglés, fue presentada el 12 de marzo de 1970 en el Gardner Centre for the Arts, University of Sussex, Brighton, Inglaterra.

Fue publicada en Francia en 1969 por Ediciones Gallimard y en Inglaterra, traducida por Robert Baldick, por Calder & Boyars, Ltd. (*Playscript* 43) en 1970.

EDUARDO MANET
Nació en Santiago de Cuba en 1930. En 1948 estrena su primera obra, *Scherzo*, que al año siguiente es editada junto a *Presagio* y *La infanta que no quiso tener ojos verdes*. En 1949 se traslada a Italia y más tarde a Francia, donde estudia pantomima con Jacques Lecoq. En 1960 regresa a Cuba y desarrolla una amplia labor en el teatro y el cine. Es nombrado director del Conjunto Dramático Nacional donde dirige diversas obras, y realiza cuatro largometrajes y seis cortos cinematográficos, que le valen con *El negro* un premio en el Festival de Londres. En 1968 regresa a París. Poco antes, a finales de 1967, escribe *Las monjas* (*Las monjitas* en la versión original) que es montada por Roger Blin en 1969 en el *Théâtre de Poche-Montparnasse*. *Las monjas* obtiene el Premio Lugné Pöe 1969 en Francia y alcanza 360 representaciones, es traducida a 21 idiomas y representada en múltiples teatros de Europa, los Estados Unidos y el Canadá. Manet ha escrito las siguientes piezas: *L'autre Don Juan* (1971); *Eux ou La prise du pouvoir* (1971); *Holocaustum ou Le Borgne* (1972); *Madras, la nuit où* (1974); *Lady Strass* (1977); *Un Balcon sur les Andes* (1979); *Mendoza en Argentina...* (1983); *Ma'Déa* (1984); *Juan y Teresa en busca de Dios* (1987); *Les chiennes* (1989); *Histoire de Maheu, le boucher* (1986); y *Les poupées en noir* (radio-play, 1990). *Monsieur Lovestar et son voisin de palier*, editada por *Acte-Sud 1995*, será presentada en el teatro La Comedia de Ginebra en marzo de 1996 y *Mare Nostrum* será presentada en París durante la temporada 1996-1997. Además Manet tiene una reconocida obra novelística: *La Mauresque*, Premio Jouvenel de la Academia Francesa, 1983, finalista del Goncourt; *Zone Interdite* (1985); *L'Île du lézard vert*, Premio Goncourt des Lycéens, 1992; *Habanera*, (1994) y tiene en preparación *Une Ville en exile*. Es miembro elegido a los consejos de administración y dirección de la Sociedad de Autores y Compositores Franceses y a *La Maison des Écrivains*. Aunque escribe fundamentalmente en francés, Manet concibió *Las monjas* en español y más tarde la tradujo al francés para su estreno en París. La pieza permanecía, injustamente, inédita en español hasta la aparición de este libro.

PERSONAJES
(Por orden de aparición)

La Madre Superiora
Sor Angela
Sor Inés
La Señora

PRIMER ACTO

Sótano de un depósito abandonado. Una pequeña puerta a la izquierda comunica con el exterior; otra, a la derecha del público. Bultos apilados en los rincones, cuerdas que penden. Objetos variados e ilógicos (un muñeco sin cabeza, por ejemplo). Al centro, una especie de nicho con un crucifijo rudimentario, casi un totem. Se debe tener la impresión de una catacumba primitiva.
La acción se desarrolla en Haití, durante la revuelta de los esclavos. Se escuchan cantos gregorianos que cesarán cuando se levante el telón. La Madre Superiora está sentada frente a una mesita llena de manjares y bebidas. Con las mangas recogidas, come a su entera satisfacción con los dedos.
Hace un gesto a Sor Inés, que se encuentra de pie, a su lado, para que le sirva más vino. Sor Inés lo hace. Entra Sor Angela.
La Madre Superiora, Sor Inés y Sor Angela son hombres. La Madre Superiora es un musculoso ejemplar masculino de tipo sanguíneo que si continúa comiendo como lo hace, tendrá una vejez obesa y achacosa.
Sor Inés es el más joven de los tres, casi un adolescente, de gestos nerviosos que dejan transparentar una inestabilidad permanente.
Sor Angela es pequeño, seco, decidido.
Durante todo el espectáculo gestos y voces permanecerán naturales y viriles.

SOR ANGELA. *(A la Madre Superiora.)* ¿Crees que vendrá?

MADRE SUPERIORA. *(Sin dejar de comer.)* Vendrá.

SOR ANGELA. ¿Crees que no habrá problemas?

MADRE SUPERIORA. Ningún problema.

SOR ANGELA. *(Sacando un puro del bolsillo, le da vueltas entre las manos, corta la punta con los dientes, escupe y lo lleva a la boca para encenderlo.)* A mí las cosas que parecen muy fáciles no me gustan nada.

MADRE SUPERIORA. Un filósofo diría que eres pesimista por naturaleza.

SOR ANGELA. Y tú siempre piensas que todo es muy fácil aunque hayamos tenido bastantes pruebas de lo contrario.

MADRE SUPERIORA. Hermana, yo tengo confianza en los designios de Dios.

SOR ANGELA. ¿Y fue el designio de Dios el que por poco me llevan a la hoguera? He pensado mucho en eso y cada vez sospecho más que tú tuviste la culpa.

MADRE SUPERIORA. *(Relamiéndose los dedos.)* Los designios del Señor son inescrutables. Yo no soy más que un simple instrumento entre sus manos. *(Hace señas a Sor Inés para que quite la mesa, mientras bebe un último trago. Sor Inés sale, arrastrando con dificultad la mesita con todo su cargamento.)*

SOR ANGELA. Será mejor que tratemos de pensar que el Señor te guía y tú lo escuchas, y no que Él habla y tú te haces la sorda.

MADRE SUPERIORA. *(Arreglándose la cofia y las mangas.)* Sor Angela, ¿está acaso nerviosa?

SOR ANGELA. ¡Vete al diablo!

MADRE SUPERIORA. *(Deteniéndose en un gesto.)* ¡Shiis! Shiis...¡Nada de juramentos ni de palabrotas! Deme uno de esos puros que tanto aprecia para que me ayude en los inicios de la digestión.

SOR ANGELA. *(Saca un tabaco con mala gana, se lo extiende.)* Sí, tengo los nervios de punta. ¿Para qué negarlo? ¿Cuánto tiempo llevamos preparándolo todo?

MADRE SUPERIORA. *(Ha tomado el puro, lo huele, corta el huequito con una tijera, se lo lleva a la boca, hace señas a Sor Angela para que se lo encienda.)* Noventa y tres días exactamente. Pero por qué no piensa en esos pobres desgraciados que están en prisión, o en los que son llevados a las galeras por años, a veces por toda la vida...

SOR ANGELA. *(Encendiéndole el tabaco con gestos bruscos.)* Claro, y a ti te parece poco tiempo. Desde luego, tú te pintarrajeas como una dama y sales a respirar el aire de afuera, vas a los banquetes y duermes a veces en camas muy blandas y no dudo de que hasta hayas...

MADRE SUPERIORA. ¡Sor Angela, basta! Ese lenguaje será su perdición. Cuando se deja que la lengua discurra sin ton ni son, se corre el riesgo de no poder refrenarla en el momento oportuno. Además, si he salido ha sido por el bien común; si he "respirado el aire de afuera" se debe a que alguien tenía que encargarse del asunto, y que si he asistido a banquetes..., la razón se encuentra en las obligaciones planteadas por nuestro proyecto... *(Fuma, echa humo.)* En cuanto a su última suposición, no quiero ni siquiera tenerla en cuenta; es indigna de la confianza que debe reinar entre nosotros. Y, para terminar... *(Se levanta: su presencia parece aplastar a la otra.)* Si se siente tan mal ¿por qué no ha tomado la iniciativa? ¿Por qué no se ha ocupado usted misma de llevar a cabo el proyecto?

SOR ANGELA. No soy estratega como tú te llamas. Me revienta andar por el mundo haciendo reverencia a la gente.

MADRE SUPERIORA. Entonces estamos de acuerdo en que cada cual está en el puesto que le corresponde: yo dirijo, usted se ocupa de la acción y Sor Inés llevará a cabo los pequeños menesteres... *(Mirando nostálgicamente hacia la puerta por donde salió Sor Inés.)* ¡Pobre Sor Inés! ¡A veces me pregunto por qué el Señor elige a los más inocentes para probarlos por medio del dolor! ¡A veces me pregunto si su estado de sordomuda es un castigo o una bendición!

SOR ANGELA. *(Arrojándose sobre un pequeño sillón con las piernas estiradas y el puro en la boca.)* Tú podrías equilibrar los designios del Señor reduciendo sus trabajos y tus maltratos.

MADRE SUPERIORA. Sor Angela, usted no es un espíritu propio de nuestra época. Usted es incapaz de concebir las ideas filosóficas que determinan el progreso de la humanidad. En la naturaleza existen profundas contradicciones que, a veces, crean los contrastes más extraños. Aquello que parece ser un mal resulta ser un bien, aquello que se presenta como un bien puede ser un mal. ¿Cuál es la realidad de la vida, por ejemplo, con respecto a los sordomudos, los inválidos, los ciegos, los tarados, los artríticos, los sifilíticos...? La gente los odia porque son la imagen viviente de la enfermedad y la decadencia, porque recuerdan lo feo, lo triste, la miseria que puede caer sobre no importa quién en no importa qué momento... La gente los desprecia porque son débiles y no están preparados para afrontar la lucha y la competencia en este bajo, vil mundo... De ahí que la existencia de todos esos pobrecillos sea un continuo pesar. Usted sabe como estimo la delicadeza, el alma pura y la timidez de nuestra Sor Inés, pero, ¿qué sucedería si ella encontrara sólo comprensión, ternura, mimos entre nosotros? ¿Qué sucedería si–¡Dios no lo quiera!–tuviera que enfrentarse un día desamparada, la

67

infeliz, con la dura batalla de ganarse el pan cotidiano? Sucedería lo inevitable: arrancada de su dulce bienestar se encontraría sin defensa, desamparada, expuesta a los peores males. ¿Comprende ahora por qué yo acostumbro a veces—menos, mucho menos de lo que me usted me acusa—de ciertas severidades con ella y por qué me preocupo por enseñarle las mil pequeñas tareas que en el día de mañana pueden serle muy útil? Conclusión: el bien que le ofrezco aparenta ser un mal que será siempre menor en relación con males más profundos y auténticos a los que está destinada. ¿Y qué dice la interesada? ¡Mírela! *(Sor Inés acaba de entrar sonriente.)* Fresca como una flor, amable, dispuesta a servirme...a servirnos de todo corazón... *(Da media vuelta y se sienta. Sor Inés pone un cojín a sus pies, sobre el cual se sienta a su vez. La Madre Superiora le acaricia el rostro. Sor Inés agarra una guitarra y comienza a tocar dulcemente.)* Si la suerte la hubiera acompañado, Sor Inés habría podido destacarse en algún salón distinguido, en el seno de una sociedad rica, selecta, refinada...

SOR ANGELA. *(Que ha escuchado distraídamente el discurso de la Madre Superiora.)* ¿De verdad crees que seguirá tus indicaciones?

MADRE SUPERIORA. *(Con una sorpresa un tanto teatral.)* ¿Quién? ¿La señora? ¿De qué habrían servido entonces todas mis idas y venidas, esas salidas que tanto la mortifican, las horas y horas que he pasado oyendo hablar a la Señora?... Porque le cuento, Sor Angela, que ella me aventaja en cuanto al manejo de la palabra. ¡Qué mujer! ¡Prácticamente es imposible callarla! Por momentos he llegado a creer que jamás fuese capaz de colocar una frase en medio de su desbordamiento verbal... Pero, Sor Angela, siempre he dicho: Dios otorgó la inteligencia a los seres humanos para que ésta fuese utilizada, y, gracias a mi inteligencia, he podido encontrar la manera de tapar la boca de la Señora y abrirle los oídos... Y esa manera fue... *(Ligero suspenso. Cambio de tono.)* ¡El terror! *(Sor Inés deja de tocar, asustada por el gesto siniestro que ha hecho la Madre Superiora.)* Oh, no, no, no, Sor Inés, palomita, no tengas miedo, no se trata de ti...*(A Sor Angela.)* Las almas inocentes siempre se estremecen con las mismas historias... Para ellas nunca dejarán de existir los lobos y los gnomos y las muchachitas tiernecitas que son devoradas en los bosques... *(A Sor Inés.)* Sigue, toca tu guitarra y déjame hablar con Sor Angela.

SOR ANGELA. *(Bosteza ruidosamente, se estira, se levanta.)* Para creerse todo ese cuento se necesita ser muy idiota. Yo siempre pensé que las damas de la alta sociedad son unas idiotas, pero, ¡hasta ese punto!...... *(Va hacia un cajón, saca una botella, la destapa, bebe.)*

MADRE SUPERIORA. ¡Cuidado, Sor Angela! ¡El alcohol deja un tufo indeseable! Admito que como todas las grandes damas, la señora es un poco alocada y carece de muchas luces, pero no hay que exigirle demasiado a la candidez humana, por lo cual debemos guardar la compostura debida de nuestro santo estado. Además la hora se va acercando *(Se levanta.)* Sor Inés... *(Gesticulando a la vez que habla.)* arregla todo esto...¡Limpia, hija mía, limpia! ¡Toma! *(Le da un puro.)* ¡Que no quede ni una huella del tabaco! ¡Guarda la botella, Sor Angela! Y tú, Sor Inés, prepara el incienso... ¡Que nos envuelvan nubes de incienso! Eso es bueno para santificar los lugares y ahuyentar los malos olores.

Sor Inés empieza a transitar en su limpieza.

SOR ANGELA. *(Toma un último sorbo. Guarda la botella.)* Déjame prepararme contra tu plan de higiene mística. Ese olor me enferma.

MADRE SUPERIORA. Confieso que el incienso es un perfume penetrante. Por algo nuestros antepasados lo usaban abundantemente para limpiar las miasmas del alma y del cuerpo. Soportarlo sin placer aumenta nuestro mérito, Sor Angela. Si hallásemos placer en olerlo se convertiría en sospechoso de connivencia con... *(Se acerca a Sor Angela. Bajando la voz.)* ¡el diablo! *(Se santigua.)*

SOR ANGELA. *(Mirándola directamente a los ojos.)* ¿Piensas utilizar la técnica del terror conmigo, Madre Superiora?

MADRE SUPERIORA. *(Con su risa bonachona.)* ¡Perdería mi tiempo, Sor Angela! *(Dándole, con gesto varonil, una fuerte palmada en la espalda.)* A su lado no soy más que un niño de cuna, se lo aseguro, un bebé. Pero me desquito con la Señora... Me hubiera gustado que usted viera su palidez, el pánico en sus ojos, el temblor en sus manos, mientras yo le anunciaba el desastre.

SOR ANGELA. Que venga rápido con todo lo necesario, y que todo termine bien. Quiero verla llegar para poder llevar a cabo nuestro plan.

MADRE SUPERIORA. ¿Cómo puede carecer hasta ese punto de sentido artístico, Sor Angela...? Las cosas se hacen gradualmente, hay que sentir su progresión. ¡Que sería del mundo si los seres humanos no tuvieran sentido teatral!

SOR ANGELA. No sé qué sería del mundo, pero sí sé lo que va pasar si nuestros planes fracasan. A lo mejor no te acuerdas, Madre Superiora, de todo lo que nos espera si se descubre y nos atrapan...

MADRE SUPERIORA. *(Se desplaza, tratando de evitar las imágenes desagradables.)* Vamos, vamos, Sor Angela, yo no olvido las circunstancias en las que nos encontramos...

SOR ANGELA. Más vale que no las olvides, porque corres el riesgo de despertarte en el fondo de un calabozo con las ratas royéndote las nalgas.

MADRE SUPERIORA. Sor Angela... Vigile la crudeza de su lenguaje...

SOR ANGELA. *(Siguiéndola.)* ¡Y no te meterán en un calabozo antes de que hayas confesado todo lo que hayas o no hayas hecho!

MADRE SUPERIORA. *(Cambia los objetos de lugar mientras canta.)* Kyrie, Kyrie eleison....

SOR ANGELA. Y para una confesión, lo mejor es el potro de los tormentos. ¿Te das cuenta, Madre Superiora...? Las cuerdas que aprietan las carnes hasta despedazarlas... Los miembros que comienzan a crujir...

MADRE SUPERIORA. Deténgase, Sor...

SOR ANGELA. La piel que se desgarra... Los huesos que se quiebran...

MADRE SUPERIORA. No es necesario...

SOR ANGELA. Y todavía... Uno podría sentirse dichoso de pasar por el potro de los tormentos, porque hay otras cosas...

MADRE SUPERIORA. ¡Está abusando, Sor Angela!

SOR ANGELA. El garrote, muerte indigna y dolorosa... El hacha...

MADRE SUPERIORA. Sor Angela, le ordeno...

SOR ANGELA. Que corta las cabezas de un solo golpe, las cabezas que en seguida se exponen a la vista pública para que sirvan de advertencia...

Han recorrido la escena en todos los sentidos, en un movimiento envolvente, fatídico.

MADRE SUPERIORA. *(Empujando bruscamente a Sor Angela para que la deje pasar.)* ¡Ha llegado al límite de mi paciencia!

SOR ANGELA. Pero, en nuestro caso, el fin más indicado tú ya lo conoces...

MADRE SUPERIORA. *(Tapándose las orejas y gritando.)* ¡No oigo nada! Usted puede decir todo lo que quiera, no...

SOR ANGELA. ¡La hoguera, Madre Superiora, la hoguera! ¡La grasa hirviendo sobre la piel despedazada por el fuego...!

MADRE SUPERIORA. ¡No oigo, no oigo!

SOR ANGELA. El terrible calor que poco a poco te bebe la sangre...

MADRE SUPERIORA. *(Persignándose y haciendo signos a Sor Angela.)* ¡Vade Retro! ¡Yo te conjuro! ¡Vade Retro!

SOR ANGELA. *(Se arroja sobre la Madre Superiora y le inmobiliza los brazos en una hábil maniobra de lucha.)* Y tu cuerpo cae hecho cenizas bajo tus ojos secos...

MADRE SUPERIORA. *(Suplicando dulcemente de rodillas.)* ¡Piedad! ¡Piedad!

SOR ANGELA. *(Inclinada sobre la otra, sigue apretándola.)* ... Briznas de polvo que esparcirá el viento sin ningún problema...

MADRE SUPERIORA. *(Se incorpora en un movimiento supremo.)* ¡Basta! ¡Arpía! ¡Monstruo! ¿Quieres atraer la mala suerte...? Quisieras que todo fracasara, ¿no? Realmente estás llena de hiel. ¡Habría que reventarte el hígado para que vomitaras tu maldad! ¡Vamos, suelta tu veneno, suéltalo!

La Madre Superiora domina ahora a Sor Angela, la aprieta con el codo y trata de estrangularla... en ese momento entra Sor Inés, corriendo llena de alegría mientras inunda todo con una nube de incienso. La Madre Superiora y Sor Angela se separan y comienzan a toser.

MADRE SUPERIORA. ¿Qué es eso...? *(Tose.)* Esta idiota quiere... *(Tose.)* ¿asfixiarnos?

SOR ANGELA. ¿No le pediste...? *(Tose.)* ¿una nube de incienso...? *(Tose.)* ¡Tú la quisiste!

Sor Inés atraviesa de nuevo la escena en sentido contrario.

MADRE SUPERIORA. ¡Y trae otra vez esa porquería! *(Tose.)* ¡Vete! ¡Usted! ¡Fuera de aquí! ¡Aire! ¡Aire! ¡Aire!

Sale a la carrera, empujando a Sor Inés. Sor Angela airea con un viejo costal. La Madre Superiora regresa, toma un vaporizador y se pone a perfumar la escena.

MADRE SUPERIORA. Se dice que los inocentes van al paraíso, pero a juzgar por Sor Inés, si la justicia reina en el Más Allá, deberían enviarlos al infierno.

SOR ANGELA. *(Sigue aireando con su costal.)* ¡Qué extraordinarias ideas inspira el demonio!... Antes olíamos a muerto, pero ahora apestamos a burdel. *(Se detiene, como si tuviera una idea súbita.)* ¿Lo haces para que ella no se sienta desplazada?... *(La Madre Superiora hace un mohín con los hombros. Sor Angela arroja el costal sobre un rincón. Con ironía.)* ¿Has visto?

MADRE SUPERIORA. *(Haciéndose que no entiende.)* ¿Qué....?

SOR ANGELA. ¡Se te puso la piel de gallina!

MADRE SUPERIORA. ¡Usted se ha aprovechado de mi naturaleza impresionable!

SOR ANGELA. Todo lo que quiero es que te des cuenta de una cosa: ¡de que nuestro golpe no puede fracasar!

MADRE SUPERIORA. ¡No fracasará!

SOR ANGELA. Para no fallar, es necesario seguir un plan hasta el final, ¿comprendes...?

MADRE SUPERIORA. Hasta el final.

SOR ANGELA. Si flaqueamos en el momento en el cual...

MADRE SUPERIORA. ¡No nos dejaremos dominar por nuestras flaquezas!

A lo lejos se escuchan golpes sobre una puerta. Se produce un eco en la catacumba.

MADRE SUPERIORA. ¡Es ella! Rápido, Sor Inés, aquí, ¡Sor Angela!

SOR ANGELA. ¡Sin nerviosismo!

MADRE SUPERIORA. *(Muy agitada.)* ¿Nerviosismo...? No... ¡Mi cofia! ¡Ve a buscármela, cretina! ¡Yo misma iré a abrir la puerta! Todo tiene que estar en orden! ¡Encárguese de eso, Sor Angela! *(Tratan de salir por puertas opuestas. La Madre Superiora regresa.)* ¡Y sobre todo, cuide su lengua!

Salen. Los golpes se hacen más fuertes.

VOZ DE LA MADRE SUPERIORA. ¡Ya voy! ¡Ya voy! ¡Aquí estoy!

Entra Sor Inés empujada por Sor Angela.

SOR ANGELA. ¡Muévete, estúpida! ¿No te basta habernos apestado con tus inciensos? ¿Quién te ha pedido que ahora te pongas a freír chuletas...? Observa un poco tu aspecto. ¡Estás hecha una verdadera catástrofe! ¡Estira esas mangas!... Y tu cofia... Vamos a presentarte a una dama. Comprendes, insignificante animal... Por primera vez en tu vida te vas a encontrar frente a una dama. No pongas esa cara de idiota... ¡Parece que te vas a desmayar!

Dice todo eso mientras le propina toda clase de patadas y golpes que Sor Inés recibe con humildad, tratando de explicarse con gestos.

VOZ DE LA MADRE SUPERIORA. ¡Cuidado con los escalones!

VOZ DE LA SEÑORA. ¡Qué oscuridad, Dios mío! Déme la mano, Madre Superiora.

SOR ANGELA. *(A Sor Inés, pellizcándola.)* ¡Rápido!... ¡Enderézate! ¡Sonríe un poco, para que la Señora no tenga miedo!

Sor Angela hace un signo a Sor Inés para que la imite. Intenta asumir una actitud dulce y sonriente, que le da una expresión feroz, siniestra.

MADRE SUPERIORA. *(Entrando)* ¡Hemos llegado! ¿Se da cuenta con qué facilidad...?

LA SEÑORA. ¿Cómo han podido vivir aquí... *(Entrando a su vez.)* ... Madre Superiora?

Se trata de una mujer espléndida. La cubre una larga capa con un capuchón. Lleva un pequeño cofre en la mano.

MADRE SUPERIORA. Con fe, disciplina y buena voluntad, todo se puede soportar, mi niña.

La Señora llega al centro de la escena. Levanta su capuchón. Su belleza resplandece aún más.

LA SEÑORA. Esta humedad... Esta tristeza... Este extraño olor... *(Se da cuenta de la presencia de las otras dos hermanas.)*

MADRE SUPERIORA. Sor Angela... Sor Inés... ¡Dos hermanitas sin cuya presencia la dureza de la vida cotidiana hubiera sido intolerable!

LA SEÑORA. ¡Ah! ¡Sin la misericordia humana el mundo sería irrespirable, Madre! Pero usted se merece mucho más que misericordia por toda la bondad que tan bien sabe distribuir a su alrededor!

MADRE SUPERIORA. ¡Oh! ¡Yo no me merezco tantos elogios, mi niña! ¡Póngase cómoda! ¿No quisiera comer algo...? Vamos a tener una larga espera, y no es conveniente que usted se fatigue desde ahora. ¡Sor Inés! ¡Sor Angela! ¡Atiendan a nuestra señora!

La Madre Superiora ha tomado con delicadeza el cofre que llevaba la Señora. Sor Inés y Sor Angela se aproximan, maravilladas tanto la una como la otra, aunque de una manera diferente.

SOR ANGELA. Si usted me permite, señora.

Sor Angela le ayuda a quitarse la capa. Sus ojos son atraídos por las blancas espaldas y el cuello de marfil de la Señora. Sor Inés, por su parte, le acerca el mejor sillón. La Señora se sienta con movimientos dulces.

LA SEÑORA. Gracias, gracias, queridas hermanas. No se preocupen por mí.

MADRE SUPERIORA. *(Sin dejar el cofre.)* ¿Preocuparse por usted...? Desde hace varios días ellas no hacen otra cosa.... Especialmente Sor Angela, que temo que su frágil naturaleza se exponga a los peligros del viaje que debemos emprender...

LA SEÑORA. ¡Sor Angela! El nombre corresponde a sus intenciones... *Un angelo (Ha pronunciado el nombre a la italiana.)* ¡Eso es lo que es ella! ¿Pero acaso no estamos todas en la misma situación...? Y no es mil veces mejor exponerse a los peligros de este viaje, hermanas mías... Que correr el riesgo de... ¿De la otra posibilidad...?

MADRE SUPERIORA. ¡Oigan! ¡Oigan! ¡Eso es lo que yo no me canso de repetirles! Cuando las fuerzas diabólicas se desencadenan, nadie sabe de lo que son capaces. ¡Nuevas leyes bárbaras demuelen los armónicos edificios construídos durante siglos! ¡El inocente es perseguido! ¡El bien ajeno expuesto al pillaje! Vean lo que ocurre en el continente: se saquea, se viola, y se mata! ¡El ser humano pierde su dignidad de espíritu y de sangre! ¡La noción de piedad desaparece! Y algo nos envuelve... Nos envuelve... algo que se arrastra en busca de...

LA SEÑORA. ¡Madre Superiora! No me lo recuerde... *(Se desmaya con un elegante movimiento.)*

MADRE SUPERIORA. ¡Sor Angela! ¡Sor Inés! ¡Un licor! Algo de comer... Algo sólido... ¡Es lo mejor en estas circunstancias!

Sor Inés gira sobre ella misma sin saber qué hacer, sin comprender lo que pasa.

SOR ANGELA. *(Empujándola violentamente..)* Vamos, animal, comida, bebida... ¡Tráele algo a la señora!

Sor Inés sale.

LA SEÑORA. *(Con un hilo de voz.)* Las sales, en mi maleta...

MADRE SUPERIORA. *(A Sor Angela.)* ¡La entrada, rápido!

Sor Angela atraviesa la escena y sale.

MADRE SUPERIORA. *(Se sitúa al lado de la Señora, inclinándose ligeramente hacia ella para acariciarle los cabellos.)* Vamos, mi niña, no es nada... Gracias a Dios la Madre Superiora está a su lado, velando para que nada malo le ocurra...

LA SEÑORA. *(Apoya la cabeza contra el regazo de la Madre Superiora, le toma la mano y la besa.)* ¡Ah, Madre Superiora! ¿Dónde estaría yo sin sus consejos y sus sabias precauciones?... Una mujer sola—usted lo sabe mejor que yo—está expuesta a caer en mil trampas, y más aún cuando existe un clima... de...peligro.

Sor Angela entra y reacciona con visible descontento frente a la tierna escena. Avanza y bota la maleta a los pies de la Señora.

SOR ANGELA. ¡Aquí está la maleta!

Cruza los brazos mirando fijamente a las otras dos. La Señora se muestra ligeramente sorprendida por esta actitud. La Madre Superiora estalla en una sonora carcajada, se inclina para recoger la maleta y la deposita sobre las rodillas de la Señora.

MADRE SUPERIORA. Usted sólo me debe gratitud a mí. ¿Entiende mi niña? Sor Angela, por ejemplo, está encargada de los detalles prácticos. Ha sido ella quien ha convencido al honrado marinero, capitán del barco sobre el cual vamos a hacer la travesía. Ella es quien se ocupa de los vestidos, alimentos, etc.

LA SEÑORA. *(Reanimada por las sales.)* Entonces, le estoy doblemente reconocida a Sor Angela por sus cuidados. No debe ser un trabajo fácil para una hermana el ocuparse de todas esas horribles cuestiones materiales.

SOR ANGELA. *(Aún de mal humor, pero poco a poco conquistada por el encanto de la dama.)* Eso no ha sido difícil. Yo me conozco los asuntos del mar.

MADRE SUPERIORA. *(Rápida.)* Sor Angela procede de una humilde y honesta familia de pescadores.

LA SEÑORA. Bueno, lo único que yo sé de las cosas del mar es que hay olas y peces, y que se sufre de terribles mareos... *(Ríe.)* Cuando yo he viajado siempre lo he hecho sobre grandes y hermosas embarcaciones llenas de velas y mástiles...

SOR ANGELA. En general, las embarcaciones pequeñas son muchas más seguras que las grandes. La nuestra es liviana y resistente. Podremos hacer el viaje cómodamente.

LA SEÑORA. ¿Cómo se llama la barca, Sor Angela?

SOR ANGELA. Se llama: "La cegadora".

LA SEÑORA. ¡Qué nombre tan pavoroso!

SOR ANGELA. Fue idea del propietario...del primero. Quiero decir del que hacía el contrabando.

MADRE SUPERIORA. *(Contenta de poder cortar esta conversación.)* Aquí llega nuestra pequeña Sor Inés con algunos deliciosos bocaditos.

Efectivamente, Sor Inés aparece llevando la mesita cargada de alimentos y bebidas.

LA SEÑORA. ¡Qué abundancia! ¡Aquí hay como para nutrir a un regimiento!

MADRE SUPERIORA. Sor Inés seguramente ha perdido la cabeza al verla desmayarse.

LA SEÑORA. Y yo que como como un pajarito... *(Prueba un bocado.)* ¡Delicioso! Sor Inés tendrá que darme la receta durante nuestro viaje...

Sor Inés la mira sonriendo con su habitual aire de idiota.

MADRE SUPERIORA. No espere que ella le responda. Nuestra pobre hermanita ha perdido la voz en un desgraciado accidente.

LA SEÑORA. *(Haciendo un gesto hacia Inés.)* ¡Pobre pequeña! ¿Cómo puede ocurrirle algo semejante a un alma tan dulce?

SOR ANGELA. Se la cortaron completamente con un cuchillo, hasta la raíz. *(Ríe.)*

MADRE SUPERIORA. ¡Sor Angela! ¡Evítenos las descripciones! ¡La señora se va a sentir mal de nuevo!

LA SEÑORA. *(Sin dejar de comer.)* ¿Cortada...? ¿Cómo es posible...?

MADRE SUPERIORA. *(Impidiéndole responder a Sor Angela con un gesto.)* Una historia muy triste, y sin embargo muy común en los horribles tiempos que vivimos! *(Bajando la voz en una actitud temblorosa.)* Astros funestos guían en la actualidad los destinos de los hombres... Las pasiones se desencadenan... Extraños acontecimientos... Venganzas... *(Con un gesto vago de su mano velluda.)* La distinguida familia de Sor Inés pertenecía...¡a la aristocracia! *(Pronuncia las últimas palabras en un susurro apenas audible.)*

LA SEÑORA. ¡Pobre ángel! Al verla podría decirse que ignora la maldad del mundo...

Con un gesto agradece a la Madre Superiora mientras le alcanza una copa que ella toma y bebe.

MADRE SUPERIORA. ¡Cuando el alma es pura!...

SOR ANGELA. Además los golpes la han vuelto medio idiota...

LA SEÑORA. *(Ríe.)* ¡Ah, ah, Sor Angela! Me doy cuenta de que usted tiene una lengua de víbora.. Tome... Para que se endulce un poco... *(Le da un bizcocho de crema.)* Pero... Ustedes no pueden dejarme comer sola... ¡Vamos, hermanas, ánimo! ... Madre, pruebe estos platos exquisitos... Sor Angela... ¿Otro panquecito? Sor Inés... ¿Un poco de vino para darle color a sus mejillas?

La Madre Superiora y Sor Angela aceptan con placer y se ponen a comer y beber con la Señora.

LA SEÑORA. Mi marido me dice... Me decía a veces: "Con un poco de amistad y algo de felicidad, todo se pone color de rosa". Ustedes no pueden imaginar la impresión que he tenido al entrar aquí... He sentido un escalofrío... Pensé: este subterráneo parece una tumba. Y sin embargo, si nos vieran ahora; cuatro viejas amigas que comen y beben felices, sin tener malos pensamientos.

MADRE SUPERIORA. Y este ambiente puede mejorar todavía. Sor Inés tiene otras virtudes aparte de la culinaria... Veamos... Sor Inés, tóquenos algo de música... Para que nuestra Señora acabe de disipar su mala impresión. *(Comprendiendo los gestos de la Madre Superiora, Sor Inés toca la guitarra.)* Lo que usted va a escuchar está fuera de los común, ya que la pobre Sor Inés ignora lo que es la música, a causa de sus oídos muertos.... *(Frente a la expresión de asombro de la Señora.)* Sí... De este modo... Parece como si un estallido cercano le hubiera reventado los tímpanos.... Pero, en fin, ¿quién pudiera saber en este mundo si una cosa es o no es...? Todo se transforma, se mezcla en una complicada amalgama a través de la cual nosotros, pobres seres mortales, tenemos que descubrir la mano del Señor... La música, por ejemplo... ¿Acaso nuestra pequeña Sor Inés no podría poseer el secreto de los Serafines? Es posible que lo que ella toca sea la verdadera armonía, y que lo que hace nuestras delicias como música en nuestra sociedad mundana, sea considerado mañana como un ruido, nada más que ruido.... ¿Quién puede saberlo?

Pausa durante la cual los personajes escuchan la música.

LA SEÑORA. Usted tiene razón: así deben tocar los ángeles. Tome, hermana, beba a su propia salud..

La Señora aproxima una copa a los labios de Sor Inés, que bebe.

SOR ANGELA. *(Con su risa peculiar.)* ¡Cuidado! Si el vino se le sube a la cabeza, ella es capaz de hacer cualquier cosa, de empolvarse, y....

LA SEÑORA. ¡Shhhhhhssst! *(Le hace un gesto de callarse.)*

Sor Angela y la Madre Superiora se sorprenden. La Madre Superiora piensa que a la Señora le ha molestado algo dicho por Sor Angela, y se apresta a intervenir haciéndole reproches; pero antes que ella pueda hablar, la Señora dice:

LA SEÑORA. ¿Ustedes no oyen?

Efectivamente, desde el momento en que la Madre Superiora le ha pedido a Sor Inés que toque la guitarra, un ligero ruido de tam-tams ha comenzado a oírse, aumentando ligeramente hasta hacerse perceptible para el público.

SOR ANGELA. Tambores....

MADRE SUPERIORA. ¡Shhhhhhssst! *(Da una ligera palmada a Sor Inés para que deje de tocar. El silencio termina en una risotada de la Madre Superiora.)* En efecto, debe tratarse de una de esas fiestas paganas que ellos hacen. ¿A qué día estamos? Pero... Continúa, Inesita, mi niña... *(Gestos.)* La guitarra... La música celeste en oposición a los sonidos heréticos...

SOR ANGELA. *(Súbitamente inquieta y tensa a partir de este momento.)* ¡Y que sigan la bebida y el banquete! Qué mejor que afrontar la mar océana que tener el estómago repleto... ¡Así se evitan los mareos y los vómitos!

La Señora bebe, como ausente.

LA SEÑORA. ¿A qué hora partimos, Madre...?

MADRE SUPERIORA. Quisiera estar en la barca ahora mismo...

SOR ANGELA. Y una vez en la barca usted dirá: Quisiera estar en la tierra ahora mismo... La vida es así: uno nunca está contento de ser como es ni de estar donde está. Siempre falta algo. Cambiar... Cambiar... ¡Beba!

MADRE SUPERIORA. *(Inclinándose hacia la Señora, ligeramente a su vez, trata de disfrazar sus nervios con una risita.)* Vamos, vamos, mi niña, no se inquiete ahora que estamos a punto de partir...

LA SEÑORA. *(Se levanta y se dirige casi inconscientemente hacia el crucifijo.)* He tenido sueños... He visto las escenas que usted me ha descrito con tanta fuerza, Madre. Eran sueños extraños, y tan intensos, que me parecía vivir todas las cosas que acontecían frente a mis ojos... ¡Qué horror, Madre! Sentir, ver, casi tocar... Gritos que surgían de todas partes... Rostros nacidos súbitamente de la noche, a la luz de las antorchas...Y yo... En el centro del cataclismo... Sin poder moverme... Queriendo hablar y sin poder hacerlo... Diciéndome a mí misma: tus sueños...no son verdad. Dentro de algunos instantes te despertarás en tu cuarto... En tu cama... Adelaida te llevará tu chocolate... La buena Adelaida... Tú le contarás toda esa historia... Ella reirá y te dirá:... Es la costilla de marrano que usted se comió anoche... Pero el instante se prolonga y no me despierto... Al contrario, me hundo más y más en el abismo que me rodea... Me encuentro atrapada, cercada por seres espantosos... Y algo me oprime, me aprieta, me sofoca, me ahoga, me ahoga...

Se cubre el rostro con las manos. Los tam-tams han aumentado un tanto de intensidad.

MADRE SUPERIORA. *(Con su sonrisa inquieta.)* Vamos, mi niña, no se deje arrastrar por la imaginación... Tal vez... Sí... Tal vez yo misma haya exagerado un poco...

SOR ANGELA. Además ya el problema no existe. Cuando cante el gallo nos escaparemos. La barca estará lista a la hora convenida... Si le pagamos al capitán lo que pide por el viaje... *(Lanza una mirada a la Madre Superiora.)*

MADRE SUPERIORA. *(Con un rápido gesto para que tenga cuidado.)* Estoy segura de que en ese aspecto no tendremos nada que temer; la señora habrá traído...

LA SEÑORA. *(Reclinándose en el muro, cerca del crucifijo.)* Sí... Todo está aquí...en el cofre.

La Madre Superiora y Sor Angela intercambian miradas. Ni una ni otra han podido evitar el gesto de avaricia.

MADRE SUPERIORA. *(Sin poder evitar una risa burlona a causa del nerviosismo.)* ¿Po...podríamos ver...las...joyas? Rara vez es dado a una humilde monja el poder gozar de esas bellezas humanas...además...hay que proceder a la repartición: tanto para el capitán de la barca...tanto para la llegada al puerto de refugio...

LA SEÑORA. *(Con un elegante movimiento de la mano.)* Abra, Madre, abra...

La Señora saca una llave que Sor Angela se adelanta a recoger, pero que le es arrebatada a la vez por la Madre Superiora. Ambas arrojan a un lado los objetos que copan la mesita, colocando el cofre sobre ella, frente al público. La Madre Superiora lo abre. Ambas quedan por un momento fascinadas. Sor Inés, que ha seguido los movimientos de las otras, deja de tocar. Los tam-tams resuenan ahora con más fuerza.

MADRE SUPERIORA. ¡Admirables!

SOR ANGELA. ¡Cómo brillan!

MADRE SUPERIORA. Son...como estrellas... ¡Como soles!...

SOR ANGELA. ¡Una fortuna!

Hablan casi en un susurro sin atreverse a tocar las joyas. La Señora se acerca lentamente.

LA SEÑORA. Cada uno de estos objetos está lleno de recuerdos para mí... Esta clase de joyas se pega a la piel con todo su cargamento de imágenes... Algunas son viejas joyas de familia... Otras....regalos de mi marido... Y otras... compras que yo he hecho.... Por vanidad... Por aburrimiento... Por el placer de gastar... *(Observa por un momento el arrobamiento casi místico de las tres religiosas.)* ¡Esperen! *(Se acerca aún más, removiendo las joyas. Las otras se apartan un tanto.)* Déjenme ver... Sí... Están completas.. Tome, Madre, un collar... *(Le ofrece una joya.)* Este camafeo pertenecía a mi abuela...

MADRE SUPERIORA. Señora... No... No puedo...esta joya...

LA SEÑORA. Por favor, acéptelo... Y usted, Sor Angela, tome esta sortija... Perteneció a una de mis tías, a quien yo quería mucho...

SOR ANGELA. *(Toma rápidamente la sortija y se la prueba en varios dedos tratando de ver en cuál le queda mejor.)* Cómo podría agradecerle...

LA SEÑORA. Guárdela como un recuerdo de mi tía... Y usted, hermanita... *(A Sor Inés colgándole una cruz.)* Le suplico que lleve siempre esta cruz en el pecho... Una de mis primas la llevó el día de su comunión y de su muerte... Ella era tan buena y tan dulce... Nadie podría merecerla mejor que usted... *(Deposita un beso sobre la mejilla de Sor Inés, que enseguida se pone a llorar, cubriéndose el rostro.)* Pero... ¿Qué tiene...? Madre, ¿qué le pasa?

MADRE SUPERIORA. No le haga caso. Es la emoción... Y el regalo... Ella no está habituada... Los pobres de espíritu no pueden entender cuándo la felicidad golpea a su puerta, y por esto lloran.

LA SEÑORA. Pensé que la había ofendido con mi regalo...

SOR ANGELA. ¡Ofendido! Cuando mucha gente ofrecería su cabeza con gusto por tener una sola de estas joyas...aunque fuera por un instante.

Corto silencio. El tono de profunda emoción de Sor Angela provoca un ligero malestar.

LA SEÑORA. *(A la Madre Superiora.)* ¿No quisiera separar las partes destinadas a los gastos y necesidades del viaje y de la estadía?

MADRE SUPERIORA. Sí, es verdad... Veamos... *(Como un niño frente a una bandeja de dulces, no sabe por dónde empezar.)* Este collar y estos aretes... Tal vez serán suficientes para el capitán... Pero si por casualidad él regatea, podríamos...

LA SEÑORA. *(Preocupada.)* ¿No le parece que ese ruido infernal ha aumentado?

En efecto los tam-tams resuenan con más fuerza y con un ritmo más rápido.

MADRE SUPERIORA. Señora, con las relaciones que usted tiene en el gobierno general podría hacer prohibir las escandalosas manifestaciones que están destruyendo el sistema nervioso de los ciudadanos. Se sabe que el ruido exalta los malos instintos. Habría que impedir esos cantos paganos y uno o dos himnos importados del extranjero...para los días de fiesta...

SOR ANGELA. Lo mejor será tener todo listo para la partida. Señora... ¿No quisiera echar una mirada sobre las cosas que vamos a llevar?

MADRE SUPERIORA. *(Con un tono muy fuerte, inhumano.)* ¡Todavía no! *(Los demás reaccionan, particularmente Sor Angela, que la mira con dureza.)* Pongamos aparte los gastos inmediatos... Conviene que la Señora esté presente...

SOR ANGELA. *(Rápidamente.)* Antes que nada es conveniente que la Señora revise el material que llevaremos... Puede que ella tenga necesidad de alguna otra cosa...o a lo mejor juzga oportuno decir algo, y así podríamos deshacernos de un peso inútil... *(Dirigiéndose directamente a la Madre Superiora.)* ¡Estaba convenido!

LA SEÑORA. Prefiero no ir. Tiene mi entera confianza, Sor Angela, para las cuestiones materiales. Y usted, madre, para lo que tenga que ver con la repartición.

Se dirige hacia el sillón.

MADRE SUPERIORA. *(Observando la actitud agresiva de Sor Angela, trata de reencontrar el tono de dulzura y fingimiento.)* Sería mejor que fuera, Señora. Usted no sabe hasta qué punto es de testaruda Sor Angela. Además es indispensable que Ud. revise nuestros bienes. No quisiéramos haber cometido un error del que tuviéramos que arrepentirnos después, en alta mar. Yo me ocuparé del resto.

LA SEÑORA. *(Después de un instante de duda.)* Está bien. ¿Dónde están los equipajes?

SOR ANGELA. *(Indicando la puerta de la derecha.)* Por allí... En el otro sótano...

La Señora lanza una mirada a su alrededor.

LA SEÑORA. Madre...vuelvo a sentir el malestar del espíritu que tenía al llegar... ¿Cómo ha podido usted soportar todo esto sin volverse loca, Madre?

MADRE SUPERIORA. *(Con las manos llenas de joyas, casi trágica a fuerza de sinceridad.)* Porque he pensado sin descanso en un futuro luminoso, mi niña... En un futuro de paz y tranquilidad...

LA SEÑORA. *(Que no la ha oído.)* Quisiera estar ahora mismo en la barca, madre...

SOR ANGELA. *(Tomándola de la mano.)* Venga. El tiempo apremia. El amanecer se acerca.

Salen. Los tam-tams aumentan en ritmo y sonoridad. Sor Inés, que había permanecido en un rincón llorando y contemplando su cruz, las ve pasar; entusiasmada, las sigue.

MADRE SUPERIORA. *(Con una alegría de lobo, tomando las joyas a manos llenas.)* ¡Una fortuna! ¡Mil años de riqueza, de noches con los sueños realizados, de vida sin penas! ¡Cuántas cosas pueden conseguirse con estos brazaletes! ¡Carrozas, sirvientes, mayordomos! ¿Y estos dos collares...? Valen por lo menos dos buenas haciendas con sus plantaciones de caña de azúcar. ¡Y con esto se compra la conciencia de diez hombres y la virtud de veinte mujeres! Con esto se obtiene la comandancia de una guarnición... Y con esto otro... ¡Un arzobispado! ¡Hay con que llegar a ser un terrateniente, un jefe de armada, un marqués y tal vez hasta una duquesa! ¡Hay con qué vivir en una gran capital, con qué vestirse, divertirse y comer: todo tiene su precio! ¡Todo puede conseguirse a condición de que se pague: lo lícito y lo prohibido, lo normal y la fantasía, lo que es de Dios y lo que es del diablo! ¡Con esto se obtiene lo que todos luchan por conseguir, pero que a pocos concierne: el poder! ¡La potencia! ¡La fuerza de comandar! Las joyas, en manos de una idiota, no son más que piedritas brillantes. Pero en las mías, crecerán y se multiplicarán... ¡Estoy a dos pasos de un imperio!

Se ha ido guardando las joyas de cualquier manera, a medida que avanza el monólogo. El sonido de los tambores, sordo, amenazante, ha ido aumentando gradualmente. Ritmo que no tiene nada de festivo. La Madre Superiora, fascinada por las joyas, no lo ha escuchado. Se encuentra en medio de la escena contemplando sus manos y sus brazos cargados de joyas. Entra Sor Inés, lívida, haciendo gestos angustiosos. Se dirige a la Madre Superiora y comienza a sacudirla tratando de llevarla hacia la derecha.

MADRE SUPERIORA. ¿Qué haces, desgraciada...? ¿Qué haces...? ¡Vas a desbaratar las joyas!

Sor Inés indica la derecha y trata de nuevo de llevar a la Madre Superiora en esa dirección.

MADRE SUPERIORA. ¿Qué pasa...? ¿Eso no ha terminado...?

Sor Inés, desesperada, muestra las joyas y la capa de la Señora, luego lleva las manos al cuello, reproduciendo de manera alucinada el estrangulamiento de alguien que se resiste luchando.

MADRE SUPERIORA. ¿Qué quieres que hagamos? No es culpa de nadie... Las cosas llegan porque tienen que llegar, los libros lo dicen. Métete muy bien esa idea en la cabeza, y vivirás un poco más contenta. ¡No hay que pensar, Inesita, no hay que pensar! Por otra parte, era ella quien... Este

(Muestra las joyas, de las cuales se va despojando poco a poco.) ¿Por lo menos comprendes eso, no...? Como dice Sor Angela *(Pronuncia el nombre a la italiana.)* en esta clase de cosas nunca se puede dudar. *(Comienza a ordenar las cosas.)* ¡Y esos tambores de almas en pena! Me duele haberme alejado de ellos... *(Canta.)* Kyrie, kyrie eleison... *(Viendo que no consigue nada, Sor Inés agarra las dos manos de la Madre Superiora y trata de llevarla; algunas joyas caen.)*

MADRE SUPERIORA. ¡Déjame, imbécil! ¡Mira lo que has hecho! *(Golpea a Sor Inés y se agacha para recoger las joyas.)* ¡No te das cuenta! ¡Botar al suelo el trabajo de muchas generaciones! Eres tan estúpida que ni siquiera sabes lo que es el respeto!

Mientras la Madre Superiora se agacha, Sor Inés busca desesperadamente a su alrededor hasta que descubre un instrumento contundente—¿palo, hacha, el Cristo en madera?—y corre hacia la derecha. Los tam-tams comienzan a resonar frenéticamente. A partir de este momento, una parte del texto se perderá y los personajes deberán hablar a gritos entre ellos.

MADRE SUPERIORA. *(Terminando de ordenar nerviosamente las joyas en el cofre.)* ¡El mundo se deshace!... ¡Es el fin de todo! Nadie respeta al gobierno general y por eso estamos viendo las consecuencias... Una mano fuerte para todos... Eso debería ser la ley... Para que los ciudadanos pudieran vivir tranquilos... Si me confiaran la dirección de estos asuntos, yo sé muy bien lo que haría... ¡Qué ruido, maldita sea! Destroza los nervios... Yo también quisiera estar sobre la barca ahora mismo.

SOR ANGELA. *(Afuera.)* ¡Déjame malparida! ¡Te digo que me dejes!

MADRE SUPERIORA. ¿Qué pasa ahora?

Se escucha un ruido de cajas que caen.

SOR ANGELA. *(Fuera, con la voz estrangulada de alguien que lucha.)* ¡Me las vas a pagar! *(El resto es ininteligible.)*

MADRE SUPERIORA. *(Corriendo hacia la derecha.)* Nunca se puede gozar tranquilamente de la felicidad. ¿Qué pasa...?

Se detiene frente a la puerta. Se escuchan golpes secos y el ruido de la caída de una caja de vez en cuando. Los gritos que son audibles no tienen nada de humano: son gruñidos de bestias. Al exterior, al ruido de los tam-tams se añade el de las campanas de una iglesia, que repican a todo vuelo.

MADRE SUPERIORA. ¿Qué pasa? ¿Qué ocurre? ¡No! ¡Eso no! ¡Cuidado! ¡Eso no! ¡La vas a...nooooo! *(Se voltea, cerrando los ojos y retrocede dándose golpes de pecho.)* ¡Miserable! ¡Maldita! ¡Perdida! ¡Infame!

SOR ANGELA. *(Entra sin aliento, con el hábito desecho y la cofia semicaída.)* Se tiró sobre mí, por detrás, a traición... Como un puma... Si no me hubiera defendido, me mata... ¡Y todo por una sonrisa de esa perra! Y un regalo... La sonrisa se la hice tragar definitivamente... Y el regalo...¡lo heredé yo! ... *(Muestra la cruz.)*

MADRE SUPERIORA. *(Retrocediendo.)* ¡Esas cosas no deben ocurrir! ¡Traen mala suerte! ¡No se debe luchar entre sí! ¡Ya hay mucho que hacer para defenderse de los otros! ¡Pero tú siempre tienes que cometer bestialidades! ¿No puedes dominar tus malditos impulsos como cualquiera? *(Se arroja sobre Sor Angela para destruirla.)* ¡Maldita! ¡Estúpida!

SOR ANGELA. *(La esquiva, dándole un golpe al pasar, y arremete contra ella.)* ¡Quieta! *(En el suelo.)* ¿Oyes?

MADRE SUPERIORA. Oigo... Hace un rato que oigo... ¡Pero no *QUIERO* oír!

SOR ANGELA. Algo ha debido ocurrir para que los tambores y las campanas resuenen juntos.

MADRE SUPERIORA. Es un mal de ojo, la mala sombra, alguien que rabia porque todo nos está saliendo muy bien.

SOR ANGELA. ¡Comienza a sacar las cosas! Prepara todo. Voy a ver qué pasa. Si el camino está libre, vamos hasta la barca y partiremos antes del amanecer. *(Sor Angela arregla su cofia mientras avanza con paso decidido hacia la izquierda.)*

MADRE SUPERIORA. La mala suerte llega siempre en medio de los mejores momentos... *(Sale regresando casi inmediatamente con un bulto muy pesado que lleva hacia el centro de la escena. Las campanas repican a todo vuelo y los tambores resuenan.)* Uno nunca recibe en paz el fruto de sus esfuerzos... Porque lo que cuenta es el esfuerzo... El triunfo de la inteligencia... Tener que suplicar en un mundo repleto de idiotas... Y cuando todo se compone... Cuando las joyas llegan... ¡Pum!... ¡Pum! ¡Las campanas!

En ese mismo momento preciso las campanas dejan de sonar. Los tambores dominan solos, pero ahora con un aire triunfal. La Madre Superiora vuelve a salir.

SOR ANGELA. *(Fuera. Con gritos insultantes.)* ¡El infierno! ¡He visto el infierno! ¡Es el infierno!

Sor Angela, completamente deshecha, y la Madre Superiora, que arrastra otro bulto enorme y pesado, entran casi al mismo tiempo.

SOR ANGELA. ¡Toda la ciudad arde en llamas!... ¡La Iglesia! ¡La alcaldía! ¡El cuartel!¡Las gentes huyen, enloquecidas por el terror, con espantosas heridas!...

MADRE SUPERIORA. ¡No! ¡No!

SOR ANGELA. He visto un hombre agarrar sus intestinos con las manos... A una mujer que llevaba un niño sin cabeza... Todo está en llamas... La ciudad entera será destruída... ¡No quedarán sino escombros! ¡Ni una persona viva!... Como no sean...

MADRE SUPERIORA. *(Corriendo hacia el cofre y apretándolo contra ella.)* ¡Eso no es verdad!... ¡No es posible!...

SOR ANGELA. ¡Yo lo he visto! ¡Vengo de verlo! ¡No podríamos dar dos pasos sin que nos cortaran la cabeza! No tendríamos ni siquiera el tiempo de llegar a la playa.

MADRE SUPERIORA. *(En el centro de la escena, se repliega sobre ella misma, apretando el cofre contra su pecho.)* ¡Yo he inventado toda esa historia para aterrorizar a la señora!

SOR ANGELA. *(Riendo, gira sobre ella misma y salta.)* ¡Ah! ¡Todo estaba previsto hasta el último detalle! ¡Encerradas un mes, como ratas! La señora de piel suave, cuyas manos no conocen el trabajo, pero que sabe defenderse con sus largas uñas... La señora a quien no es fácil hacer decir adiós a este mundo... *(Se escuchan fuertes golpes en la puerta.)* ¡La señora que se agarra y araña! Hasta que el último estertor se sofoca en su garganta... Todo está listo... ¡La barca nos espera y zas! ¡No! ¡Izamos velas hacia el gran océano!

MADRE SUPERIORA. *(Con un pequeño grito.)* ¡Golpean! ¡Están aquí! ¡No es posible! ¡No! ¡No! ¡No!

SOR ANGELA. ¡Y todo se gastará llevando la buena vida! *(Golpes más violentos en la puerta.)* ¡Vivos herederos de una Señora muerta! *(Se pone a reír.)* ¡Y ahora veánlos llegar!... ¡Ellos son más fuertes que nosotros! Y todo ha terminado! ¡Todo!

MADRE SUPERIORA. ¡Ellos no están ahí! ¡Nadie ha llegado! Alguien nos quiere embrujar para que creamos todo eso. Pero conmigo no vas a lograrlo. *(Sostiene el cofre con una mano, mientras con la otra hace signos contra el mal de ojo.)* *¡Vade Retro, Satanás, Vade Retro!*

SOR ANGELA. Ibamos a vivir en una continua fiesta... ¡Un luminoso futuro de paz y tranquilidad!

Los tam-tams resuenan con más fuerza, cubriendo casi las palabras. Las voces han cesado, pero, de la izquierda, comienza a surgir una columna de humo.

MADRE SUPERIORA. *(De rodillas, estrechando su cofre.)* ¡Quieren hacerme creer que han prendido fuego! ¡Que quieren hacerme arder! ¡Así le decía a la Señora que todo iba a ocurrir! ¡Exactamente así! ... *(Llora.)* No quiero... No quiero... ¡Despiértame!

SOR ANGELA. *(Frenética, enloquecida, riendo y tosiendo.)* Una fiesta de la mañana a la noche... ¡Una fiesta...! *(Se pone a cantar con todas sus fuerzas un himno religioso en hebreo.)*

MADRE SUPERIORA. *(En un grito.)* ¡¡¡Despiértame!!!

SEGUNDO ACTO

Parece como si un ciclón hubiera pasado sobre la escena. Frente a la puerta de entrada se han aglomerado muebles, bultos, cajas y otras cosas. Los bultos que la Madre Superiora había arrastrado durante todo el primer acto han sido abiertos, razgados, y su contenido, absurdo y variado, esparcido por todas partes. La Madre Superiora–ahora con la cabeza afeitada y los vestidos sucios y llenos de rotos–busca ansiosamente entre las cajas.

MADRE SUPERIORA. *(Murmurando entre dientes.)* ¡Cómo le gusta armar problemas! Dijo que ya todo estaba preparado, pero si hubiéramos emprendido el viaje, las cosas no hubieran sido distintas: poco de comer y muchas porquerías... Basura... Andrajos malolientes... ¡Esa bruja maldita no sirve para nada! y tú... Deja de temblar y ven a ayudarme un poco. *(Se dirige a Sor Inés que tiene la cabeza envuelta en un trozo de tela ensangrentada, y que se encuentra en cuclillas, casi invisible entre un montón de cajas y muebles caídos.)* ¡Vamos, muévete! ¡No es tan grave! *(La sacude, casi la arrastra; Sor Inés se deja.)* Te salvaste de la grande; pero escucha bien lo que voy a decirte: no te le acerques mucho. Está fuera de sus cabales. Y tiene motivos. Cualquiera se confunde y se enloquece con esos tambores y cantos que no se detienen ni un instante. ¡Ayúdame, parásita!... ¡Busca con cuidado! Ella me juró que tendríamos suficientes provisiones para un mes de viaje, y fíjate.... ¡No queda ni una migaja de pan! *(De pronto deja de dar vueltas nerviosas de un lado a otro. Se sienta con las piernas abiertas, apoya los codos sobre las rodillas y la cabeza entre las manos.)* ¡Dios mío! ¿A dónde iremos a parar?

Sor Inés apenas puede moverse, se arrastra en cuatro patas, buscando caóticamente. Tan sólo lejanos tambores intermitentes y un canto que parece un grito rompen el silencio que reina alrededor. Entra Sor Angela con la cabeza afeitada y el hábito sin mangas, lo que permite ver sus brazos musculosos. La falda está hecha girones y ha sido amarrada de tal modo que parece un pantalón. Se encuentra cubierta de polvo y sus manos y brazos están despellejados.

SOR ANGELA. *(Mirando a la Madre Superiora desde el fondo.)* Como siempre me vas a dejar sola para hacer todo este asqueroso trabajo...

MADRE SUPERIORA. *(Sin levantar la cabeza.)* ¿Qué quieres...?

SOR ANGELA. *(Aproximándose.)* Que vayas a cavar un poco. Estoy agotada.

MADRE SUPERIORA. ¿Y crees que yo estoy nadando en un baño de rosas?

SOR ANGELA. Por lo menos no despegas el culo del suelo. *(Busca en un lugar donde guardaba el ron en el primer acto.)* Lo que estoy haciendo lo hago por las dos.

MADRE SUPERIORA. Agradezco tu buen corazón.

SOR ANGELA. *(Destapa la botella y se la lleva a la boca, comprobando que no queda ni una gota. Avanza furiosa hacia la Madre Superiora.)* ¡Te lo bebiste todo!

MADRE SUPERIORA. *(Tratando de evitarla.)* Lo he usado para la pobre Inés. ¿No te das cuenta del estado en que la dejaste? Había que poner un poco de alcohol sobre la herida.

SOR ANGELA. *(La detiene.)* ¡Abre la boca! ¡Quiero olerte! ¡Abrela!

MADRE SUPERIORA. *(Luchando por liberarse.)* ¡Déjame tranquila! Me tomé una gota, ¿y qué...? Tengo tanto derecho como tú para humedecer la garganta.

SOR ANGELA. *(Tratando de tumbarla.)* La única que tiene derechos aquí soy yo. Por eso me he arruinado las manos, y...

MADRE SUPERIORA. ¡Cállate! ¿No oyes...?

Se inmovilizan en la posición en que les ha sorprendido la frase.

SOR ANGELA. ¿Tú crees...?

MADRE SUPERIORA. Estoy segura.

SOR ANGELA. *(Agachada.)* No oigo nada.

MADRE SUPERIORA. *(Logra liberarse y se dirige a la puerta, colocando otras cosas en la barricada.)* Las otras veces tampoco has oído nada, y ellos han golpeado como ahora: como si no estuvieran seguros.

Naturalmente ningún ruido se escucha, pero al ver la actitud de la Madre Superiora, Sor Angela recoge algunas tablas y le ayuda a consolidar la barricada.

SOR ANGELA. ¿Por qué golpean? ¿Por qué no tumban la puerta de una vez por todas?

MADRE SUPERIORA. Quien sabe... A lo mejor quieren ponernos a prueba... Tal vez piensan que vamos a salir... *(Recoge algo cerca de Sor Inés y la sacude al pasar.)* ¡Eh, idiota, ayúdanos! ¡Tú también estás metida en el lío!

Sor Inés comienza a acomodar objetos pequeños, inútiles, con movimientos de sonámbula, evitando acercarse a Sor Angela.

SOR ANGELA. *(Arrastra nuevos objetos hacia la barricada. Su agitación irá en aumento, al contrario de la Madre Superiora, cuyo ritmo será cada vez más sosegado, y del ritmo de Sor Inés, prácticamente inexistente.)* Tendrán un doble trabajo: primero tumbar la puerta y luego atraparnos. Pero... ¡mira! *(Se detiene y de un gran bolsillo de la falda pantalón saca un enorme cuchillo afilado.)* Lo tengo listo. ¡Les resultará muy difícil agarrarme! *(Al ver el cuchillo Sor Inés retrocede de un salto, aterrorizada. La Madre Superiora también se aparta, discretamente. Sor Angela ríe con una risa burlona y siniestra.)* He visto hombres valientes, verdaderos machos, producir genocidios enteros con esto. *(Guarda el cuchillo y sigue aglomerando cajas. La Madre Superiora se sienta, con un gesto de fatiga. Sor Inés se agacha de nuevo.)* Pero nosotras no tendremos la necesidad de agarrarnos a cuchilladas con ellos. Cuando lleguen el túnel estará terminado. Tenemos que cuidarnos de no dar malos pasos. *(Permanece inmóvil, atenta.)* Siguen cantando, pero ya no están de fiesta.

MADRE SUPERIORA. ¿Qué quieres decir?

SOR ANGELA. Que algo está a punto de ocurrir. *(Silencio.)*

MADRE SUPERIORA. Para mí son los mismos cantos de hace un rato.

SOR ANGELA. *(Siempre atenta.)* No. Hay algo que no les marcha. Están llorando un muerto.

MADRE SUPERIORA. Que rían o que lloren, pero que se callen de una vez por todas. ¡Sus cantos me penetran hasta la médula de los huesos! *(Se levanta y da dos vueltas a su alrededor, como un perro antes de acostarse.)* ¡Y este olor!

SOR ANGELA. *(Se arroja sobre una pila de bultos. Ahora se encuentra relajada y muy calmada interiormente.)* Ella no hiede. Está bien enterrada.

MADRE SUPERIORA. Pero te demoraste mucho para hacerlo. Dejaste que su carroña lo infectara todo.

SOR ANGELA. Tú no quisiste tocarla. No te quejes. Y yo no puedo cavar a la vez un túnel y una fosa. Como siempre me toca hacer las cosas sola...

MADRE SUPERIORA. *(Siguiendo el hilo de sus propios pensamientos.)* Dime una cosa... Realmente... ¿Tú crees que podremos llegar a salir a alguna parte?

SOR ANGELA. Vamos por buen camino. La tierra comienza a ablandarse.

MADRE SUPERIORA. ¿Y después?

SOR ANGELA. ¿Cómo?

MADRE SUPERIORA. Quiero decir...¿qué nos espera cuando salgamos?

SOR ANGELA. Sé lo que estoy haciendo: saldremos a la playa.

MADRE SUPERIORA. *(Se le acerca a Sor Angela, excitada como un niño a quien se le cuenta una historia.)* ¿Y...si ellos están allá?

Sor Inés se desliza hacia el lugar donde está enterrada la Señora.

SOR ANGELA. Nos abriremos camino con esto. *(Muestra el cuchillo. Viendo el pánico de la Madre Superiora.)* Pero ellos no estarán. Jamás vigilan mientras lloran a sus muertos. La playa estará desierta.

MADRE SUPERIORA. ¿Y la barca?

SOR ANGELA. *(Duda por un instante.)* En su sitio.

MADRE SUPERIORA. ¿No la habrán descubierto?

SOR ANGELA. El escondite es muy bueno.

MADRE SUPERIORA. Podremos adentrarnos a la mar océano, como lo habíamos pensado.

SOR ANGELA. Realizaremos todos nuestros planes. Ya hemos logrado el principal, ¿no? *(Mira a la Madre Superiora en forma intencionada.)*

MADRE SUPERIORA. *(Saca un paquete del bolsillo de su falda.)* Aquí está. Con tu parte completa.

SOR ANGELA. Guárdamela por ahora. Me molesta para trabajar.

MADRE SUPERIORA. *(Guarda el paquete envuelto en trapos sucios. Poco a poco manifiesta signos de intranquilidad.)* Angela... Hay que cavar... Para salir de aquí, tenemos que abrir un profundo túnel... Cavar y cavar sin descanso... Voy ahora.

SOR ANGELA. Raspa con un punzón, poco a poco... Retira la tierra con las manos, a medida que vaya cayendo... Hay que hacerlo con cuidado, para que el hueco se agrande sin que todo se venga abajo... *(La Madre Superiora se ha alejado y ha desaparecido por el fondo. Sor Angela sigue hablándole sin darse cuenta que ha partido.)* ...Definitivamente eres muy torpe... Aunque se te repitan las cosas mil veces de la A a la Z, lo haces mal... Porque cuando comienzas a... *(Calla, escuchando atentamente.)* Es un muerto importante el que lloran... Estoy segura de que las cosas no van bien para ellos... Sería el mejor momento para salir, si...

Se oye un grito desgarrador; Sor Angela se levanta sobresaltada. La Madre Superiora entra en carrera, vociferando tras Sor Inés que corre a esconderse.

MADRE SUPERIORA. ¡Bruja endemoniada! ¡La sorprendí en plena ejecución del delito!... ¡Removiendo la tierra con sus manos! *(Grita frente a Sor Angela.)* Iba a desenterrar la muerta esa...esa... *(No encuentra las palabras. Se dirige al lugar donde se encuentra Sor Inés, que trata de escapar escondiéndose.)* ¿Para qué la quieres, idiota? *(Levanta a Sor Inés que trata de esconder la cabeza entre las manos a fin de evitar los golpes.)* ¿Tienes tanta hambre?

SOR ANGELA. ¿Y si nosotros la desenterráramos?

MADRE SUPERIORA. *(Que habla levantando la mano para golpear a Sor Inés, la deja caer lentamente, mientras retrocede murmurando.)* No... No...

SOR ANGELA. *(Acercándose, con un ritmo sacudido por la excitación.)* Sí... Nosotras la desenterramos... Se las llevamos... Allí va... La muerta...la blanca... Lo hemos hecho por ustedes... Para que ustedes nos perdonen... Lo hemos hecho porque nosotras somos como ustedes...

MADRE SUPERIORA. Ella...ya no tendrá ojos...

SOR ANGELA. ...Este color no es el nuestro...

MADRE SUPERIORA. ...y la piel podrida...

SOR ANGELA. ...Somos como ustedes... Los malos, los perversos, los enemigos, nos han lavado la piel... Nos han arrancado la nuestra, la verdadera...

MADRE SUPERIORA. ...Ya se la habrán devorado los gusanos...

SOR ANGELA. ...Pero nosotras, que sabemos de qué lado estamos, hemos hecho sacrificios por ustedes...

MADRE SUPERIORA. ...Y su inmundo olor retorcerá las entrañas...

SOR ANGELA. ...A sus dioses, que son los nuestros...

MADRE SUPERIORA. ...Una fétida carroña que puede desmoronarse con sólo tocarla...

SOR ANGELA. ...No somos lo que parecemos, sino otra cosa distinta... Llevamos oculto nuestro verdadero rostro, que es igual al de ustedes... ¡Somos sus hermanas! *(La Madre Superiora continúa sus negativas con gestos.)* ¿Por qué no la desenterramos? *(La Madre Superiora hace gestos desesperados hacia la puerta. Sor Angela cambia bruscamente de actitud.)* ¿Todavía? *(Muda afirmación de la Madre Superiora. Sor Angela salta sobre ella, como un tigre, agarrándola por los hombros y sacudiéndola.)* ...¿Y por qué yo no los oigo? *(Baja el volumen. Se acerca a la Madre Superiora. Ambas tienen la atención concentrada hacia la puerta.)* ...¿De verdad ellos están ahí? *(La Madre Superiora afirma de nuevo. Sor Angela baja la voz aún más.)* Tranquilízate. Cierra los ojos. Descansa. Estoy segura de que ellos se irán sin encontrarnos, como las otras veces...

MADRE SUPERIORA. Se fueron.

SOR ANGELA. *(Abre los ojos; tranquilizada, enérgica.)* Voy a cavar.

MADRE SUPERIORA. *(Rápidamente, antes de que Sor Angela atraviese la escena para salir.)* ...¿Y si no fueran ellos? *(Sor Angela se voltea.)* Y si fueran los otros... ¡Quién sabe! Pueden haber quedado algunos hombres del Gobernador... Podría ser...

SOR ANGELA. *(Seca, objetiva.)* He estado afuera. He visto lo que he visto. Lo mejor que podemos hacer es seguir cavando.

Sor Angela sale. Lo extraño es que no se dirige hacia el mismo sitio de antes, sino a otro lugar, visible al público, y una vez allí comienza a imitar los gestos de una excavación.

MADRE SUPERIORA. *(Da varias vueltas a su alrededor, como escondiéndose de sí misma. Se acurruca, saca el paquete de joyas, lo coloca en el suelo y lo abre. Comienza a contar las joyas; a acariciarlas, a hablarles)* ...Ella cree que no me doy cuenta de lo que hace, mientras cava muchos túneles para confundirme... Piensa que es la única que conoce el camino a la playa... *(Ríe dulcemente.)* Pero yo tengo *mi* ruta, y cuando caiga, rendida por la fatiga, yo abriré *mi* camino a la playa, mi propio túnel: raspo con el punzón y retiro la arena con cuidado, para que no vaya a haber ningún derrumbe... Así... Saldré a la playa exactamente en el sitio donde está escondida la barca... Y... Yo tengo las joyas escondidas...porque a ellas y a las otras...les incomodan...les arden... *(Sor Inés se acerca, fascinada por las joyas.)* ¿Qué haces? ¿Qué te pasa? ¿Qué quieres? *(Rehace rápidamente el paquete.)* Yo no he tenido nada que ver con lo que ha pasado... No estaba allá... Eso es importante... Acuérdate... Tú no hablas, pero comprendes bien los gestos... Y puedes hacerte entender... Podrás decir: *(Hace la mímica correspondiente.)* "Ella no tuvo nada que ver con eso..." y me señalarás a mí. "Ha sido la otra, la perversa, la otra, que no deja de hacer monstruosidades". *(Agarra a Sor Inés que trata de escaparse.)* ...Mi pobre Inesita... Vendrás conmigo, y te daré la cruz que ella te había regalado... Y en el sitio a donde vamos a ir tú volverás a ser lo que eras antes: muy trabajadora, alegre, con ánimo de servir... Pero tendrás que cambiar el terror que ahora tienes en la mirada... Esa expresión de tu rostro.... Las cosas pasan y pasan, y uno permanece... *(Baja la voz, con aire de conspiración.)* Por eso tienes que tener paciencia... Estar tranquila, pero tener cuidado... Hay que estar siempre al acecho... Como yo... Conmigo... Porque allá afuera están ellos, y aquí adentro, muy cerca de nosotras, está ella, con su arma... ¡Hay que tener cuidado, Inés, hay que tener cuidado!

Sor Angela regresa. Observa un instante a las otras dos.

SOR ANGELA. Así vamos a llegar lejos... *(La Madre Superiora se separa rápidamente de Sor Inés.)* Tenemos que terminar la salida ante de la medianoche... *(Avanza. Se detienen de nuevo. Escucha.)* Algo pasa. Les ha ocurrido algo. Los tambores tocan la alarma...

MADRE SUPERIORA. ¿Y si los otros llegaran?

SOR ANGELA. *(Llevándose las manos a la garganta.)* ¡Tengo sed!

MADRE SUPERIORA. Estoy segura de que alguien, en alguna parte, hará algo...

SOR ANGELA. *(Por signos, a Sor Inés.)* Busca... Busca por ahí... Debe haber algo de comer...algo de beber...

Sor Inés se aparta enseguida, poniéndose a buscar sin orden, por todas partes, como una rata.

MADRE SUPERIORA. Si han asesinado a toda la gente de aquí, vendrán otros para vengarles... De las islas, de los continentes. Y entonces... ¡Esa será nuestra hora!

SOR ANGELA. ¿Nuestra hora?

MADRE SUPERIORA. Somos las únicas sobrevivientes. Y cuando ellos lleguen y nosotras salgamos, ¿quién podrá acusarnos de algo? Nadie, porque no queda nadie. Y entonces...

SOR ANGELA. *(Mientras busca en el fondo de una caja.)* Cargamos con mucho peso en la espalda...

MADRE SUPERIORA. *(Inclinándose hacia Sor Angela.)* ¿Y quién nos va a acusar? ¿Las piedras? ¿El viento? Tú has estado afuera, ¿no me dijiste que todos habían sido exterminados? Angela... *(Pronuncia el nombre a la italiana como hacía la Señora.)* ... Los muertos no hablan... *(Sor Angela ha encontrado lo que buscaba: una colilla de cigarrillo. Se la lleva a la boca y busca fósforos.)* Además, tu idea no es mala... Y puesta en práctica con el grupo opuesto...

SOR ANGELA. *(Se detiene sin encontrar fósforos.)* ¿Qué quieres decir? ¡Habla claramente!

MADRE SUPERIORA. *(Se agacha a su vez. Ambas se encuentran frente al público.)* ... La tenemos a ella. *(Señala la tumba de la Señora.)* Hemos logrado arrancar su cadáver de manos de esos bárbaros. Hemos conservado su cuerpo con nosotras para venerarlo, esperando mejores tiempos. *(Ante la mirada de Sor Angela.)* No te imaginas la importancia que la gente da a los actos de esta clase... Y he estado entre ellos... Conozco su modo de pensar... La señora no era solamente la Señora... Era también su marido, su nombre, su fortuna...

SOR ANGELA. Pero tú misma has dicho que ahora no es más que una inmunda carroña...

MADRE SUPERIORA. ¡Error! *(Se levanta.)* ¡Sólo los muertos pobres hieden!

SOR ANGELA. *(Levantándose a su vez.)* No. No estoy de acuerdo. *(Sigue buscando fósforos.)*

MADRE SUPERIORA. *(Siguiéndola.)* ¿Por qué?

SOR ANGELA. *(Cortándola.)* Porque tus planes siempre terminan mal...

MADRE SUPERIORA. *(Sin dejar de seguirla.)* ¡No ha sido culpa mía! Si a veces hemos tenido mala suerte, han sido las circunstancias...

Movimiento general de la escena: Sor Inés en cuatro patas busca de manera desordenada. Sor Angela, en el otro extremo de la escena, busca a su vez, seguida en sus desplazamientos por la Madre Superiora. El movimiento es aparentemente anárquico, desprovisto de lógica.

SOR ANGELA. ¡Pero esta vez soy yo quien da las órdenes!

MADRE SUPERIORA. Y yo las acepto. Sí, las acepto humildemente, porque tú siempre haces las cosas como deben hacerse. Pero no puedes negar que a veces yo he propuesto buenas soluciones... Y... ¿Acaso no tenemos las joyas? ¿Y no le hemos cortado el aliento a la señora, atraída por mis palabras? Si las circunstancias exteriores no hubieran sido las que han sido, ya estaríamos en alta mar...

SOR ANGELA. *(Volteándose hacia la Madre Superiora.)* Bueno, la desenterramos, ¿y luego?

MADRE SUPERIORA. *(Agarrando al vuelo el cambio de actitud de Sor Angela.)* ¡La adoramos! ¡La arreglamos como una reina! Se la presentamos diciendo... "Aquí la tienen. Hemos defendido su vida hasta el último instante, arriesgándolo todo. Los asesinos lograron su propósito, pero al menos, nadie ha profanado su cadáver." *(Se acerca al lado de Sor Angela.)* ¿Sabes lo que significa para ellos? ¡Nosotras hemos conservado el orden y la tradición en medio del caos! ¡Podremos pedirles lo que queramos!

SOR ANGELA. ¡Ron!

MADRE SUPERIORA. ¡Jamón!

SOR ANGELA. ¡Queso!

MADRE SUPERIORA. ¡Y ensalada!

SOR ANGELA. ¡Buenos vinos franceses!

MADRE SUPERIORA. ¡Bizcochos de Holanda!

SOR ANGELA. ¡Un marrano entero asado a la parrilla!

MADRE SUPERIORA. ¡Deliciosas frutas que refresquen el alma!

SOR ANGELA. ¡Y más vino todavía!

MADRE SUPERIORA. ¡Y tal vez un poquito de Cognac!

SOR ANGELA. ¡Y suculentas carnes de cordero! ¡Del mejor!

MADRE SUPERIORA. ¡Y tabacos! Bien enrollados, de un aroma delicado.

El diálogo ha sido dicho al ritmo de una metralleta. Ambas permanecen inmóviles.

SOR ANGELA. ¡Y pediremos una embarcación con mil remeros para irnos inmediatamente, rápidamente, al otro lado del mar!

MADRE SUPERIORA. Donde nos recibirán como princesas.

SOR ANGELA. ¡Vamos! *(Se dirige al fondo.)*

MADRE SUPERIORA. *(Inmóvil, a la expectativa.)* ¿A dónde?

SOR ANGELA. ¡A desenterrarla!

MADRE SUPERIORA. Yo no puedo...

SOR ANGELA. *(Avanza rápidamente hacia la Madre Superiora y la agarra con fuerza por un brazo.)* ¡Ha sido idea tuya! *(Comienza a torcerle el brazo poco a poco hacia la espalda.)*

MADRE SUPERIORA. *(Haciendo gestos de dolor. Señala a Sor Inés.)* ¡Llévala a ella! ¿Acaso ya no trató de desenterrarla? ¡Que lo haga ahora! Yo... Yo no sirvo para nada... Soy una inútil... ¡Una inutilidad! Tú eres capaz de hacerlo todo... Con tu inteligencia y tu fuerza puedes hacer todas esas cosas sin mi ayuda.

SOR ANGELA. ¡Cobarde! ¡Babosa insignificante! ¡Reptil! Pero después no te quejes si yo cojo toda la recompensa. ¡No te dejaré ni las migajas! *(Se voltea, agarra a Sor Inés por el codo y avanza, casi arrastrándola.)* Y tú, vamos a trabajar. ¡Y mucho cuidado con lo que haces! No patalées como una cabra de monte, porque la próxima vez me cuidaré para que no puedas patalear más.

Sor Angela se dirige al sitio donde está enterrada la Señora, arrastrando a Sor Inés. La Madre Superiora comienza a manosear los bultos.

MADRE SUPERIORA. ¿Cómo nos presentaremos frente a los recién llegados? ¿Sucias, harapientas? ¿O vestidas de nuevo? *(Saca faldas, cofias y hábitos de monjas.)* Podríamos aparecer con los hábitos correspondientes a la dignidad de nuestras funciones...o...tal vez sería preferible que nos vieran como estamos ahora, con las huellas evidentes de nuestros sufrimientos... *(Saca algunos vestidos. Los acaricia.)* Guardaremos los hermosos hábitos para los momentos de triunfo, cuando el mérito de nuestras acciones sea reconocido, y nos reciban en el palacio del gobernador. Nos dirigiremos a un salón iluminado, completamente alfombrado con tapetes persas, y las ventanas cubiertas con finísimas cortinas... El silencio reinaría a nuestro paso, en señal de respeto. El gobernador se inclinará frente a nosotras y pronunciará un discurso donde narrará la forma tan heroica como hemos defendido la vida y el honor de una dama de la aristocracia. Después vendrá la imponente ceremonia en donde nos condecorarán con la orden del mérito. Y aunque no habrá fiesta, en señal de respeto a los mártires, en los jardines de la residencia se servirá un delicioso refrigerio, discreto y de buen gusto. *(Mientras saca los hábitos de monja, la Madre Superiora muestra distraídamente otros objetos inquietantes: pantalones de hombre, máscaras, etc., sutilmente mezclados, de modo que el público pueda darse cuenta de su presencia.)* Y nosotras seremos el centro de la atención. Contaremos a todas esas refinadas personas todos los horrores que hemos vivido... La revuelta, la sangre, las noches sin sueño, la espantosa visión de muertos y muertos, aglomerados unos encima de otros... Decapitados... Cortados en pedazos... Deshonrados por esos monstruos...

SOR ANGELA. *(Gritando al fondo.)* ¡Vuelve acá, cretina! No me dejes con esto en los brazos. ¡Mándamela!

En efecto: mientras la Madre Superiora se deleita en la contemplación de los hábitos, Sor Angela está desenterrando a la Señora, ayudada por Sor Inés, quien trabajaba afiebradamente hasta el momento en que Sor Angela sacó el cadáver. Sor Inés corre ahora hacia la Madre Superiora y comienza a imitar con exactitud lo que ha visto en el primer acto: el asesinato de la Señora.

MADRE SUPERIORA. ¿Qué? ¿Qué es eso? ¿Qué te pasa? ¿Qué dices? *(No comprende lo que Sor Inés trata de explicarle, o no quiere comprender, hasta el momento que tiene que rendirse ante la insistencia de la otra.)* ¡Idiota! ¡Cálmate! ¡No se trata de eso! ¿No comprendes nada? *(La agarra por los hombros, tratando de calmarla.)* ¡Eso se acabó!... Pertenece al pasado. Ahora es distinto. Regresa a donde Sor Angela. Vé a ayudarla... ¿Quieres qué te diga lo que vamos a hacer? ¡Vamos a vestir a tu señora! Vamos a arreglarla y adornarla como a una virgencita... Para que esté bien linda y podamos mostrarla a sus amigos, a sus parientes... Les diremos: aquí está. ¿No parece como si estuviera dormida? Ellos dirán: Está como cuando la vimos por última vez. Un poco más pálida y más tranquila, pero es la misma. Se nota que la han cuidado bien, que la han tratado con cariño. Ahora, corre a ayudar. ¿No quieres verla bien linda y arreglada? ¡No hagas que Sor Angela se enfurezca! *(Bajando la voz.)* Tú sabes como se pone cuando le da rabia... ¡No quiero más tragedias! ¡Obedece, sé buena, ve a ayudarla!

Mientras la Madre Superiora habla en primer término con Sor Inés, Sor Angela continúa gritando mientras saca el cadáver y lo coloca contra la pared en una especie de urna.

SOR ANGELA. Pesa mucho más que cuando se estaba reventando... Y hiede más que cien hediondos chacales... ¡Tú siempre tienes unas ideas estupendas! El que vea esto saldrá corriendo y gritando. Tendremos que volverla a enterrar si queremos que crean que la hemos tratado con delicadeza. Les diremos: ¡Mírenla! ¡Ha muerto en olor de santidad, pero no se acerquen mucho porque el azufre es un perfume de los dioses en comparación al aroma de los santos muertos! Bueno. Así está bien. Venga una de las dos.

MADRE SUPERIORA. *(Entre las cosas dispersas ha recogido la capa que la Señora llevaba en el primer acto.)* Mira... Con esto la señora va a estar muy linda... ¡Vamos, llévasela, rápido! *(Empuja a Sor Inés y regresa enseguida hacia los hábitos y objetos que ha sacado.)* ¡Hay que arreglar todo esto! Tenemos que estar listas para irnos de un momento a otro... ¡Hemos hecho un desorden horrible! ¡Un verdadero desbarajuste!

SOR ANGELA. *(Paralelamente a lo que dice la Madre Superiora.)* ¡Dame eso! *(Agarra la capa.)* Sosténla mientras le arreglo el vestido. Agarrala con fuerza, estúpida, o se nos va a resbalar. *(Sor Inés sostiene el cadáver con dificultad.)* El vestido está asqueroso...despedazado y maloliente, pero la capa ayudará a tapar un poco. También tendremos que peinarla... Y arreglarle un poco el maquillaje...

MADRE SUPERIORA. *(Mientras arregla el lugar.)* Llevaremos nuestros mejores vestidos cuando todo haya terminado y podamos salir. Al principio hay que usar la miseria para inspirar lástima, de modo que se sientan inclinados a ayudarnos, pero después del llanto hay que pasar a la alegría lo más rápidamente posible. No debemos complacernos demasiado en la tristeza. La gente detesta las figuras demacradas y lánguidas, de ojos lacrimosos. ¿Y esto qué es? *(Ha encontrado una especie de caja. La abre y saca un frasco. Es una bebida alcohólica. Mira hacia el lugar donde se encuentra Sor Angela y comprobando que está mirando en otra dirección, bebe un sorbo y guarda velozmente el frasco entre los pliegues de su falda.)* La risa es lo natural en el hombre. El que ríe siempre es bien recibido. ¡Dios mío! ¡Que todo esto pase rápido para que podamos volver a reír!

SOR ANGELA. *(Paralelamente al monólogo de la Madre Superiora.)* Ya los gusanos le comieron los ojos y la mitad de la nariz... Se necesita que la muerte llegue para que los vivos se den cuenta de que no son sino mierda. ¡Agárrala bien, cretina!

MADRE SUPERIORA. *(Siempre arreglando.)* Después de la primera buena comida que haga, me arrojaré en una cama nada más que para reír hasta que me reviente. ¡Lo juro!

SOR ANGELA. Dame un pañuelo, un trapo, cualquier cosa...algo que limpie. Tenemos que presentarla decentemente.

MADRE SUPERIORA. *(La proximidad de Sor Angela la sorprende. Busca con nerviosismo.)* Trapos, trapos, trapitos... Algo que pueda servir. Déjame ver... ¿Y esta mantilla? La tenía entre sus cosas. Es algo muy delicado...muy valioso.

SOR ANGELA. Está bien. *(Mira entre los objetos.)* ¿Y esto?

MADRE SUPERIORA. Esta peineta. ¿La consideras apropiada?

SOR ANGELA. Para agarrar los mechones que le caen sobre la cara.

MADRE SUPERIORA. *(Se prepara a discutir, pero cambia de parecer frente a la mano extendida de Sor Angela.)* Bueno, si crees...pero para serte franca...yo pienso que...es decir, a mí me hubiera gustado conservarla... Es un trabajo valioso, hecho a mano... Podríamos venderla... La señora o su marido sí se darían cuenta...

SOR ANGELA. Es un adorno cualquiera.

MADRE SUPERIORA. *(Haciéndose la que no ha comprendido, se dirige a cualquier otro sitio.)* ¿Te das cuenta del desorden que hemos hecho?

SOR ANGELA. ¡Dámela! *(Le quita la peineta.)* Y ahora dame un brazalete, un collar, algunas de sus joyas. ¡Rápido! Un par de aretes.

MADRE SUPERIORA. *(Gritando angustiada.)* ¿Para qué? ¿Para qué le van a servir? ¿Para qué? ¿Para qué?

SOR ANGELA. ¡Para que no nos acusen de haberla robado! ¿Quién nos va a creer que la hemos cuidado por sus lindos ojos si no lleva alguna de sus joyas?

MADRE SUPERIORA. ...Esas son cosas que se caen... ¡Que se pierden!...

SOR ANGELA. *(Avanzando hacia la Madre Superiora.)* ¡Dame el paquete!

MADRE SUPERIORA. Bueno... Está bien... Buscaré algo...

SOR ANGELA. *(Agarrándola.)* ¡Dámelo! ¡Cogeré todo lo que se necesite!

SOR ANGELA. ¡Salvaje! ¡Qué desgracia! Tener que trabajar con alguien que sólo ha tratado con cerdos.

SOR ANGELA. *(Abre el paquete. Ríe.)* Siempre has sido ridícula en tu avaricia. ¿No te das cuenta de que a veces hay que dar algo para reunir mucho?

MADRE SUPERIORA. *(Con la voz entrecortada por la angustia y la rabia.)* Y tú quieres malgastar nuestro tesoro. ¡¿No recuerdas los sudores que estas cosas nos han costado?!

SOR ANGELA. *(Agarra las joyas a manos llenas, dejando caer algunas.)* ¡Estas cosas no te han costado ni una sola gota de sudor a ti! Veamos... ¿Cómo podríamos embellecer mejor a la señora? ¡Tal vez con este brazalete! O...

MADRE SUPERIORA. ¡No malgastes nuestras riquezas, Angela!

SOR ANGELA. ...Estas argollas...

MADRE SUPERIORA. ¡No las botes al suelo!

SOR ANGELA. ¿O este collar?

MADRE SUPERIORA. *(Extiende los brazos como si quisiera proteger las joyas.)* Al menos escoge las joyas de menos valor...

SOR ANGELA. *(Le da una violenta palmada en las manos. La Madre Superiora las retira con un gesto de dolor.)* ¡Yo pongo las condiciones! La señora muerta se presentará arreglada como una reina. Este colgandejo completará la obra maestra. ¡Y esta idiota sigue dejándola caer! *(Observa los esfuerzos que hace Sor Inés para sostener el cadáver.)* ¡Cuidado, animal! Te voy a dar una buena... *(Se dirige hacia Sor Inés.)*

MADRE SUPERIORA. *(Corre y toma velozmente las joyas en sus manos. Se pone a contarlas, acariciándolas dulcemente.)* De obedecerla, tendríamos que botar todo esto al mar. Hubiera debido mentirle... Haciéndole creer que había perdido el paquete con las joyas...éstas...las escondo. Que haga lo que quiera con su parte, pero yo guardo la mía. Me las tragaré si es necesario. Algún día saldremos de aquí. Por algo he rogado y suplicado con fe. Cuando las súplicas salen del corazón, los deseos son realizados. ¡Dios mío! ¡Haz que esta pesadilla llegue a su fin! ¡San Antonio! ¡Sácanos de esta prisión! ¡Santísima Virgen Inmaculada! ¡Líbranos de tantas penas! ¡San Blas, tú que todo lo puedes, desata las cadenas que nos asedian, para que podamos librarnos de nuestros terrores! ¡Santísima Asunción de María! Escucha a tu sirvienta...San Isidro, protégeme de todos los peligros, líbrame del mal, aleja de mí el mal de ojo, los malos espíritus, los malos pensamientos... Salva a tu humilde criatura... Salva a la más fiel oveja de tu rebaño... Salva a tu seguidora... Salva su cuerpo de las emboscadas traicioneras, del asalto de los demonios, salva su piel de las garras sedientas. El mal vigila... El mal se dibuja entre las sombras... Se insinúa en los poros, en los sueños... Penetra hasta el fondo de las entrañas, atraviesa las vísceras... Nos atrapa por todos los medios... Salva a tu sirvienta, salva a tu perra, salva a tu insecto... No permitas que el mal te la deforme... El mal, que una vez desatado, es imposible de controlar... Y un nuevo amanecer de sangre nos espera... San Eustaquio, Santa Teresa, San Bernardo... Sálvenme... Líbrenme del mal... Sálvenme... *(Desde el comienzo de su letanía, ha ido escondiendo las joyas entre su ropajes. Mientras habla realiza una serie de acciones frente al público:* genuflexiones, mea culpa, *etc.)*

SOR ANGELA. *(Paralelamente, su voz en segundo plano en relación a la letanía de la Madre Superiora.)* Esto comienza a tener mejor aspecto. Pongámosle las joyas para que tenga algo que brille. Realmente la idea de la peineta fue muy buena. Así no se le cae el pelo sobre la cara. También habrá que ponerle polvos y maquillaje... ¿Un poco de color sobre los labios? De todos modos hay que encontrar la manera de disimular la podredumbre de la piel. Y sería mejor que ellos vinieran a verla aquí, porque si la sacamos al aire libre, puede deshacerse en nuestros dedos. La luz del sol es buena sólo para la gente sana. Sostenla con fuerza mientras trato de colocarla en mejor posición. *(A Sor Inés.)* ¿Has visto, imbécil? Tienes de nuevo a tu señora. Ahora se ve como nueva otra vez. Como cuando llegó con todas sus finuras, y sus encantos, y sus perfumes, y sus lindas palabras, y todos sus ademanes de fina condesa... *(Imita a la Señora.)*: "¡Que horror, pero qué lugar tan feo, Madre! ¿Cómo han podido vivir aquí? Queridas hermanas, el mérito de ustedes es inmenso...". *(Con un gesto de rabia hace tambalear el cadáver, que no cae porque ha sido fuerte y amorosamente sostenido por Sor Inés.)* ¿No se imagina cómo hemos podido vivir? ¿Cómo hemos podido soportar esta inmundicia...? Yo se lo hubiera dicho en dos palabras... Cuando se ha vivido una desgracia tras otra, arrastrándose en el lodazal, cualquier pocilga que tenga un techo sobre la cabeza parece bien. Cuando uno está acostumbrado a defenderse como las ratas, nadie tiene derecho a venir a refregarle su piedad encima. ¡No le dije nada, pero le hice tragarse su lengua para siempre! *(Frente al cadáver en una actitud de reto.)* Pero ahora te lo digo, linda, hermosa porquería: mírate... Levantada entre aromas exquisitos y finos encajes, mírate. Mírate ahora, trapo viejo, pedazo de carne podrida, brizna de polvo. *(Retrocede como un pintor contemplando su obra.)* Y a pesar de todo tiene buen aspecto... ¡He hecho un buen trabajo! *(A Sor Inés.)* ¡Y tú! ¡Ten mucho cuidado! *(Se dirige hacia la Madre Superiora.)* ¡Haz algo útil, parásita! ¡Corta un pedazo de cuerda! ¡Toma! *(Le alcanza un cuchillo. La Madre Superiora obedece mecánicamente.)*

MADRE SUPERIORA. ...Sálvanos... No nos dejes caer en el pozo sin fondo del mal... Amén... ¡Amén! *(Corta la cuerda, se la entrega a Sor Angela y coloca el cuchillo ostensiblemente a la vista del público. Sor Angela se dirige de nuevo hacia el fondo.)*...Yo voy a cambiar. Cuando todo haya pasado, cambiaré. ¡Lo juro! ¡Haré penitencia! Regalaré cosas a los pobres. Es el mejor medio de tener a los ángeles y a los santos a nuestro favor. Cuando están contentos, nos dejan en paz. ¡Paz! ¡Paz! Eso es lo que yo necesito: ¡paz y tranquilidad! ¡No quiero nada! Viviré humildemente, en un modesto rincón, donde pueda quedarme quieta, sin que nadie se mueva. ¡Eso es! Si el mundo no se moviera, como dicen que lo hace, todo estaría mejor. Pero ahora todo se transforma, todo cambia, todo se mueve y todo se viene abajo. ¡Dios mío! Si los seres humanos fueran piedras, o estatuas... ¡Qué paz!

SOR ANGELA. *(Paralelamente a la Madre Superiora, dirigiéndose a Sor Inés.)* ¡Ayúdame, güevona! ¡Hay que sostenerla bien! Mírala: sentada con su capa y sus adornos, es otra cosa. Ahora vamos a ponerle la mantilla. Así... Tapará la parte más podrida de la cara. Y uno puede acostumbrarse incluso al olor... Así estamos hechos: se puede poner a un hombre en el infierno y a los quince días estará habituado. Lo importante es no dejarse morir. ¡Mira! Ah... La peineta un poco de lado... Así me recuerda un cuadro que vi en mi parroquia, cuando yo era niña. Era...una hermosa joven, en la sombra... Llevaba una peineta, una mantilla y joyas. Me produjo una gran impresión. Tenía algo extraño... Podría decirse que estaba muerta también. *(Regresando hacia la Madre Superiora.)* Eh, ven a verla. Dime si no he hecho un buen trabajo.

MADRE SUPERIORA. *(Mirando desde el lugar donde se encuentra; no muy convencida.)* Ya veo... Ya veo... Muy bien... Sí...

SOR ANGELA. Te dije que vinieras. Quizás falte algo.

MADRE SUPERIORA. *(Acercándose con cautela.)* No hace falta... Se ve que es una obra maestra. Siempre pensé que, a pesar de todo, tenías una cierta sensibilidad...

Mientras la Madre Superiora se acerca al cadáver, Sor Inés se desliza como una gata, acercándose al lugar donde se encuentra el cuchillo, aunque sin la intención inmediata de tocarlo.

SOR ANGELA. Ahora nadie podrá negar que la hemos cuidado bien. ¡Mírala!

Sor Inés se estremece desesperada, como si algo la ahogara.

MADRE SUPERIORA. Realmente, arreglada así ya no produce terror. Yo te dije que era una buena idea. Cuando suenen los últimos disparos, proclamando la victoria de los nuestros, saldremos a la calle. *(De pronto Sor Inés ve el cuchillo. Por su parte, Sor Angela enciende un cabo de tabaco.)* Yo pienso que deberíamos transportarla nosotras... *(Sor Inés toma el cuchillo.)* Pesa mucho y apesta como mil diablos, es cierto, pero si la alzamos entre tú y yo y la pobre Sor Inés... *(Sor Inés avanza, con el cuchillo elevado, hacia las otras, que no se dan cuenta de nada.)* Produciríamos un efecto memorable... ¡Tres dulces monjitas llevando los despojos de una venerable dama! Pero...¡como eres de ignorante! ¡Las peinetas no se ponen de ese lado!

Cuando la Madre Superiora va a arreglar la peineta, de un salto Sor Inés se interpone entre ella y el cadáver y lanza una cuchillada que la Madre Superiora evita ágilmente.

MADRE SUPERIORA. ¿Qué?

SOR ANGELA. ¡Retrocede!

Esta vez la cuchillada ha sido dirigida hacia Sor Angela.

MADRE SUPERIORA. Inés... Inesita... niña... ¿Qué te pasa?

Sor Inés arroja una nueva cuchillada. La Madre Superiora salta hacia atrás.

SOR ANGELA. *(Decidida a batirse, asume la actitud de un tigre acorralado.)* La grandísima asquerosa... ¡Hubiera debido despedazarla para que no nos jodiera más! ¡Pero me las vas a pagar!

Sor Angela intenta sorprender a Sor Inés fingiendo una actitud, como si tratara de avanzar en otra dirección, pero Sor Inés le lanza una nueva cuchillada amedrentándola un tanto. Sor Angela se voltea a un lado, gritando.

MADRE SUPERIORA. *(Protegiéndose tras un mueble.)* Inesita... ¿Cómo se te ocurre hacer esas cosas? Cálmate, pequeña, aquí está tu amiga, tu hermana, tu madre... Dame ese cuchillo y ven aquí, a mi lado.

Sor Inés, acurrucada, parece escuchar lo que le dice la Madre Superiora, pero no deja de vigilar, instintivamente, los movimientos de Sor Angela. Por esta razón, cuando ésta trata de sorprenderla de nuevo, fracasa en su intento.

SOR ANGELA. *(A la Madre Superiora, en el colmo de la ira y de la impotencia.)* ¡No te quedes ahí plantada, sin hacer nada! ¡Ayúdame! Se necesitan dos para poder atraparla... Intenta hacerlo por el otro lado...

Sor Inés se encuentra frente al cadáver, protegiéndolo, lanzando cuchilladas a diestra y siniestra.

MADRE SUPERIORA. Hay que convencerla con dulzura. Ella siempre me ha obedecido... ¡No hay necesidad de hacerle daño, Angela!

SOR ANGELA. ¡Eso es! ¡Avanza y convéncela! ¡Vamos, hazlo! ¡Veremos qué pasa!

MADRE SUPERIORA. *(Sale de su escondite y avanza poco a poco, hablando con su voz más dulce.)* Por favor, Inesita, no te sigas haciendo la malvada... Tú no eres así. ¿No te das cuenta del peligro en que nos encontramos? Piensa un poco en todo lo que está ocurriendo allá afuera, en las calles. Tú lo ignoras, pero yo te lo voy a contar. Es horrible. El demonio circula libremente por el mundo, con su cola al aire. La sangre se derrama por toneladas en las casas, en las esquinas, hasta en los más ocultos rincones... Ya no queda un solo cristiano vivo en los alrededores...Estamos solas... Solas en medio del imperio del mal... Tenemos que portarnos bien las unas con las otras... Ayudarnos mutuamente... Si nos peleamos, ¿a dónde iremos a parar? Estamos indefensas en medio de la tempestad... Deja ese cuchillo, querida. ¿No has visto cómo Sor Angela ha puesto de linda a tu señora? Antes, cuando le hizo mal, fue sin querer, pero ahora la cuida más que nadie.

La Madre Superiora avanza con las manos extendidas, esperando que Sor Inés le entregue el arma, convencida de haber creado un ambiente de hipnotismo. Pasivamente, Sor Inés conserva el cuchillo, aunque da la impresión de que estuviera a punto de entregarlo. La Madre Superiora se encuentra casi a su lado. En ese momento, Sor Angela, impaciente, creyendo que puede atrapar a Sor Inés, desprevenida, se desliza por entre los bultos para atacarla por la espalda. El golpe fracasa. Sor Angela y Sor Inés se traban en una lucha frenética.

MADRE SUPERIORA. *(Gritando.)* ¡Idiota! ¿No pudiste esperar a que yo le quitara el arma? ¡Bueno, basta! ¡Angela, Inés, dejen de pelear! ¡Cuidado! ¡Ayuda! ¡Dios mío! ¡Quieren matarse como perros! ¡Inés escúchame...Angela, basta! Hagan lo que les digo, ¡maldita sea!

SOR ANGELA. *(Sin dejar de luchar.)* ¡Canalla...te voy a enseñar! ¡Vas a ver! ¡Toma!... ¡No te quedará!... ¡Cobarde!

MADRE SUPERIORA. *(Agarra un objeto cualquiera y comienza a golpear a las dos rivales.)* ¡He dicho que basta! ¡Vayan a sus sitios! ¡Un poco de orden! ¡Van a romperlo todo! *(Golpeando más fuerte.)* ¡Se están haciendo daño! ¡Paren de una vez por todas!... Angela, Inés, cuidado, la señora...

Efectivamente, empujado en la lucha, el cadáver cae rodando por tierra. Sor Inés regresa de un salto y le da una cuchillada a Sor Angela. Viendo la Señora por tierra y a Sor Angela sangrando, Sor Inés se asusta y se aleja retrocediendo, con el cuchillo en la mano.

SOR ANGELA. *(Grita a la Madre Superiora.)* ¡Quítale el cuchillo! ¡Rápido! ¡Aprovecha que tiene miedo! Me hirió y es capaz de matarnos... ¡Agárrala, rápido!

MADRE SUPERIORA. *(Avanza iracunda hacia Sor Inés.)* ¡Ven acá, degenerada, sordomuda maldita! Lo dañaste todo... Sor Angela no te lo perdonará otra vez... Y yo también me cansé de aguantarte... *(Toma algo para protegerse y avanza decidida.)* ¡Mira cómo me pagas por haberte tratado bien! ¡Quién me manda ser buena con los animales salvajes! ¡Cría serpientes y te devorarán las entrañas! Pero esta vez seré yo quien te castigará... Vas a darme ese cuchillo, y a recibir unos cuantos golpes... ¡Te voy a dejar la piel hecha pedazos!... *(Sor Inés, de perfil, retrocede contra unos muebles amontonados. La Madre Superiora avanza lentamente.)* ¡Dame eso! *(La Madre Superiora se arroja sobre Sor Inés, quien trata de herirla sin conseguirlo.)*

SOR ANGELA. *(Siguiendo con apasionado interés todas las incidencias de la acción, aunque sin dejar de pensar en su herida.)* ¡Cuidado! ¡No te metas de frente! ¡Sorpréndela por un lado! ¡Así no, imbécil, te vas a dejar apuñalear! ¡Eso! ¡Retrocediste a penas a tiempo! ¡Por poco te agarran! ¡Salta antes de que tenga tiempo a defenderse! ¡Que no se te escape! ¡Por detrás! ¡Trata de neutralizarla! ¡Muévete, golpéala abajo! ¡Dale una patada! ¡Golpéala, golpéala, golpéala! No retrocedas así, vas a perder el equilibrio... Toma aliento. ¡Entrale de lado! ¡Atención a su izquierda, es peligrosa! ¡Arrincónala! ¡Golpea duro! ¡Trata de darle en la cara! ¡Un directo al estómago! ¡Síguele dando! ¡No la dejes recuperar! ¡Es el momento! ¡No la dejes respirar! ¡Eso es! ¡Eso! ¡Sigue esa táctica! Voltéate rápido y... ¡Eso! ¡Lo lograste! ¡No la sueltes! ¡Tuércele el brazo si no te da el cuchillo! Apóyate sobre ella...con todo tu peso...¡con toda tu fuerza!

Sor Angela, que había comentando la situación como si se tratara de un evento deportivo, se recuesta, relajando los músculos. La Madre Superiora domina ahora a Sor Inés, inmovilizándola bajo el peso de su cuerpo. Sor Inés, que aún tiene el cuchillo en sus manos, lo irá deslizando poco a poco de sus dedos.

MADRE SUPERIORA. *(Arrastrada por el ritmo y el tono de la narración de Sor Angela.)* Perra inmunda... Puerca asquerosa... Me has hecho luchar y sudar como no lo hacía desde los veinte años... ¿Y para qué te sirvió? ¡Siempre has perdido de antemano! ¡Los débiles nunca deben tratar de luchar con los más fuertes! Tú destino era quedarte quieta en un rincón, tratando de no hacerte notar, hasta que yo te llamara. Pero ahora todo ha cambiado. Has levantado tu mano contra mí, y hasta me hubieras metido el cuchillo entre las tripas si yo no te lo hubiera impedido. ¡Traidora! ¡Infame! ¡Maldita! *(Sor Inés ya no se mueve pero mira fijamente a la Madre Superiora.)* ¿Y ahora qué tienes? ¿Por qué pones esa cara? ¿Piensas que además tengo que perdonarte? ¡Cierra los ojos! ¡No me mires así! ¡Me dan escalofríos de tener tanta lástima de ti! ¡Te dije que los cerraras! ¡Basta! *(Coloca un bulto o lo que encuentre al alcance de sus manos sobre el rostro de Sor Inés y aprieta con todas sus fuerzas. Los brazos y las manos de Sor Inés gesticularán cada vez con mayor fuerza, hasta el momento en que caerán inmóviles.)* ¡No es culpa mía, pero reconozco que tampoco es culpa tuya! ¡Algo nos guía y nos maneja! ¡Lo único que hacemos es obedecer! ¡Seguimos la gran corriente! ¡No se puede impedir que las cosas ocurran! *(Retira sus brazos. Se levanta y se dirige hacia donde se encuentra Sor Angela. Ya Sor Inés está muerta. Ambas se encuentran cerca del proscenio. Muy bajo.)* Después de todo, es mejor así. Nadie más podrá hacerle mal.

La Madre Superiora se sienta. Desde que Sor Inés ha muerto, cantos y tambores han dejado de oírse. Por primera vez desde el comienzo del segundo acto, reina un silencio total.

MADRE SUPERIORA. *(Saca el frasco de licor que había escondido entre los pliegues de su falda; bebe un trago y se lo pasa a Sor Angela.)* Bebe. *(Sor Angela acaba de encender otro cabo de tabaco.)* ¡Las emociones fatigan!

SOR ANGELA. *(Haciendo un gesto vago hacia el fondo.)* Y la otra rueda de nuevo por tierra. Además, no creo que la idea de desenterrarla haya sido muy buena. La gente siempre investiga, y siempre termina por descubrirlo todo. Tendremos que reenterrarla.

MADRE SUPERIORA. Sí, y recuperar las joyas. No las despilfarraremos inútilmente... *(Toma la botella que Sor Angela le alcanza.)* Todo es muy caro en el sitio a donde iremos... Y nosotras tendremos necesidad de muchas, muchas cosas...

SOR ANGELA. *(Saca otro cabo de tabaco de su bolsillo, lo enciende con el que está fumando y se lo pasa a la Madre Superiora.)* Fuma. Una vez conocí a un marino que decía:... "Hay que fumar mucho para envolver al mundo en un telón de humo... Sólo así podremos ser felices...". *(Ríe a carcajadas.)*

MADRE SUPERIORA. *(Fumando.)* ...Uno mismo se debería envolver para protegerse. Y no de humo, sino de enormes puertas de hierro, murallas, grillos y grandes pozos llenos de tiburones...

SOR ANGELA. ...Era un marino que olía a tabaco, a ron, a mujeres... Siempre libre en el mar, y aún más libre en la tierra... Siempre borracho...

MADRE SUPERIORA. *(Sin perder el hilo de sus pensamientos.)* ...Cuando haya vendido mi parte, me gustaría comprar un castillo en el más áspero y alejado rincón, para erizarlo de púas, de modo que nadie pueda entrar. Conozco a la gente. Nunca se puede saber. Pásame eso.

SOR ANGELA. *(Que se ha quedado pensativa.)* ¿...Oyes...?

MADRE SUPERIORA. *(Trata de beber, pero la botella está vacía.)* ¡Terminada! *(Arroja la botella a un lado.)*

SOR ANGELA. *(Se levanta poco a poco sin dejar de escuchar.)* ...Completo silencio...

MADRE SUPERIORA. Nos habrán dejado solas...

SOR ANGELA. ...Como el ciclón antes del desastre...cuando no se mueve ni una hoja...

MADRE SUPERIORA. Se fueron... No me parece raro. Deben estar huyendo... Ellos no saben gobernarse.

SOR ANGELA. ...Entre más grande es el silencio, más grande será la fuerza del vendaval... El viento y el agua se desencadenarán enloquecidos...

MADRE SUPERIORA. Alguna vez oí decir que cuando los indígenas de estas islas organizaban una conspiración, iban de una a otra isla en canoa...

SOR ANGELA. ¿...Oyes...?

Algunos golpes sordos han comenzado a resonar.

MADRE SUPERIORA. Nada.

SOR ANGELA. Escucha.

MADRE SUPERIORA. *(Retrocede ligeramente.)* Tengo que confesarte algo... Los golpes en la puerta... Yo los inventé. Para que me dejaras tranquila... Contigo nunca se sabe... Tienes un carácter...

SOR ANGELA. *(Cruza la escena buscando el cuchillo que Sor Inés había dejado caer. El ruido de golpes en la puerta aumenta gradualmente.)* ¡Llegaron! ¡Esta vez saben que estamos aquí! *(Agarra el cuchillo, cerciorándose de que está bien afilado.)*

MADRE SUPERIORA. *(Levanta su falda como la de Sor Angela para convertirla en falda pantalón.)* Nos parece oír algo, pero no es verdad. Es una ilusión... Ellos se fueron... No hay nadie en la isla... Estamos solas.

SOR ANGELA. *(Colocando el cuchillo en el cinturón, de modo que pueda tenerlo a mano.)* Nos cobrarán todo lo que hemos y lo que no hemos hecho. Yo no quiero ser la mártir de nadie. *(De repente, histérica, grita.)* ¡Quiero vivir!

Sor Angela se arroja sobre los bultos y permanece un instante acostada. Se escuchan golpes cada vez más violentos. La barricada comienza a ceder. Sor Angela corre hacia el rincón en donde habría un túnel al comienzo del segundo acto.

MADRE SUPERIORA. *(Se dirige hacia el cadáver de la Señora, le quita las joyas y las esconde.)* Perdón...una vez más. Pero hay circunstancias atenuantes. Vaya a donde vaya, en el sitio a donde llegue, mandaré a decir misas por tu alma. Y guardaré una joya en tu recuerdo. *(La barricada ha seguido cediendo, y los golpes son cada vez más apremiantes. Comienza a oírse un vago y profundo sonido como de terremoto, de hecatombe; Sor Angela cava. La Madre Superiora corre hacia el centro, mirando hacia lo alto y hacia los lados, dando una vuelta a su alrededor.)* ¡Señor! ¡Que nada me ocurra! ¡Que el odio no se vuelque hacia mí! Te prometo cambiar, ya te lo he prometido, ¡te juro que cambiaré! ¡Yo creo en ti! ¡No me niegues tu perdón! *(Nuevos derrumbes. El sonido extraño aumenta.)* ¡Angela! ¡No es por ahí! ¡No sigas cavando! ¡Nuestra salvación se encuentra en otra parte! ¡Sígueme! *(Se dirige al rincón en donde había comenzado a abrir su túnel.)* Por aquí... Sí, este es el buen camino. La luz está muy cerca... Es por aquí... *(La Madre Superiora comienza a cavar con un ritmo desesperado. Sor Angela ya ha alcanzado el ritmo frenético. Nuevo derrumbe. El sonido extraño aumenta, aumenta hasta hacerse insostenible.)* ¡Es por aquí! ¡Es por aquí! ¡Es por aquí!

Telón Final.

La Habana, octubre/noviembre de 1967

NADIE SE VA DEL TODO
Pieza en dos actos

Pedro R. Monge Rafuls

A la memoria de
Juana Rafuls Sosa y
Juan Alberto Monge Rafuls,
por lo mucho que los quiero.

La vida es inmortal: allí se acaba
El cuerpo que luchó por patria y gloria,
Y el vivo que se va, vivo se graba
De la adorada patria en la memoria.

—José Martí
"Patria y mujer"

PEDRO R. MONGE RAFULS
Nació en el Central Zaza (actual Benito Juárez), Placetas, en 1943. En 1961 se escapó en un bote y después de vivir en Honduras y Colombia se radicó en los Estados Unidos. En Illinois cofundó el Círculo Teatral de Chicago, primer grupo de teatro en español del medio-oeste norteamericano. En 1977 fundó **OLLANTAY Center for the Arts**, y en 1993 **OLLANTAY Theater Magazine**. En 1991 se convirtió en la primera persona en obtener el *Very Special Arts Award*, en la categoría "Artista de Nueva York" por su comedia *Noche de ronda*. Ha escrito *Cristóbal Colón y otros locos* (1986); *En este apartamento hay fuego todos los días* (1987), producida en el primer Festival de teatros hispanos de IATI y publicada en *Linden Lane Magazine* en un número especial dedicado en 1990 a la literatura del exilio. Después fue publicada en **OLLANTAY Theater Magazine** (Vol. III, No. 1, 1995); *De la muerte y otras cositas* (1988); *El instante fugitivo* (1989), producida por el teatro DUO como parte de la celebración de su vigésimo aniversario; *Easy money* y *Solidarios* (1990), fueron presentadas en el FestiArte'90; *Noche de ronda* (1991), producida tres veces en menos de un año por GMHC; *Momentos* (1993), seis viñetas sobre la vida de los cubanos dentro y fuera de la Isla, tres de las cuales han sido publicadas: *La solución* por *Linden Lane Magazine* en 1993; *No hay mal que dure 100 años* y *Soldados somos y a la guerra vamos* en el número especial de *Puentelibre* dedicado a la literatura cubana (vol. II, Nos. 5/6, verano de 1995). Cuatro de ellas (*Consejo a un muchacho que comienza a vivir*, *No hay mal que dure 100 años*, *Soldados somos y a la guerra vamos* y *La solución*) se estrenaron en 1991 por T.E.B.A.S.; el monólogo *Trash* (1995) escrito en inglés, aunque el autor escribe fundamentalmente en español, apareció en **OLLANTAY Theater Magazine** (Vol. III, No. 1, 1995) y fue estrenado por *Do Gooder Productions* en noviembre de 1995; *Recordando a mamá* (1990) aparecerá publicada en una antología de teatro latinoamericano en un acto por la Universidad de Antioquia, Colombia, editada por María M. Jaramillo y Mario Yepes, así como en una antología de obras cubanas en un acto, editada por José Triana para **OLLANTAY Press**, en 1996. Actualmente, Monge Rafuls es miembro del panel de teatro del programa de expansión de las artes del *National Endowment for the Arts*, que se reúne en Washington, D.C. *Nadie se va del todo* fue terminada en 1991, luego de un viaje del autor a Cuba tras 29 años de ausencia. La obra tuvo dos lecturas en Miami, en 1991, dirigidas por Alberto Sarraín e inauguró el programa "El autor y su obra" del Festival de Cádiz, España, en 1994, y permanecía inédita hasta la aparición de este libro.

PERSONAJES

Antonio
Esposo de Coral, padre de Julio. Suegro de Lula.

Coral
Esposa de Antonio, madre de Julio. Suegra de Lula.

Lula
Esposa de Julio, madre de Tony. Se escapó de Cuba en un bote. Es profesora universitaria en Nueva York.

Tony
Hijo de Julio y Lula. Arquitecto. Salió de Cuba siendo aún una criatura de brazos.

Julio
Esposo de Lula. Hijo de Antonio y Coral. Fue fusilado al principio de la revolución. Aparece como un recuerdo o muerto.

Lourdes
Esposa de Tony. Norteamericana de origen cubano. No conoce (o no le interesa) la situación cubana.

Miliciana (Nena)
Vecina de Antonio y Coral. Lula la acusa de ser la culpable del fusilamiento de Julio.

Miliciano
Hombre del pueblo.

Asunción
Hija de Nena. Novia de Mime. Revolucionaria. Es interpretada por la misma actriz que personifica a Nena.

Oficial Anglo
Funcionario del Dpto. de Inmigración de los EE.UU.

Mime
Novio de Asunción. Ingeniero. Revolucionario. Se hace amigo de Tony.

Voz I, Voz II, Voz de Miliciano
Se oyen durante la escena del fusilamiento.

La acción se desarrolla en la casa de Antonio y Coral en el Central Zaza, en la provincia de Villa Clara, Cuba. Es diciembre de 1990. La escenografía refleja la sala de la casa; de paredes altas y gruesas de mampostería. Puerta que da a la calle y dos marcos, altos, sin puertas, que llevan a otras partes de la casa. Ventana grande a la calle. Muebles de madera y membrillo; cuadros y adornos pertenecen a la decoración clásica de los años cincuenta de la población de la Isla. No hay cortinas. Todo está limpio pero deteriorado, las cosas se ven viejas porque son los mismos muebles y objetos de hace cuarenta años que se conservan porque no hay otro remedio: están cuidados pero no se ven lustrosos, debido a la ausencia de los productos de limpieza adecuados.

La acción en el escenario sucede en el Central Zaza, en Nueva York, en La Habana y en Miami *pero hay un solo plano.* Los actores podrán—y deberán—usar la misma escenografía como si fuera un solo lugar.

La dirección debe evitar por todos los medios el apagón para cambiar de escena, época o lugar y en ningún momento debe paralizar ni debe "congelar" a los personajes. Las entradas y salidas las harán de acuerdo al montaje pero los actores nunca deben detenerse mientras estén en escena sino que tienen que ir creando nuevas posibilidades de acción.

PRIMER ACTO

En Zaza vemos a Antonio sentado en un sillón; no está haciendo nada, ni se mece; está simplemente sentado, sólo existiendo. En otro asiento está Coral, rezando el rosario. El radio está encendido pero ninguno de los dos le presta atención. Hay unos comentarios políticos que apenas oímos. Ambos están vestidos modestamente pero limpios, con ropas que tienen muchos años y que no se lavan con un buen detergente que las pueda dejar completamente blancas; hasta tendrían un olor desagradable si pudiéramos olerlas.
En Nueva York, Lula está en movimiento, sola, planeando la mejor forma de decir lo que ya ha ensayado de antemano. Está llena de recuerdos, hablando consigo misma. Se queda pensativa. Pausa. Suspiro hondo. Pausa. Tocan el timbre. Pausa. Se pasa las manos por la ropa, alisando cualquier arruga del vestido, luego se arregla el pelo. Abre y entra Tony. Luce muy bien. Se viste y se comporta como un angloamericano de origen cubano. Tiene un ligero acento cuando habla español. Elimina muchas preposiciones o construye las frases incorrectamente; algunas veces no encuentra la palabra apropiada e introduce—con naturalidad—frases o palabras inglesas.

TONY. *(Besa a la madre al mismo tiempo que entra, con cierta desconfianza.)* ¿Qué dice la vieja más sata de Zaza?

LULA. Que su hijo nunca la visita.

TONY. Estoy hasta'quí *(Señala la cabeza.)* de trabajo. Esta semana he ido dos veces a Chicago al asunto de un nuevo contrato con unos edificios que vamos construir y tu hijo está haciendo todo el diseño...eh, ¿qué te parece?

LULA. Ay, Tonito, hijo, tienes que coger las cosas con calma. Si te mueres o te pasa algo, los edificios los construye otro arquitecto y tú....

TONY. Mami, no me hables de muerte, *please*.

LULA. ¿Y Lourdes?

TONY. Bien.

LULA. ¿Y Maiquito?

TONY. *He's O.K.*

LULA. ¿Y Lourdita?

TONY. Está de penitencia.

LULA. ¿Qué hizo?

TONY. *She didn't get good grades.*

LULA. A los niños hay que entenderlos.

TONY. ¿Niños? Ya Lourdita está bien grandecita.

LULA. Sigue siendo una niña.

TONY. ¡No es ninguna niña! *You're a professor, you know better than that*; y tú bien sabes que en este país, ésa es una edad peligrosísima.

LULA. Hay cada caso... (*Otro tono.*) ¿Hasta dónde ha llegado la moral de estos americanos?

TONY. (*Sigue intrigado.*) ¿Tú ve'? (*Pausa.*) Mami, ¿qué te pasa?

LULA. Nada...

TONY. *Nothing? You call me for nothing?* (*Otro tono.*) ¿Qué pasa?

LULA. Quería hablar contigo algo que...bueno, hace tanto tiempo que vine de Cuba.... Siempre que la gente habla de allá... ¿Sabías que Aramís fue a ver a Eladio y a su familia?... Mucha gente ha ido... (*Vaga.*) con esos permisos.

TONY. (*No sabe si debe creerla o no.*) Mami, *what's the matter?* Me llamas al trabajo; me dices que necesitas hablar y ahora... (*Pausa.*) Mami, tú te ve' rara...¿tú estás enferma?

LULA. Fíjate que va a haber un *seminar* de educación en La Habana. Uno de esos que organiza la Universidad...está abierto para los profesores de lenguas romances de los Estados Unidos...

TONY. Mami, *did you call me for that? I can't believe it.* ¿Tú sabe' lo ocupado que yo estoy?

LULA. (*Como quien suelta una bomba.*) En fin, que estoy pensando en ir a Zaza.

TONY. *Going back to Zaza?!*

LULA. Sí. Fíjate que va a ser una buena oportunidad.

TONY. *But you always said...*

LULA. *(Sin oírlo.)* Es una conferencia latinoamericana sobre literatura caribeña.

TONY. Mami, ¿y los recuerdos que siempre estás diciendo que vas a dejar atrás? *(Trans. Otro tono.)* Los Estados Unidos no te van a dejar viajar allá.

LULA. ¿Por qué no?... Yo no me he hecho ciudadana americana.

TONY. No te van dejar entrar allá.

LULA. Lo averigüé ya...y me dijeron que necesito una visa. *(Pausa.)* ¡Qué barbaridad!... ¡Viajar con visa a tu propio país!

TONY. Mami, *you have to think this over.*

LULA. El Congreso dura cinco días en La Habana y después podemos pedir una extensión por una semana y si queremos por otra semana más. Serían en total unos veintiún días...

TONY. ¿Veintiún días?

LULA. ¿Te imaginas la emoción que vamos a sentir al volver?

TONY. ¡¿Mami?! Mami, ¿que estás diciendo? ¿"vamos"? ¿Vamos, a qué?

LULA. A Cuba.

TONY. Tú siempre estás diciendo que el pasado pasó; que los que van están ayudando a Fidel... Yo creo que tú... *(De pronto entiende algo.)* A no ser que esté pasando algo que te haga ir.

LULA. No tengo nada.

TONY. ¿Es abuela?

LULA. No. Mi forma de ver las cosas han cambiado desde que comenzó a desplomarse el comunismo.

TONY. Eso es Europa.

LULA. Las cosas no son como antes.

TONY. Te van a criticar.

LULA. No podemos seguir pensando como esos cubanos que viven en la edad de piedra.

TONY. *(Interrumpiendo, recriminativo.)* ¡Mami!

LULA. Fíjate lo que pasó en Polonia, el Papa fue allí...

TONY. ¡Mami!

LULA. Acaso me vas a decir que eso no ayudó al desplome del comunismo en el mundo. ¿Y Alemania? Yo creo que ahora hay que dialogar.

TONY. ¿Y tú crees que Castro quiere dialogar?

LULA. Eso no es lo que digo.

TONY. ¿No?

LULA. Hay que ir a hablar con la gente...demostrarle que el comunismo no es la mejor respuesta a la vida.

TONY. Mami, los americanos se van a meter cuando vean que es el momento.

LULA. *(Violenta.)* ¡No! ¡Los americanos no tienen nada que hacer allá!

TONY. Piénsalo mejor.

LULA. No nos va a pasar nada.

TONY. Mami.

LULA. Necesito ir hijo...ver el paisaje, respirar el aire...

TONY. Así, de pronto.

LULA. Es una necesidad física, biológica, como tomar agua...no me puedes entender muy bien.

TONY. ¿Por qué no vas a Santo Domingo?

LULA. ¡Ay Tony!

TONY. Tú dices que las playas dominicanas son parecidas a las cubanas. Es más barato y menos peligroso. *(Pausa.)* La cosa allá está bien chivá.

LULA. Debo ir... Ya no soy joven.

TONY. Todo el mundo dice que Castro no puede sostenerse por mucho más tiempo.

LULA. Eso están diciendo desde 1959 y mientras tanto cuántas cosas han pasado en el mundo...

TONY. No le queda mucho.

LULA. Pobre país que nadie comprende.

TONY. Vamos a hablar de eso después. Lourdes me está esperando para ir a hablar con una siquiatra amiga de ella y ver si llevamos a Lourdita, sin que se dé cuenta, a hablar con ella.

LULA. Eso no funciona así. Ella tiene que saber a dónde va y a lo que va, es como lo de los alcohólicos anónimos.

TONY. Mami, Lourdita no está en ningún vicio; es para que ella vaya y esta mujer le dé consejos, como una amiga. *(En disposición de irse.)* Me voy. *(Pausa.)* Mami, yo no voy ir a Cuba. No cuentes conmigo cuando hagas tus planes.

LULA. *(Al mismo tiempo le habla a Julio, a Tony y a sí misma.)* Mi deseo, es ir, juntos, a la tumba de tu papá. Mostrarle a su hijo...un hombre y decirle: Julio mira a Tonito, es un hombre con...ya tiene dos hijos...es arquitecto, es famoso. Ha hecho muchos edificios en los Estados Unidos. ¿Quién nos lo iba a decir, que un guajirito de Zaza es famoso en Nueva York? Ay, pobre padre tuyo... Tenía tantos sueños cuando triunfó la revolución; pensaba en una Cuba nueva... *(Pausa. Lejana.)* Lo fusilaron en el mismo batey del ingenio, como si fuera un perro... *(Pausa. Otro tono.)* Por favor, hijo, compréndeme... vamos...

Antonio se levanta, de algún lugar recoge una camisa verde olivo y la pone sobre el espaldar de una de las butacas, cerca de Lula. La acción siguiente es simultánea. Antonio pone una caja de zapatos "Amadeo" en el suelo, a sus pies, coge el periódico y comienza a cortar fotografías de los "héroes" de la revolución castrista y a colocarlas ordenadamente dentro de la caja de zapatos; mientras que—perdidos en el tiempo—Lula agarra la camisa que dejó Antonio y habla con Julio, que está de espaldas al público como estará siempre que veamos a este personaje.

ANTONIO. *(Durante la acción de llevar la camisa a la butaca.)* Las cucarachas también son comunistas.

LULA. *(Enojada, mostrándole la camisa a Julio.)* Me vas a decir que no tengo razón.

JULIO. Si no quieres no te lo digo.

LULA. Me encuentro unas iniciales con un número de teléfono y el niño quiere que me trague el cuentecito de que no es nada malo.

JULIO. No es lo que imaginas.

LULA. Pero chico, ¿tú crees que yo soy comemierda?

JULIO. Ni sé quién me dio ese teléfono; debe haber sido...

LULA. Yo no nací ayer. *(Irónica, fingiendo la voz.)* Ah, yo no sé de dónde salió eso. No chico, el bobo de la yuca serás tú, si crees que no voy a averiguar de quién es ese numerito y las iniciales...como que me llamo Lula.

CORAL. Antonio, el cumpleaños de Julio es el lunes.

ANTONIO. Vieja, diez y ocho años.

CORAL. Es un hombre.

ANTONIO. Ha salido buen hijo.

CORAL. Viejo orgulloso.

ANTONIO. Es la verdad.

CORAL. Un día se va a casar y nos abandonará.

ANTONIO. Mi hijo nunca nos abandonará; será nuestro sostén cuando seamos viejos.

CORAL. Me preocupa la Lula ésa.

ANTONIO. Es buena.

CORAL. *(Se frota el brazo izquierdo con el índice de la mano derecha.)* Esa no está muy clara.

ANTONIO. Tú siempre viendo fantasmas.

CORAL. ¿Y si nos sale un nieto de color?

ANTONIO. Eso mismo dijo tu mamá de mí.

CORAL. Nunca dijo eso.

ANTONIO. Tu mamá no me soportaba.

JULIO. *(De espalda siempre.)* ¿Quieres saberlo?

LULA. Sí, quiero saberlo todo, con puntos y comas.

JULIO. Después no me vengas con cuentos.

LULA. ¡Qué lindo!

JULIO. Aún es tiempo, mejor no te digo nada y te olvidas del asunto.

LULA. No busques más excusas para no hablar.

JULIO. Dí mi palabra.

LULA. Déjate de comer tanta cascarita de caña y dímelo.

JULIO. ¿¡Lula!?

LULA. Soy toda oídos.

JULIO. Ese maricón nos traicionó.

LULA. *(Muy irónica, segura de que Julio le está dando vueltas.)* Aaah, si la cuestión es ésa.

JULIO. No seas boba, vieja. Fidel, coño, ha traicionado a la revolución.

LULA. ¿Y qué tiene que ver eso con unas iniciales de mujer en tu bolsillo?

JULIO. Coño, Lula, vieja, no comas gofio.

LULA. Precisamente.

JULIO. No me obligues a decirte cosas que deben ser secretas.

LULA. ¿¡Sí!? El secreto de la honra de una mujer casada.

JULIO. *(Ya no soporta; es mejor decirlo y no oír estos comentarios.)* Siéntate, oye y cállate.

LULA. *(Violenta.)* No me mandes a sentar.

JULIO. Tú sabes requetebién que yo y otros muchos arriesgamos la vida... *(Pausa.)* Nos fuimos a la sierra. ¿Por qué me formas tanto lío? Tú siempre con la pejigueta de que me saliera del ejército, que me fuera, que si patatín, que si patatán, que estabas sufriendo, que no podías estar sin mí, que la vida así no tenía ningún sentido y yo allí, jodido, entre tiros en medio del Escambray. Tú siempre quieres que yo haga lo que tú quieres. Me tienes cansado, estoy harto de tanto lío y coño, uno tiene sus obligaciones...sus ideas.

LULA. Está bien, está bien...

JULIO. No, ahora me vas a oír. Quieras o no, me vas a oír.

Coral está muy nerviosa, mirando por la ventana; espera a alguien. Antonio sentado, sin emociones, cortando las fotos de los héroes y colocandolas en la caja de zapatos.

CORAL. Ay, Antonio, no recortes más esos retratos. Me tienes al borde de un ataque de nervios; ni que estuvieras haciendo la gran cosa. Tómate las pastillas que nos mandó Lula. Espero que traiga más ahora con el viaje. Me da pena pedirle cosas pero son las únicas gentes del mundo que tenemos y que pueden mandárnoslas. *(Trans.)* ¿Tú crees que hayan tenido un buen viaje?

LULA. *(En una crisis. Sola, en Nueva York.)* No, noooo, nooo y noooo. No coño. No quiero volver; no puedo enfrentarme a esa situación. *(Pausa. Otro tono.)* Volver...a donde él...Julio... *(Pausa.)* Yo sabía, lo debí saber, Julio... nunca podré perdonar, nunca...

LOURDES. *Did you say, going back to Cuba?*

TONY. *Yes. That's her only dream...*

LOURDES. *But, what about me?*

TONY. *She is my mother.*

LOURDES. *And I am your wife. (Señalando a la otra habitación.) And those are your children. We need you here.*

TONY. *It's only for twenty-one days.*

LOURDES. *You know it's very dangerous. They may keep you there. They need good architects over there.*

TONY. *They can't make me stay.*

LOURDES. *Can't they?*

TONY. *I had been thinking.*

LOURDES. *What? Thinking about what?*

TONY. *Well, try to understand... I'm her only son (Pausa.) and, besides, that's my country.*

LOURDES. *You never care for (Irónica.) your country... (Pausa.) Your country since when?...*

JULIO. Fidel se cagó en todo eso... Está fusilando a todo el que no piensa como él. Va a ser un dictador peor que ninguno. ¿Entiendes ahora? ¿Te das cuenta de que yo no estoy en mierdas con ninguna mujer por ahí? ¿Tengo que ser más explícito?

LULA. *(Desconfiada.)* Tú eres buena prenda.

JULIO. ¿Sí? Coño, ¿no me crees? ¿Crees que estoy jugando con una cosa así? ¿No me conoces todavía?

LULA. Te conozco mejor que tu mamá. No, no voy a dejar que hagas lo que estás pensando.

JULIO. Puede sonarte cursi; pero es por el país.

LULA. Oyeme lo que te digo, no estamos en tiempos de Batista. Ahora no tienes ningún chance. No, no y no... ¿Y mi barriga? *(Se toca el estómago.)* ¿Qué me voy a hacer?, ¿a dónde voy a ir? No me puedes dejar así; ya tengo cinco meses...no te puedes ir. ¡Ay, me duele! *(Se sienta.)*

JULIO. ¿Qué te pasa, mami?

LULA. No es nada.

JULIO. ¿Te duele?

LULA. *(Débilmente.)* No te preocupes, no te preocupes... ¡Ay!...me muero si te agarran... Nadie te va a apoyar... ¡Ay! *(Pausa.)* Estás equivocado, fíjate que todo el mundo lo apoya.

JULIO. ¿Por qué te empeñas en complicarme la existencia?

LULA. Las cosas se van a arreglar cuando se dé cuenta de que la gente que lo rodea no sirve.

TONY. *Oh God! Should I go? (Pausa.)* Mi padre...yo no tenía este problema...pero sí, siempre sentí... *(Pausa.)* Me he preguntado tanto...

Tocan a la puerta; parece que la van a romper. Todos—menos Julio que no está en la acción—se miran asustados, saben lo que esto significa. Coral abre. Entran unos milicianos, violentos. Empujan a Coral y los apuntan a todos, con sus metralletas.

MILICIANA (NENA) Venimos a registrar.

ANTONIO. ¿Por qué?

CORAL. ¿Qué pasa?

MILICIANO (HOMBRE.) Mejor cállense.

MILICIANA (NENA.) ¿Dónde están las armas?

ANTONIO. ¿Armas?

MILICIANA (NENA.) Las que tenía el hijo de puta de tu hijo.

CORAL. *(Muy digna.)* Señora, yo soy la madre y no soy ninguna puta.

TONY. Tú, tú tienes un tornillo suelto. Mami, *I'm American. I don't even know*...yo ni siquiera me acuerdo de Zaza. Olvídate de aquello.

LULA. Tú naciste allá.

TONY. *So what?*

LULA. Por algo será que no te has hecho ciudadano americano...aunque tú no te des cuenta; ahí en el fondo de tu corazón...

TONY. No me he hecho ciudadano americano porque no ha venido al caso; pero precisamente *I applied recently.*

LULA. Tienes que conocer a tus muertos; a tu familia.

TONY. Mami, *what are you talking about?* Tu familia está aquí. Tu mamá vive en Miami con tu hermano; tu papá está enterrado en Hialeah.

LULA. ¿Y tus otros abuelos?

TONY. *I can't understand you!*

LULA. Si no vas, *okey;* ése es tu problema. Conmigo siempre quedas bien. Pero yo voy.

TONY. *I was raised here, in New York. Understand that for a fact.* Yo no voy dejar que me obligues enfrentarme a un país donde no tengo nada que buscar.

JULIO. Me gustaría ser alcalde de Placetas.

LULA. ¿Para qué?

JULIO. Para traer fábricas al municipio y construirle un hospital muy grande y un instituto para que no haya que ir a Remedios a examinarse; construiría casas para los pobres y una biblioteca pública importante. *(Pausa.)* Haría muchas obras públicas, asfaltaría todas las calles y las mantendría limpias; después traería muchas cotorras para el parque.

LULA. *(Gozando del mismo sueño.)* ¡Estás loco!

JULIO. Igual que hacen en Europa con las plazas y las iglesias viejas llenas de palomas... Llenaría el parque de cotorras y todo el mundo conocería a Placetas como la villa de los laureles y de las cotorras.

LULA. *(Como una cotorra.)* ¡Pan pa'la cotorrita! ¡Cójame la patica, Julio! *(Se le tira al cuello.)* Yo soy tu cotorra.

JULIO. Suéltame, suéltame que te pareces más a un aura tiñosa. *(Se besan.)*

Los milicianos mientras registran, increpan a Antonio, a Coral y a Lula.

MILICIANO. Mejor, cállese, señora.

ANTONIO. Las revoluciones son desorganizadas y confusas.

MILICIANA (NENA.) Uds. están en tremendo lío.

LULA. ¿Por qué?

MILICIANA (NENA.) No podemos permitir que la revolución del pueblo sea detenida por los gusanos. ¿Qué quieren, qué vuelva la guardia rural? ¿Los privilegios de los ricos? No vamos a dejar que los parques y las playas sigan divididas para blancos y negros. Son muchos años de abusos. En Cuba ha habido un gran cambio.

MILICIANO. Bien dicho, compañera.

CORAL. ¿Y qué tiene todo esto que ver con nosotros?

Lula saca un libro viejo de fotografías; le sacude el polvo.

LULA. Ven a ver las fotos que me trajo mi mamá.

TONY. ¿Abuela Inés?... ¿Cuándo?

LULA. Las pudo sacar cuando vino, escondidas entre la ropa...pero nunca te las había enseñado.

TONY. Me gusta que me hables de mi padre; de cuando eras niña.

LULA. *(Riéndose)* No me acuerdo...hace tanto tiempo.

TONY. Me gustaría conocer más.

LULA. Mira esta foto, en la finca de mi papá...no era muy grande pero vivíamos de eso; la heredó de su papá, mi abuelo José.

TONY. ¿Tú te acuerdas de él?

LULA. Yo no lo conocí, se murió cuando yo tenía siete meses.

TONY. Muchas veces pienso en mis abuelos de allá.

LULA. Esta foto fue cuando cumplí quince años.

TONY. Mami, pareces un...Dios mío, ¡qué picúa tú eras!

LULA. Era la moda, no te rías... Fue un día increíble; me hicieron una fiesta muy buena; me vestí de largo...

TONY. ¿Y esta foto?

LULA. Esa es en la finca también...mira para la matica; ¿no ves unos tomeguines?... Lo más que me gustaba eran los tomeguines. Yo creo que había miles todas las mañanas... en el patio. Tan bonitos...ellos son como los cubanos...cantadores, alegres, saltarines, mansos. Podría estarlos mirando por horas y horas.

TONY. ¿Y cómo los podías ver tan cerca?

LULA. Yo tenía muchas jaulas para que cayeran, les ponía arroz y cuando caían, me daba tanta pena que los soltaba. *(Pausa.)* Cuando comencé a ir al colegio, en Placetas, me despedía de los tomeguines los domingos; era a los primeros que saludaba cuando regresaba el viernes.

TONY. Ves, nunca me habías contado que viajabas todas las semanas para ir al colegio.

LULA. Por eso naciste tú...así fue que conocí a tu papá. *(Pausa.)* Mira esta foto...de mi amiga Luisita.

Coral se va para la cocina. Antonio se dirige a la puerta de la cocina.

ANTONIO. ¡Coral!, ¡Coral! Coño, vieja, ¿a dónde estás metía? ¡Coral!

CORAL. *(Sale de la cocina.)* Estaba ablandando los frijoles. ¿Qué pasa ahora?

ANTONIO. Coral, vieja, qué desgracia. No puedo más... *(Se sienta desplomado.)* Julio, vieja, lo han traído al Central, está debajo del algarrobo. Ay, Coral, amarrado ahí, ahí...está muy flaco...

CORAL. Julito, Julito...Julito.

ANTONIO. Está herido. Lo van a fusilar; aquí mismo pa'que todo el mundo... *(Solloza.)* Quieren dar un ejemplo...

CORAL. ¿Con mi hijo? ¿Un ejemplo? Vamos a verlo... Cálmate, que no hay que dar un espectáculo como ellos quieren. Acompáñame que le voy a llevar algo de comer y...seguro que tiene sed. Llama al Padre José María, para que lo confiese.

ANTONIO. No te van a dejar acercar.

CORAL. Me gustaría que trataran de detenerme.

ANTONIO. Coral, no puedo más.

CORAL. Tu único hijo está allí, humillado y destruido y tú me dices que no puedes más. Prepárate, y vamos...que esos no pueden con Julio. ¿Dónde está Lula?

ANTONIO. Allí, pero no la dejan acercarse.

CORAL. Prepara al niño para que se lo lleves cuando te mande a avisar.

ANTONIO. ¿El niño? ¿A Tony?

CORAL. Lo va a tener a su lado hasta el último momento.

La acción en Nueva York.

TONY. ¿Por qué nunca me has contado cómo mataron a papá?

LULA. Te quería mantener alejado de todo el dolor.

TONY. ¿Tú lo viste?

LULA. Yo no me separé de él...murió como un hombre. Te miró antes de morir. Me había dicho.... *(No puede continuar hablando.)*

La acción en el Central Zaza. Antonio siempre está recortando los periódicos. Se ve una diapositiva de Fidel Castro y Nikita Krushov abrazados. Sería deseable que la foto permaneciera fija varios segundos.

ANTONIO. Dios los cría y el diablo los junta.

CORAL. ¿Qué ? *(Pausa.)* Cómo ha pasado el tiempo. Yo me acuerdo cuando...yo estaba en sexto grado y hubo un concurso de países. Cada niña que sacaba sobresaliente tenía el honor de ser nombrada un país de América Latina. Yo salí Costa Rica. Me tenía que aprender una poesía que decía las bellezas naturales de Costa Rica, pero primero me paraba y decía: Yo soy Costa Rica, mis costas están bañadas por el Océano Atlántico y por el Océano Pacífico. Hermosas montañas... *(Sonríe. Otro tono.)* Había otra niña...no me acuerdo de qué país, que cuando yo dije eso se puso a llorar... *(Se ríe.)* La maestra entonces me agarró por un brazo y me dió un cocotazo, porque me echó la culpa de que la niña lloraba.

Coral se asoma a la ventana y se sobresalta emocionada. Se dirige hacia Antonio y le pasa las manos por la cabeza para arreglarle el pelo, le alisa la camisa; Antonio continúa recortando fotos.

CORAL. Ya llegaron. Ay, Antonio, se ve grandísimo, igualito a... *(Corre hacia la puerta a recibirlos. Se comporta como una niña. Llegan, los abraza.)* Entren, entren. *(Los mira bien fijo, llora despacio. Antonio se levanta y se acerca. Lula lo abraza; él no responde. Orgulloso, le pone una mano sobre un hombro a Tony y comienza a llorar. Se sientan.)*

CORAL. ¿Hicieron un buen viaje? Yo enseguida los reconocí. Tony es igualito a su pa....pero es enorme, tan grande... Yo le había dicho a Antonio que quizás ya no iban a venir.

TONY. Pero si vinimos a Cuba para verlos a ustedes.

CORAL. Bueno, como ya hacía más de cinco dias que habían llegado a La Habana. Yo le dije a Antonio de seguro que terminaron la conferencia ésa y se regresaron para Nueva York. Uno aquí no les puede dar comodidades.

La acción en Nueva York.

TONY. *I'd like you to forget the whole trip.* Todavía estamos a tiempo. Voy tener que dejar a Lourdes y las niñas solas por tres semanas...fíjate que mucho dinero ha costado y todavía no han dado la visa.

LULA. Son unos desgraciados; nos cobraron 230 dólares por cada pasaporte y hasta cobran los sellos de los documentos que nos mandaron... Yo se los pagué porque no quiero que nos suspendan el viaje por noventa centavos...como son tan muertos de hambre. ¡Qué barbaridad!

TONY. ¡Mamá!

LULA. ¡Qué inmoralidad!

TONY. Entonces para qué vamos ir allá. Todavía no puedo explicarme cómo me he dejado envolver... *(Pausa)* Tú veras que última hora no nos van a dar la visa y *pluf, that'll be the end of the whole dream.*

125

La acción en Zaza. Antonio recortando fotos y Coral en la cocina.

ANTONIO. ¡Coral! ¡Coral!

Coral aparece. Lo mira sin decir nada, esperando que él le diga para qué la llamó. El le enseña la caja de zapatos llena de fotos de héroes.

ANTONIO. ¿Has oído que "él" diga un chiste? ¿Y los otros? Los comunistas nunca se ríen.

CORAL. Prepárate que ya voy a servir. Hice frijoles negros, los conseguí con Josefita, la hija trabaja en una tienda del pueblo por un campo de Fomento y dice que esta semana vino una cantidad enorme de frijoles. Vendieron por la libre por toda una tarde después que repartieron la cuota. Josefita me dijo que la hija no anda guardando las cosas que sobran como hacen otros. Me dijo que iban a llegar zapatos y que me iba a conseguir un par... *(Pausa.)* No importa que no me sirvan porque los cambio por otro par o los cambio por otra cosa...que de todo nos hace falta. Por suerte que estás retirado y podemos coger, en la tienda, cosas que no usamos...¡que si no!... ¿Sabes lo que hacen en la tienda de Capestany?... Dice Josefita, que cuando llegan los zapatos, el administrador separa uno del pie izquierdo de dos pares distintos y después los saca, diciendo que llegaron dos del mismo pie, que ésos no se pueden vender y que los tiene que devolver; entonces, los une y se los lleva para su mujer y su hija. Descarao...ojalá que lo agarren.

Tocan a la puerta, Coral va a abrir y entra Asunción sin que la inviten. Tiene veinte y cinco años. Es la misma actriz que personificó a Nena, la miliciana. Habla sin hacer muchas pausas.

ASUNCION. Buenas, ¿cómo están por aquí? *(A Antonio.)* Lo más que me admira de Ud. es que siempre está recortando las fotos de los héroes de la revolución. *(Trans.)* Oigan, me enteré...qué calladito se lo tenían, les llegan unos familiares. Lo supimos por el Comité. Bueno, no es ningún crimen tener gusanos en la familia, que aquí el que más y el que menos tiene a alguien en Miami.

CORAL. ¿Quieres sentarte?

ASUNCION. No, qué va, si ando con un apuro grandísimo. Acabo de llegar y voy a comer un bocao a ver si sigo...que me toca la guardia esta noche.

CORAL. Aaah.

ASUNCION. Bueno, ¿y lo de los parientes es verdad?

CORAL. Todavía no sé bien.

ASUNCION. Pero ya Ud. los reportó al comité.

CORAL. Por si acaso.

ASUNCION. Por si acaso no se reporta nada.

CORAL. Bueno, es casi seguro, no sé.

ASUNCION. Bueno, ya están en La Habana, vinieron a una reunión de la universidad y después vienen pa'Zaza. Bueno, yo leí en la *Bohemia* que vienen muchos extranjeros a estudiar aquí. Bueno porque eso si es verdad, la universidad de La Habana es una de las más importantes del mundo. Primero está la de Moscú; ay, nunca sé cómo se llama, y después la nuestra... Mi mamá dice que antes nadie podía estudiar y ahora mire cómo el guajiro más ñame es médico.

CORAL. ¿Y tú nunca estudiaste, verdad?

ASUNCION. Yo, por comemierda. Me enamoré y me casé y ya Ud. sabe como es eso... Además la desgracia de casarme con un hombre como ése.

CORAL. El parecía muy buena persona cuando lo vi.

ASUNCION. ¡Quién me iba a decir que ese hombre era gusano!...¡que se iba a ir en un bote! *(Furiosa al recordarlo, al mismo tiempo que frustrada.)* Tan mal agradecido; con lo mucho que tiene que agradecerle a la revolución. *(Pausa. Resignada.)* Bueno, allá debe estar...en Miami.

TONY. *I also want to go. See the place where I was born...*

LOURDES. *You can wait until Bush invades Cuba.*

TONY. *No! He doesn't have to invade Cuba. What are you talking about?*

LOURDES. *I don't want to talk about this anymore.*

ASUNCION. Bueno, pero ahora tengo un novio integrado. Lo conocí en mi centro de trabajo. ¡Si Ud. lo viera! Además de que está muy bueno, se gana todas las emulaciones. En la última asamblea de efectos eléctricos se ganó un televisor, que se lo dió a su mamá. *(Más íntima.)* Ay, Coral, bueno si no fuera por el problema de la vivienda y estos cabrones imperialistas que no dejan entrar material para la construcción. *(Suspira.)* Si no fuera por eso, nos hubiéramos casado hace rato... A mí no me gusta quedarme viviendo en casa de mis padres. Ud. sabe cómo es eso, mi mamá siempre está metía en to'lo que no le importa y mi papá yo creo que se está agusanando... Bueno, avíseme cuando llegue su familia de Miami, quizás conocen a mi ex...

CORAL. Ellos viven en Nueva York.

ASUNCION. Bueno, allá se conocen todos. Ud. ve que allá se puede viajar más rápido y más fácil. *(Convencida.)* Pero así y todo me quedo con el socialismo porque ay, Coral, vieja, no se puede negar que aquí todos somos iguales.

CORAL. Ahora que hablas de'so. ¿Es verdad que abrieron una tienda para turistas en Placetas? Aquí, a tres kilómetros.

ASUNCION. Ay no vieja, ¿quién dijo eso? Esas tiendas las ponen a donde van muchos turistas pa'sacarles las divisas.

CORAL. Tengo unas ganas que nosotros también podamos ir a comprar de las cosas que venden ahí.

ASUNCION. Bueno, ni falta que hace. Esas son cosas que no son necesarias para vivir.

CORAL. *(Inocente.)* ¿Tú crees?

ASUNCION. Bueno chica, claro.

CORAL. *(Tratando de escaparse.)* Tengo que comenzar a ablandar los frijoles que conseguí...si quieres quédate oyendo el radio mientras yo trajino por allá dentro.

ASUNCION. No, si me voy... Se me va'cer tarde para comer y después me tengo que atragantar la comida pa' no llegar tarde a la guardia.

La acción siempre ha sido continua en un solo plano. En la escena siguiente la acción en el Central Zaza y en Miami sucede al mismo tiempo. La dirección debe mezclar las dos conversaciones para lograr un juego de palabras entre las dos escenas simultáneas.

MILICIANA (NENA.) ¿Qué desea compañera?

CORAL. *(Toda de negro. Con Antonio al lado.)* El cadáver de mi hijo.

MILICIANA (NENA.) ¿Y por qué está de negro?

MILICIANO (HOMBRE.) ¿Tiene luto?

MILICIANA (NENA.) ¿Por un gusano?

CORAL. Era mi hijo.

LULA. *(Con un niño en brazos.)* Llegué en bote con mi hijo.

OFICIAL ANGLO DE INMIGRACION. ¿De dónde salió?

LULA. De Caibarién.

OFICIAL ANGLO. ¿Por qué salió?

LULA. Huyéndole al comunismo.

OFICIAL ANGLO. ¿Ud. era miembro del gobierno?

LULA. No.

MILICIANO I. Era un gusano.

MILICIANO II. De los peores.

CORAL. Se llamaba Julio.

MILICIANO I. ¿De verdad que Ud. quiere el cadáver?

CORAL. Sí.

MILICIANO I. ¿Y dónde lo va a enterrar?

CORAL. En el cementerio.

MILICIANA (NENA.) No puede.

CORAL. Me lo llevo para mi casa.

MILICIANA (NENA.) No puede hacerle un entierro.

CORAL. ¿A mi hijo?

MILICIANO. Nosotros lo vamos a enterrar.

MILICIANA (NENA.) Le avisaremos a dónde.

CORAL. ¿Podemos ir al entierro?

MILICIANA (NENA.) Le dije que no puede haber pompas.

CORAL. Sólo él, Antonio... y yo.

ANTONIO. Nosotros somos pueblo... *(Bajito.)* Es la revolución del pueblo.

MILICIANO. Ya le avisaremos.

OFICIAL ANGLO. ¿Cómo murió?

LULA. Lo fusilaron.

OFICIAL ANGLO. ¿Ud. era miliciana?

LULA. No.

OFICIAL ANGLO. ¿La perseguían?

LULA. Bueno... No... Realmente...

OFICIAL ANGLO. ¿Entonces por qué salió?

LULA. Huyéndole al comunismo.

OFICIAL ANGLO. ¿Y por eso arriesgó su vida y la de su bebito?

LULA. Sí...quizás Ud. no puede entenderlo.

OFICIAL ANGLO. Yo no estoy aquí para entender. ¿Ud. es casada?

LULA. Viuda.

OFICIAL ANGLO. ¿Tiene familia en Miami?

LULA. No.

OFICIAL ANGLO. ¿Trajo dinero?

LULA. No.

OFICIAL ANGLO. ¿Y cómo va a vivir?

LULA. No sé.

OFICIAL ANGLO. ¿Su esposo era del gobierno comunista?

LULA. No.

OFICIAL ANGLO. Da lo mismo... Ud. tiene que ver cómo va a vivir sin ser carga para este país.

El día del fusilamiento en el Central Zaza. Hablan entre sí, sin ser oídos por los que lo rodean; alzarán la voz cuando se dirijan a Julio para que él los oiga.

CORAL. Mi pobre hijo.

ANTONIO. No voy a poder.

CORAL. Te acuerdas Antonio, cuando Julio era chiquito y le gustaba comerse un helado de vainilla antes de acostarse. Qué perretas formaba cuando se acababa. Tenías que ponerte la ropa para buscárselo al kiosko de Josefita. *(Se ríe.)* "Lelalo, lelalo", decía, y hasta que no llegabas con el "lelalo", no había quién lo hiciera acostarse.

ANTONIO. Es verdad, no voy a resistirlo.

CORAL. ¿Qué hora es?

LULA. *(Cargando a Tony, niño, en brazos)* Las tres.

CORAL. ¿No dijeron que era a las tres?

Silencio largo.

LULA. Creo que mi reloj está adelantado.

CORAL. ¿Qué hora es?

LULA. Las tres y un minuto.

CORAL. Prepara al niño, debe verlo en todo momento hasta el final.

LULA. ¿Lo traerán esposado?

CORAL. Prepara al niño. Son capaces. *(Pausa.)* Unos criminales... *(Pausa.)* ¿Qué hora es?

LULA. *(Mira el reloj, pero no dice la hora.)* Mira que se lo dije...ahora no es como en otros tiempos y te van a agarrar...pero Ud. sabe que él nunca me escuchaba. *(Pausa larga.)* No conozco a nadie más cabeciduro.

CORAL. Eran sus ideales y tenía que defenderlos. *(Pausa.)* No voy a llorar.

Julio, solo, de espaldas al público, sentado. Está escribiendo.

JULIO. "Queridos papá y mamá; mi amor, Lula:[1] Me decido a escribirles estas líneas que entregaré a uno de mis custodios con la seguridad de que algún día llegarán a manos de mis compañeros estudiantes y alcanzarán su destino, porque tengo fe en los hombres que hicieron una revolución por amor a Cuba, por amor a la libertad"...

---

[1] Carta del Capitán Porfirio Remberto Ramírez, Presidente de la F.E.U. (Federación Estudiantil Universitaria) de Las Villas, Cuba, fusilado la noche del 12 de octubre de 1960. La carta ha sido editada para adaptarla a esta pieza.

CORAL. No se van a dar el gusto de ver mi sufrimiento. *(Pausa.)* Un día se sabrá que cumplió con su deber...

ANTONIO. Me siento un poco mareado.

CORAL. Debe ser el sol. *(Pausa.)* Debí haber traído una sombrilla. Prepara al niño. *(Pausa.)* Todo se olvidará; porque los cubanos siempre perdonamos.

ANTONIO. Lula, ¿tú no crees que debemos irnos? No debemos quedarnos. Es horrible, Dios mío.

CORAL. Perdonamos a los españoles y a los americanos, a los que estaban con Machado, a los esbirros de Batista... *(Pausa.)* Su hijo estará orgulloso de él.... Eso si no llueve y tienen que suspender el fusilamiento.

LULA. Parece que ya los traen.

CORAL. Quizás llueva y tengan que suspender. Prepara al niño para que lo vea cuando llegue. *(Mirando hacia el cielo.)* El sol se está ocultando, parece que viene una tormenta de'sas.

VOZ I. *(Siempre se oirá fuera del escenario.)* ¿A Chín también lo van a fusilar?

VOZ II. *(Desde otro lugar fuera del escenario.)* Son tres.

VOZ I. ¡Aaahh!

CORAL. ¿Tú nunca has oído el sermón de la crucifixión de Dios? Jesucristo le dijo a la Virgen "este es tu hijo". *(Pausa.)* Los hijos son la cosa más grande del mundo... Nos ayudan a vivir.

LULA. ¡Oigan!...los tomeguines.

CORAL. Parece que va a llover.

ANTONIO. ¿Qué tienen que ver los tomeguines con los aguaceros?

LULA. Me gustan los tomeguines; son los pajaritos más lindos de todos. *(Pausa Larga.)* No era él.

ANTONIO. El niño no debe ver esto.

LULA. Son tan chiquitos, verdecitos con el buche amarillo.

VOZ I. Ahora sí vienen.

Se oyen voces pero no se distingue el diálogo.

CORAL. No vienen, los traen.

ANTONIO. A rastras, lo traen a rastras.

CORAL. Enséñale el hijo.
LULA. *(Levanta al niño.)* Ya lo vio.
CORAL. Mi hijo. *(Alza la voz.)* ¡Julio, Julio! ¡Aquí!
LULA. Nos vió.
ANTONIO. Está lleno de sangre.
CORAL. ¿Se habrá caído?
LULA. Lo deben haber torturado.
CORAL. Seguro que se cayó.
ANTONIO. ¿Me dejarán pasar, a darle un beso?
CORAL. *(Muy alto pero sin gritar.)* No tienen por qué empujarlo.
ANTONIO. Se va a caer.
Se oye un murmullo de la gente que observa.
LULA. Julio.
ANTONIO. Se va a desmayar. No puedo.
CORAL. Enséñale el hijo.
ANTONIO. Hazle seña para que vea que yo estoy aquí.
LULA. *(Levantando al bebito.)* Tonito, Tonito.
CORAL. Que lo vea bien.
ANTONIO. Nos van a sacar de aquí.
CORAL. Invitaron a todo el central a ver el fusilamiento. *(Parándose en puntilllas.)* El niño, enséñaselo.
LULA. Te quiero mucho.
CORAL. Yo también.
ANTONIO. Hazle señas de que yo estoy aquí.
VOZ II. Se cayó uno.
VOZ I. Seguro que no resiste al final.
ANTONIO. Julio. *(Grita.)* Julio, Julio, hijo.
LULA. Esos deben ser los milicianos del pelotón.
CORAL. Julio no se ha caído.

ANTONIO. Julio.

CORAL. ¿Ese es Oscarito?

LULA. Sí.

CORAL. ¡Si eran amigos!

LULA. Oscarito es fidelista ahora.

CORAL. Enséñale el niño. Si estás cansada, yo lo cojo.

LULA. No, no.

CORAL. Virgencita, recibe su alma. *(Se persigna y comienza a rezar bajito.)*

LULA. ¡Ay Dios!

ANTONIO. Coral.

LULA. Nunca te olvidaré. *(Pausa.)* Yo voy a cuidar a Tony... *(Bajo.)* para que estés orgulloso de él... *(Pausa.)* Mi amor.

CORAL. Enséñale el niño.

ANTONIO. No voy a poder.

VOZ I. Están preparando los rifles.

VOZ II. Uno solo tiene la bala verdadera.

VOZ I. Ya no; ahora todos tienen balas de verdad.

LULA. Lo van a amarrar a ese palo.

CORAL. Lula, que vea al niño.

Coral trata de no mirar. Antonio está mirando con la vista perdida en el espacio.

LULA. Te querré siempre.

CORAL. Antonio ponte a mi lado.

Antonio se mueve hacia donde está Coral y le agarra la mano.

LULA. Están rastrillando los rifles.

VOZ I. Era un agente de la CIA.

CORAL. Va a llover.

LULA. El sol está que quema...

VOZ II. ¿Tú crees que los fusilamientos se van a acabar?

CORAL. Está mirando pa'cá. El niño.
LULA. Debían sentarlos en una silla.
CORAL. ¿El pelotón está formado de zazeros?
LULA. Sólo Oscarito.
CORAL. Eran muy amigos.
LULA. Creo que ya.
VOZ DE MILICIANO. Preparen.
CORAL. Que vea a su hijo. Tírale un beso.
VOZ DE MILICIANO. Apunten.
CORAL. ¡Hijo!
LULA. ¡Ay!
VOZ I. Casi se cae.
VOZ II. Está sangrando.
LULA. Julio.
CORAL. Hijito.
ANTONIO. Hijo.

Oscuro.

SEGUNDO ACTO

Tony y Lula atienden a Asunción y a Mime; Coral se mantiene atenta pero fuera del grupo. Antonio continúa recortando "Héroes" y metiéndolos en la caja de zapatos. El ambiente esta cargado: Son personas—que apenas se conocen—con ideas políticas confrontadas. Además, después de tantos años los miembros de la familia están estudiándose en silencio. La tensión irá subiendo entre algunos de ellos, durante las distintas partes de esta escena.

ASUNCION. ¿Vieron muchas cosas bonitas en La Habana?

LULA. Toda La Habana es muy bonita... *(Pausa.)* A Tony le encantó la arquitectura. *(Orgullosa)* El nunca había visto nada igual.

TONY. Lástima que esté tan deteriorada.

LULA. Todo está destruído.

CORAL. *(Con un poco de miedo por Asunción y Mime.)* Dicen que la cosa se va a poner peor.

LULA. ¿Peor?

ASUNCION. *(Defensiva.)* ¿Bueno, es que Uds. no oyeron el discurso de Fidel?

LULA. No.

ASUNCION. Qué lástima. El lo explicó todo, muy bien.

CORAL. *(Excusándose por Asunción.)* Por eso lo dije. El mismo fue el que dijo que la cosa se va poner más mala.

ASUNCION. Vamos a entrar en "El período especial en tiempo de paz". *(Piensa en el discurso que oyó.)* Dijo que tenemos que prepararnos...

LULA. *(Irónica)* ¿No me digas? ¿Por qué?

ASUNCION. *(Inocente.)* Con la escasez de los productos que antes venían de los países socialistas... *(Pausa, suspira.)*

MIME. Aquí se produce muy poco.

ASUNCION. ¡Eso ha sido horrible en esos países! *(Pausa.)* ¿Y a Uds. le gusta Fidel?

CORAL. *(A Antonio.)* Tony me tomó una película con esa cámara que tiene y me la enseñó ahí mismo; como han inventao cosas los americanos... Le dio pa'trá y me pude ver enseguida como en la televisión. Parezco una bruja... *(Divertida)* Le dije que borrara eso y me dijo que lo había borrado; pero yo no se lo creo. Sé que me va a llevar así mismo pa'Nueva Yor'; y sus hijos me van a ver y van a creer que soy una limosnera. *(Pausa.)* Qué grande es, ¿verdad? ¿No te parece estar viendo a Julito? *(Pausa, triste.)* Lo he recordado tanto en estos días que ellos están aquí...a veces me parece que va a entrar por esa puerta. *(Pausa.)* Nunca me he podido conformar... nunca nada ha vuelto a ser como era.

LULA. *(Acercándose a Antonio, le pasa la mano por la cabeza.)* No me puedo acostumbrar a decirle Benito Juárez al central.

CORAL. Nadie le dice así; hasta la gente joven le sigue diciendo Zaza.

LULA. ¿Para qué le habrán cambiado el nombre a todo?

CORAL. Todo es distinto.

LULA. Siento no haber vivido los cambios.

CORAL. Hiciste lo que tenías que hacer.

LULA. No sé.

CORAL. Tú, estarías presa...quizás fusilada también.

LULA. No sé...no sé.

CORAL. Yo sí. *(Pausa, filosóficamente.)* Han pasado treinta y dos años.

ANTONIO. *(Las mira, parece tomar vida.)* Treinta, desde que lo fusilaron... ¿Cuándo vas a ir al cementerio?

LULA. *(Coral y ella lo miran sorprendidas.)* Mañana.

CORAL. ¿Mañana?

LULA. ¿Uds. quieren ir?

Antonio vuelve a su mundo; a recortar "Héroes". Silencio largo.

MIME. ¿Y cómo son las mujeres por allá?

TONY. Las americanas no andan con mucho rodeo.

MIME. Eso me gusta... Claro, para joder un poco nada más. Aquí hay cada mulata que lo deja a uno enfermo.

TONY. En Tropicana vi esas mujeres. *(Algo sorprendido.)* Me quedé sorprendido de ver que las dejen bailar casi desnudas.

MIME. En la calle es donde se ven las cubanas lindas. Yo *(Confidencial.)* tengo una chiquita; somos novios. *(Con malicia.)* Usted sabe. Es un bomboncito... Si usted quiere, yo lo llevo a su casa; tiene una hermanita que es muy linda.

TONY. La verdad es que yo soy un hombre tranquilo...

MIME. *(Con un poco de vergüenza. Casi se disculpa)* No, yo...bueno, no es que yo sea...soy soltero. Ud. sabe. Yo respeto a Asunción... Aquí, no se ve mal...no es nada serio. *(Trans.)* ¿Y su esposa es cubana?

TONY. Lourdes nació en Miami...pero sus padres son cubanos.

MIME. ¿Y Ud., cómo se siente en Cuba?

TONY. Mime, no me trates de usted.

MIME. Es que...

TONY. *(Sin dejarlo terminar.)* ¿Qué edad tienes?

MIME. Veintiocho.

TONY. Casi tenemos la misma edad.

MIME. Bueno pero Ud...eres de...vaya, se me hace difícil.

TONY. ¿Somos amigos, no?

MIME. Es que viene de allá, siempre es distinto...no estoy acostumbrado... cuando uno ve a un extranjero...

TONY. Yo soy cubano, como tú.

MIME. *(Poco convencido.)* Yo sé...

TONY. Es bien difícil venir aquí, sentirse...raro. Te voy a pedir un gran favor. *(Pausa.)* Ayúdame a darme cuenta qué sucede en el país. *(Pausa.)* ¿Okey?

LULA. No sé cómo han vivido.

CORAL. ¿Y qué podíamos hacer?

LULA. Sufrimos tanto en aquellos días.

CORAL. Y lo que seguimos pasando después que tú te fuiste con Tonito. *(Pausa larga.)* Hay que perdonar.

LULA. Yo no sé si podría.
CORAL. Y olvidar.
ASUNCION. *(A Tony.)* Tú hablas muy cómico.
TONY. Yo fui la escuela en inglés.
ASUNCION. Bueno, tú no eres cubano.
TONY. *(Pensativo.)* Nací aquí.
ASUNCION. ¿Te gustaría vivir en Zaza?
TONY. ¿Por qué todo el mundo me hace la misma pregunta?
CORAL. ¿Qué es eso?
ANTONIO. Una caja de zapatos..."Amadeo".
Siente que lo han sorprendido. Tal parece que oculta algo dentro de la caja de zapatos.
CORAL. ¿Qué tienes ahí?
ANTONIO. Nada...nada... *(Pausa.)* Muchas cosas.
CORAL. ¿Por fin qué? ¿Nada o muchas cosas?... Déjame ver.
ANTONIO. No, no...no es nada. *(Piensa rápido.)* Prepárame la comida. Tengo mucha hambre.
CORAL. Bota esa caja...no quiero más basura en esta casa...
La escena del diálogo de Tony y Lula con Asunción y Mime. Coral se mantiene, presente en segundo plano. Antonio continúa recortando "Héroes".
LULA. ¿Y a ti te gusta?
ASUNCION. Vaya pregunta, si yo la hice primero.
LULA. No importa. Tú eres la que vive aquí, la que tiene que sufrir todo esto.
ASUNCION. Claro que me gusta. Es el líder de todos.
LULA. De algunos.
ASUNCION. *(Rápida.)* De todos los cubanos dignos y revolucionarios; hay que reconocer que *él* es el hombre más grande que ha dado este país.
LULA. ¡Ay, no digas esas sandeces!
TONY. ¡Mami!

ASUNCION. A él le debemos todo.

LULA. Hasta el hambre que pasan.

TONY. ¡Mami!

ASUNCION. Déjala, déjala que hable.

ANTONIO. El sistema no tiene fallas.

ASUNCION. Bueno, claro que no; el hambre se la debemos al bloqueo.

LULA. Pero ven acá mi'ja, ¿de qué bloqueo me hablas?

ASUNCION. El bloqueo de los americanos.

LULA. Ese es el razonamiento de la contradicción. ¿No decían Uds. que Rusia había logrado un progreso mayor que el de los países capitalistas?

TONY. ¡Mami!

LULA. Es que...¿no te das cuenta? *(Otro tono.)* ...Que esta niña no entiende bien que el bloqueo es un mito y que no pueden comprar en ningún país porque no tienen divisas...

ASUNCION. Por el bloqueo que no nos permite exportar.

LULA. ¡No me digas!... ¿No será porque no han sabido administrar la economía?

TONY. ¡Mami! Deja que la gente piense lo que quiera.

ASUNCION. La revolución cubana tiene características propias que...

CORAL. Antonio deja esa caja. ¿Qué metiste ahora?... Todo lo que se pierde en este mundo...pum...tú lo metes en la caja. *(En otro tono, quejándose.)* ¡Ay, Virgencita!... ¡Antonio, viejo!... Ya no soporto esa caja en el medio...

ANTONIO. *(Coge la caja de zapatos. Parece un avaricioso escondiendo dinero en un cofre secreto. La coloca en el asiento; va hacia el libro de fotografías de Lula. Lo abre, saca unas fotos; recorta a las personas y las guarda en la caja. Ha estado hablando durante toda la acción. Muy orgulloso.)* Fotos de todos los mártires revolucionarios...de Martí...de Batista... Fotos, fotos...los héroes... ¿En qué año fue qué Colón descubrió a Cuba?... *(Pausa. Piensa.)* El sistema no tiene fallas... ¿Cuándo comenzaron a traer a los chinos?... *(Pausa.)* ¿Para qué los traerían?...¡ah!...¡para planchar...! A *él (Se pasa la mano derecha por la barbilla en un movimiento rápido.)* no lo salva ni el médico chino... Las fotos...no tengo casi ninguna de colores...la carta... Que no se metan conmigo, que yo no me meto con ellos...aquí hay una de Platt...el de la enmienda... Yo, a todos les sé...esta caja, esta caja...tiene el secreto que... Esta es de Maceo, déjame esconderla aquí...el secreto, ni Nena lo va a poder encontrar...

Una escena familiar, sin tensiones, llena de alegría. La comicidad de esta escena depende de los gestos graciosos que haga Tony durante la narración, que debe causarle risa al grupo familiar. Se oyen risas, estruendosas carcajadas.

LULA. Nunca me había reído tanto... Desde que vivía en casa de papá... porque Tony es igualito a él...es su vivo carácter, quiero decir, en eso de burlarse de las cosas...

CORAL. Ay sí, es medio sangrón...

TONY. ¿San...grón? ¿Qué?

LULA. *(Divertida)* Sangrón sí, sangrón... *You're a pain in the neck. (Pausa.)* En el hotel, se la pasó burlándose del servicio.

CORAL. ¿Qué hizo? Cuéntamelo, cuéntamelo.

LULA. Dice que el servicio "comunista" es para los rusos.

TONY. Mira abuela, en los hoteles...el servicio es increíble. Tú llegas al *lobby*...

CORAL. ¿*Lobby*?

TONY. *(Narrando con los gestos apropiados. Es un diálogo entre él y los personajes que cuenta.)* Sí, abajo, abuela, donde te atienden primero...tú llegas y dices: yo deseo una habitación... Se te quedan mirando, perdidos... sin entender... Una habitación, tú le dices. Y te contestan: «no hay». Yo pago con divisas... "Ah, espere un momentico"... y viene el administrador y te dan la habitación...los pisos llenos de agua...y la ducha con un chorrito, de agua bien fría, directa a la cabeza...después que te bañas, vas para el *restaurant;* aquello está lleno de cubanos, afuera, esperando que los llamen para entrar... Le das el número de tu habitación y como nosotros pagamos con divisas...fuá...para dentro... Un salón, enorme, vacío...¿y por qué no dejan entrar a los cubanos?... Te sientas, todo el mundo allí, muy serio...con las caras largas como si tuvieran catarro. Hay sepetecientas camareras, dando vueltas para allá, para acá...viene una, con una bandejita en la mano *(Camina contoneándose.)* Te dan el "menú"; grande con muchos platos...y de cualquiera que pidas, no hay... Ella, con su bandejita, muy seria te dice: "no hay"... "Hay arroz congrí, picadillo y ensalada con tomate"... Okey, tráigamelo... *(Camina contoneándose)* Ella se va, con su bandejita, se mete diez minutos y regresa, siempre con su bandejita... "Señor, no hay tomates"...

ahí...se queda a tu lado. "¿Quiere lo otro?"... Sí...se va con su bandejita... Viene otra, con una bandejita, te trae un pedacito de pan... *(Señala.)* de este tamaño... Otra trae, en una bandejita, un vaso de agua, si lo pides... Tú las miras... Comienzan arreglar *(Hace como que arregla.)* unos cubiertos que hay allí, en una mesa...los ponen, los quitan, los vuelven a poner, los vuelven a quitar...se va para la cocina, con su bandejita; regresa a los cinco minutos, con su bandejita...sigue poniendo y quitando los cubiertos...regresa a la cocina...viene otra camarera a ponerte los platos...con su bandejita; otra con bandejita, a ponerte los cubiertos y todas, todas con bandejitas que no sueltan...

CORAL. ¿Y la comida?

TONY. Al final te traen raspa de arroz congrí y un picadillo seco...aah...y la bandejita.

Tocan a la puerta, Coral va a abrir y entra Asunción.

ASUNCION. Buenas.

CORAL. Buenas.

ASUNCION. Le estuve hablando a mi mamá de todas las cosas que Uds. dicen de allá; del "Impair Isteit", que es el edificio más grande del mundo y ella dice que vio la película del gorila; después le conté de las torres esas, más grandes todavía, y ella me preguntó que si no tenían fotografías.

LULA. ¿Pero por qué no le dices a tu mamá que venga?...para conocerla.

ASUNCION. Ay, sí; a ella le va a encantar la ropa que Ud. me enseñó los otros días.

CORAL. *(Excusándose.)* Mejor no. *(Pausa.)* La casa está muy regada y no me gusta recibir visita. Mejor....

ASUNCION. Ay, si mi mamá es de confianza. Ella lo que tiene es ganas de saludar a Lula porque ella dice que se conocen desde niñas, que iban a la escuela juntas.

LULA. ¿Cómo se llama tu mamá?

ASUNCION. Margarita Martínez.

LULA. ¿Margarita? ¿Margarita Martínez?

ASUNCION. Sí, le dicen Nena.

Tony y Mime, solos.

TONY. Pero yo deseo conocer; para eso alquilé carro y mami no quiere ir ninguna parte...sólo estar metida en la casa. Yo quiero ir a la playa.

MIME. Vamos, mañana, para Caibarién.

TONY. Por ahí me escapé yo, con mi mamá. Dice ella que los milicianos iban persiguiéndonos, detrás del carro que nos llevaba hasta donde estaba el bote...

MIME. *(No quiere hablar de eso. Se siente algo molesto.)* Aah. *(Cambia la conversación.)* Es una ciudad que ha progresado en los últimos años.

TONY. *(Sin malicia. Naturalmente.)* ¿Sí?

MIME. *(No tiene una buena respuesta.)* Yo...yo no la conocí antes, pero... bueno, todas las ciudades cambian.

TONY. Mi mamá dice que todo está desconocido, que ni siquiera ha podido ver un tomeguín. *(Pausa.)* Lo que me llama la atención es la actitud de la gente...son como muy tranquilos.

ANTONIO. Quiero hablar contigo.

JULIO. ¿Ahora? Voy a salir; voy para la casa de Lula...vamos a ir al cine... con la vieja. Tú sabes cómo es eso. ¿No puedes dejarlo para otro momento?

ANTONIO. Nunca tienes tiempo para sentarte a hablar conmigo.

JULIO. ¿De qué quieres hablar, papá?

ANTONIO. Hace una semana, después que vinimos de las vacaciones en la playa...

JULIO. Ay papá, ¿pero por qué no me lo cuentas después?

ANTONIO. *(Orgulloso.)* Don Julián me llamó aparte, los otros días y...bueno... yo creía que te iba a poner contento...yo...me va a hacer jefe de oficina del central...es más dinero... Todavía no se lo he dicho a tu mamá. ¿Qué te parece la noticia?

JULIO. Chévere, papá...fenómeno.

ANTONIO. *(Contento.)* Con el primer pago te voy a hacer un regalo. ¿Qué quieres?

JULIO. Un par de zapatos "Amadeo".

TONY. *(A Lula.)* Yo no vine Cuba a discutir política.

LULA. *(Con odio.)* No, no... No puedo perdonarla, ella fue la que chivatió a

Julio. Estoy segura...ella misma, coño... Nena, se creía que era la dueña del batey en la época en que lo fusilaron...¿pero es que Ud. no se acuerda?...

CORAL. ¿Nena?, no puedes...bueno nadie puede...

LULA. *(Confundida. Muy enojada pero sin violencia.)* ¿Qué nadie puede?... Ud. no ha dicho eso. *(Muy confundida.)* Pero Dios mío... ¿Cómo Ud. ha podido admitir a esa muchacha en esta casa?

CORAL. Tú no has vivido aquí... Uds. se van en unos días y yo me quedo, sola otra vez, con ellos en un mundo que es muy difícil de entender. *(Otro tono.)* Si ella quiere, Uds. pueden meterse en un lío... *(Triste.)* Quizás más nunca los vuelva a ver.

LULA. *(Muy confundida.)* Ese fusilamiento cambió todas nuestras vidas... mire para Antonio...¿y Julio? Tony no conoció a su padre...nos dividió. *(Pausa larga.)* Aquí todos parecen haber perdido la razón... Yo no vine a perdonar a esa chivata... No quiero que se ponga frente a mí, no quiero verla ni en la calle... Creo que la...mire... *(Pausa.)* déjeme pensar...perdóneme, yo sé lo que Uds. han vivido... Déjeme pensar... ¡Dios mío!

CORAL. *(Con una carta, la abre. Lee.)* Tony se va a casar...dice Lula que es una muchacha que sus padres son de Pinar del Río *(Pausa. Piensa.)* Nosotros no conocemos a nadie en Pinar del Río, ¿verdad?; Villar, el ingeniero era de Artemisa, pero esa gente se fue hace muchos años...yo creo que fueron de los primeros en irse cuando esto comenzó a ponerse malo... Este hombre no tiene perdón de Dios por haber dividido a la familia como la ha dividido. *(Pausa larga.)* A nosotros mismos, no nos han dejado ver crecer a nuestro nieto.

ASUNCION. Uds. han visto más cosas que yo. Sobre todo Tony...Mime ha andado con él pa'rriba y pa'bajo. Bueno, déjenlo, que va a tener problemas en el trabajo. *(Trans.)* ¿Verdad que es bien bonita?

TONY. Es más hermosa de lo que me imaginaba.

ASUNCION. Todos los turistas lo dicen.

MIME. ¿Quiénes son todos los turistas que te lo han dicho?

ASUNCION. *(Algo cortada.)* Bueno, lo leí en la *Bohemia*.

MIME. Al menos escribieron algo cierto.

ASUNCION. ¡Mime!

MIME. ¿Qué?

ASUNCION. No digas esas cosas.

Lula y Tony en La Habana.

LULA. Hoy es el último día de la conferencia.

TONY. ¿Y cuáles son tus planes?

LULA. Después del almuerzo, podemos ir a dar una vueltecita por La Habana Vieja; y mañana, tempranito cogemos carretera rumbo a Placetas...a Zaza, a ver a los tomeguines...

TONY. Ayer dijiste que no querías caminar por esta ciudad.

LULA. Sí, pero me puse a pensar que quizás más nunca la vuelva a ver...

TONY. *(Pensativo.)* Nadie se va del todo.

LULA. ¡¿Eh?!

TONY. ???

En Nueva York.

LOURDES. *(Hablando por teléfono.)* Hello...Hello...yes, please. I'm trying to call to Cuba. Yes, yes...the Cuban operator... (Pausa.) Yes? The Cuban operator?... Yes, thank you...I'm trying to reach Cuba... No Havana; Central Zaza...Zaza... (Deletreando en inglés.) C...e...n...t...r...a...l...Z...no, not c; Z like in Zebra...a...z, yes, like in Zebra...a... Yes, that's correct... 55525... Do they have area codes there?... No, I don't know which one. Sorry... No, it isn't Havana; Central Zaza... I don't know the area code... I know is near Placetas or something... Yes, I'll hold... (Pausa.) Please, try again... (Pausa.) All the lines are busy?... I've been trying for more than two weeks now... No, it is not an emergency. My husband is there and I don't know how he is... Yes, I understand... O.K... Please... (Pausa.) O.K... Yes, I know... Thank you.

Mime está sentado tranquilo, seguro de sí mismo. Asunción a su lado. Está tensa. Lula y Tony atendiéndolos directamente. Coral está presente pero fuera de la conversación. Antonio, como siempre, está recortando fotos y metiéndolas en la caja.

ASUNCION. Se ha sufrido mucho para lograr lo que hemos logrado.

LULA. ¿Qué han logrado?

ASUNCION. Ud. quizás no lo vea o quizás no lo quiera ver, pero aquí hemos logrado cosas que no teníamos antes...

LULA. ¿Pero a costa de qué?

ASUNCION. Bueno, todo cambio exige sacrificios.

MIME. Hay muchos problemas, es verdad.

LULA. El sistema no ha traído más que dolor.

MIME. *(En un arranque, inesperado, que deja confundido a todos.)* ¡Hay que enfrentar las cosas, caramba! ¡Esto se nos cae encima!... ¿Y qué es lo que él *(Hace la misma señal que había hecho Antonio. Se pasa los dedos–en forma de capullo–de la mano derecha a la barbilla.)* dice?...¡que los otros se equivocan! *(Pausa, irónico.)* Asunción, estamos regresando al pasado. *(Tratando de hacerle ver las cosas como él las ve.)* ¿Tú me quieres decir que el socialismo es privarnos de las comodidades modernas?...sin embargo los pinchos *(Con un movimiento rápido, se toca el hombro izquierdo con la mano derecha.)* salen al extranjero y tienen de todas las cosas que nosotros no podemos tener...

ASUNCION. No voy a venir más a esta casa hasta que no se vayan estos gusanos que nada más que han venido a traer veneno. Lo tranquilo que estábamos; ellos son de allá y nosotros de aquí. Hay una diferencia... ¡La culpa es mia!

MIME. Asunción no te tupas. Piensa... El asunto no está en hablar o no con Lula y Tony...

ASUNCION. No Mime. Esto es demasiado. ¡Tú lo sabes!

Asunción sale violentamente. Lula, Coral y Antonio acaban de llegar del fusilamiento. Lula trae a Tony en brazos.

CORAL. Acuesta al niño. Ahorita le entra hambre.

LULA. No me acuerdo si queda un poco de leche; con el trabajo que está costando conseguir las cosas últimamente.

ANTONIO. *(Sacando un papel del bolsillo.)* Me dieron esto, después.

CORAL. ¿Quién fue?

ANTONIO. En ese momento, quién se va a poner a ver quién da nada.

LULA. *(Suavemente, le quita el papel de la mano. Lee. Llora.)* Es de Julio.

CORAL. Léela.

ANTONIO. Yo me voy para el cuarto. *(Sale.)*

CORAL. No...mejor no la leas... Ahora. *(Sale.)*

Lula se queda sola en escena. En el mismo momento en que va a comenzar a leer la carta, aparece Julio, por primera vez, de frente al público. Nos damos cuenta de que está muerto. Se acerca a Lula. Amorosamente, coge la carta de sus manos y lee. Lula, etéreamente, da vuelta alrededor de Julio; lo abraza por detrás. Debe tenerse cuidado con esta escena. En ningún momento debe dejarse llevar por un romanticismo exagerado. La escena debe ser irreal pero creíble. El actor deberá leer pausadamente, como si estuviese escribiendo la carta en ese momento, cuidando de no agregar.

JULIO. "No voy a hacer un recuento de mis actividades revolucionarias, *(Pausa.)* ni un análisis de los motivos que sólo tienen sentido patriótico de amor a Cuba, que me llevaron a tomar de nuevo el camino de las lomas libertarias del Escambray... *(Pausa larga.)* ¿Quién iba a decirnos...?".[2]

Julio, emocionado, tiene que abandonar la lectura. Lula lo consuela. Ella continúa la lectura, mientras él sale, lentamente.

LULA. "Quien haya pasado por todos estos horrores que yo he vivido en estos últimos días debe sentirse feliz de morir porque sabe que habrá de descansar de tanta opresion. *(Pausa, con mucha ternura.)* No tengo miedo. Por el contrario, jamás en mi vida me he sentido más seguro de mí mismo".[3]

Lula no puede soportar más y se deprime, al mismo tiempo que entra Antonio, triste, Lula pone la carta sobre la mesa y sale. Antonio la coge, la mira y la guarda en la caja de zapatos. Pausa larga.

TONY. ¿Tú qué haces, Mime?

MIME. Trabajo en el ingenio.

ASUNCION. Mime es un obrero de avanzada en su centro de trabajo.

TONY. ¿Por qué?

MIME. El que trabaja horas extras y cumple su labor es un trabajador de avanzada.

TONY. ¿Y eso te reporta alguna ganancia?

ASUNCION. Aquí no es como allá.

TONY. *(Irónico.)* No me había dado cuenta.

ASUNCION. Sí, bueno. Mime se graduó de ingeniería y trabaja en el Central porque es donde hace falta.

MIME. Esto es lo de nosotros.

TONY. Perdona la pregunta Mime, ¿pero tú crees en la revolución?

MIME. No nos hagamos los ciegos. No puede negarse que se han hecho conquistas.

[2-3] Ver nota 1.

TONY. Es difícil verlas.

MIME. La educación para todos; la medicina; la cultura; los derechos de los trabajadores; el que ningún gobierno extranjero nos mande.

CORAL. *(Al público.)* ¡Qué cola, Virgencita!... Me tuve que disparar una cola de tres horas y pico para poder comprar un poco de arroz para tener algo que cocinarles. *(Pausa.)* Yo hubiera preferido que no hubieran venido porque por lo menos no pasarían tanto trabajo... No, no creas que estoy protestando, porque la verdad es que me siento muy contenta de que estén aquí...pero es que con lo que le dan a uno no alcanza para nada y ahora que la bolsa negra se pone cada día peor; con la escasez...¡yo no sé qué nos vamos hacer!... Me da tanta pena sin poderles poner un pedacito de pan. Por muy temprano que me fui a hacer la cola...pero qué va, se acabó ante' que pudiera coger una telera. *(Pausa.)* Yo creo que ahora sí que la cosa tiene que explotar por algún lado. Imagínate que dijeron que éste era sólo el comienzo del período especial, y no hay nada de nada... Los barcos rusos no aparecen por ningún lado. La suerte que ellos fueron a la tienda de extranjeros de Santa Clara, y trajeron todas esas cosas...¡que si no!, pero bueno es que este país está peor cada día; Lula que se fue en un bote por Caibarién, ahora regresa y la reciben con los brazos abiertos, y puede ir a comprar donde yo ni puedo poner los pies; pero qué cosa...nosotros muriéndonos de hambre, porque ya no hay nada que comer y los que viven afuera, porque tienen dólares, pueden comprar lo que les dé la gana... Yo me alegro, porque había perdido las esperanzas de que pudiéramos ver a Tony antes de morirnos, al fin vino...; sabes, si no fuera por ti...yo me podría morir tranquila...sí, tranquila; al fin vi a mi nieto, hecho un hombre hecho y derecho...y Lula, tan buena que salió... Por suerte que Tony no heredó nada de... *(Se pasa la mano derecha por el brazo izquierdo.)* ¿No te dan ganas de ver a los biznietos?; qué lindos se ven en la foto...la niña parece un ángel. *(Pausa.)* ¿Sabes qué me gustaría que me compraran? *(Se ríe de su picardía.)* Una Cocacola. *(Pausa. Otro tono.)* ¿A qué no sabes de lo que me estaba acordando hoy? Tú qué vas a saber si a ti se te olvida todo...pero cuando tú me estabas enamorando, que nos encontrábamos en el parque de Placetas, y yo me sentaba en el Café Rivera para que tú te pudieras sentar en la mesita del lado, sin que mamá pudiera decir nada...y yo siempre pedía un helado, y el camarero...¿cómo es que se llamaba aquel muchacho?... ¿Mario?, ya ni me acuerdo; pero él sabía que a mí me gustaba que me echara la cremita aquélla, ¿te acuerdas, de chocolate?...y como yo le agradaba... *(Se ríe.)* Tú te ponías bravo... *(Otro tono.)* Ponías una cara, así de larga...y mamá ni se enteraba.

ANTONIO. Lo del tipo aquél fue cuando nació Julio, no cuando éramos novios. ¡Era un descara'o!

CORAL. Antonio, ¿me entendiste lo que te dije?

Antonio vuelve a recortar "Héroes" y a meterlos en la caja de zapatos.

TONY. La economía está destruída.

LULA. No deseo caer pesada, pero es que Uds. no saben la mitad de las cosas que suceden.

MIME. ¿La deuda, por ejemplo?

LULA. Es la más grande de cualquier país latinoamericano.

MIME. Yo lo sé.

ASUNCION. ¿Cómo tú lo sabes?

MIME. Por Radio Camilo Cienfuegos.

ASUNCION. ¿Radio CID?

MIME. Uno debe oírlo todo para poder analizar las cosas.

ASUNCION. Fíjese, Coral, qué mala suerte tengo con los hombres.

CORAL. La gente es increíble. Escuchen este cuento que me hicieron en la cola de la carne...que nunca llegó. Fidel quería conocer a Pepito, porque siempre estaba oyendo cuentos de Pepito, y se había enterado que era más famoso que él mismo, y ya ustedes saben que eso es algo que él no puede soportar... Entonces mandó a buscar a Pepito por toda Cuba, y al fin lo encontraron y se lo llevaron. Fidel lo mira de arriba a abajo...y le dice, así que tú eres el famoso Pepito, el de los cuentecitos... No, comandante, le dice Pepito; yo soy Pepito el de los chistecitos...el de los cuentecitos es Ud. *(Todos se ríen.)*

Mime y Asunción.

ASUNCION. Mime, a veces me da miedo de que tú digas esas cosas.

MIME. Déjate ya de cantaletas.

ASUNCION. Bueno, Mime, pero el comandante dijo que debemos...estoy muy confundida.

MIME. Vamos a analizar las cosas...

Coral y Lula están limpiando la casa. Coral esta sacudiendo los muebles y coje la caja de zapatos de Antonio, para moverla de un lado al otro para poder limpiar. Se detiene. Pausa.

CORAL. *(A Lula.)* ¿Qué significa esta caja?...realmente, ¿qué significa?... Esta caja...estoy atemorizada... ¿Qué es lo que él realmente guarda?... Está loco...

Ya no puedo...no puedo... Tú no sabes la mitad de las cosas..., todos estos años... Ay...y la cajita, Virgen de la Caridad...la caja...yo estoy segura de que él va mas allá... Esta caja tiene que tener algo...a mí no me vengan con cuento. ¿Tú que piensas?... Me da miedo abrirla...puede ser peligrosa... ¿Tú no ves?... *(La suelta sobre otro lugar distinto al de siempre.)* De seguro...

LULA. ¿Ud. cree?

CORAL. Mira hija, de noche...

Antonio entra inesperadamente, mira alrededor y ve la caja fuera de su sitio habitual. La coge, la abraza contra su pecho. Está furioso. Parece que va a matar a Coral.

ANTONIO. Ponte a estarme jodiendo... ¿Quién te dio permiso para moverla?... ¡Que sea la última vez! ¿Oíste bien? *(Empuja a Coral bruscamente.)* Te voy a matar si la vuelves a tocar...

LULA. *(Interviniendo.)* Antonio...estábamos limpiando... Ni la abrimos.

ANTONIO. *(Mira a Lula con la misma mirada de odio. Da un paso hacia ella que retrocede, poniendo un mueble de por medio.)* A ti también te voy a matar... Conspirando...estaban conspirando... A mí nadie me puede engañar, yo no soy bobo. Quieren ver lo que hay adentro. Quieren verlo, ¿verdad?

CORAL. Antonio...

ANTONIO. Antonio, un carajo. *(Sale bruscamente, con la caja.)*

CORAL. ¡Antonio!

LULA. Ay, parecía el demonio...

MIME. Vamos a volver a los coches tirados por caballos. Ahorita los médicos van a curar la fiebre con sangrías.

ASUNCION. Tú y ese maldito metimiento que has cogido con Tony.

MIME. ¿Cuántas veces quieres que te lo diga? Tony no tiene nada que ver con mi forma de pensar... Nos hemos hecho buenos amigos...

ASUNCION. Pues chico, yo no estoy de acuerdo.

MIME. Esta noche *él* va a decir en la radio, que *él* lo sabe: la tierra es inmóvil y plana... *(Pausa.)* Tú lo vas a creer.

En el cementerio. Lula, sola, llega lenta. Se para al lado de la tumba. Se queda silenciosa. De pronto se deja caer, de rodillas. Arranca–a través de mímica–unas hierbas malas.

LULA. Julio, Julio, mi amor, Julio...tantos años... Julio. *(Pausa larga.)* Julio... Yo he vivido cada momento de los que...no nos dejaron... Me siento tan sola... Tú...ay... *(Otro tono.)* si pudiéramos... Ay, Dios mío. Ay...Ay, Julio... Julio...

Lula tiena una crisis que coincide con la llegada–silenciosa–de Coral y Tony que no hacen nada por confortarla. Ambos están parados detrás de Lula, en sus propios mundos: Coral con mucho dolor y Tony, por primera vez frente a la tumba de su padre, al que no conoció. Las luces se van apagando lentamente. Es de noche. Mime, mira al cielo.

MIME. Millones de estrellas...que van cayendo. ¿Será verdad que uno puede pedir un deseo? ¡Qué luna!, parece un faro redondo que va a llegar hasta abajo, para iluminarlo todo... Rodeada de tus estrellas que tienen vida, en medio de la noche azul... *(Se desespera.)* Yo creí en él... Yo creí en él... Yo pensé que todo era como me lo decían desde pequeño... Yo estaba dispuesto a dar hasta mi vida...nos creemos el centro del mundo...por eso es que siempre hemos estado enterrados en la mierda... *(Pausa.)* Planeando un futuro lleno de absurdos...aquí y allá. *(Pausa.)* Y lo peor, que no hay esperanzas...ya no puedo creer... Yo soy de aquí, yo no quiero irme...pero ay, quiero que las cosas sean distintas...

Es el momento inmediatamente despúes la llegada de los Milicianos para registrar la casa.

CORAL. ¿Será verdad?

ANTONIO. Yo creo que sí.

LULA. No podemos quedarnos con los brazos cruzados.

ANTONIO. ¿Qué se puede hacer?

CORAL. Por lo menos averiguar si es verdad que los agarraron.

ANTONIO. ¿Cómo iban a saberlo, si no es verdad?

CORAL. Puede haber sido un chivatazo, y vinieron a ver si nos sacaban algo.

LULA. Ellos saben que Julio está metido en algo.

CORAL. *(Se persigna.)* Ay, Virgencita de la Caridad, protégelo.

LULA. Sobre todo la Nena...mira que andar registrando en esta casa...que aquí sabemos que ella era batistiana...

CORAL. ...Y hasta medio chivata, y ahora...

ANTONIO. Cuando esto caiga, será del primero que llegue.

LULA. Le voy a cobrar todas las que nos está haciendo sufrir.

ANTONIO. ¿Qué se puede hacer?

CORAL. Antonio, vete y hazte el comemierda, y ve y averigua qué está pasando, con el padre de la Nena...que para eso son amigos de estar parados en la esquina.

LULA. Voy a ver al capitán en la jefatura. Me va a tener que decir qué está pasando. Julio es un excombatiente.

CORAL. Cuídate, hija...

ASUNCION. Mira, nosotros estamos preparados pa'lo que sea; aquí todo el mundo sabe manejar un rifle para defendernos. Es verdad que cuando nos invadan...bueno, porque ellos están locos por invadirnos desde que triunfó la revolución y terminó con los abusos...

TONY. ¿Quiénes son ellos?

ASUNCION. Los yanquis y los cubanos de Miami. Muchacho, todos los que viven muy bien allá y quieren venir a quitarnos las cosas que nos pertenecen...

CORAL. Yo pensé que más nunca ibas a volver.

LULA. Yo también.

CORAL. ¡Estoy tan feliz!

LULA. Tenía que ver por mí misma qué había pasado en estos años.

CORAL. Tanto...hemos pasado tanto.

LULA. Pero Ud...¿cómo ha podido perdornarla? Así, tan calmada...

CORAL. ¿Tú crees que ha sido fácil?

LULA. *(Incrédula.)* ¿Y Asunción?... Ella entra en esta casa como si nada. Ella está criada en ese mundo, el de su madre...¿Qué quiere que le diga a Tony?... ¿Qué Asunción es la hija de esa perra culpable?... Ud. tiene miedo a hablar delante de ella... ¿Acaso para eso murió su hijo?... Pero Dios mío, deja que venga hoy con su sermoneo de los logros de la revolución... ¡El eco del partido!

CORAL. *(Resignada.)* ¡Ay hija! Asunción no es culpable de nada... Ella se crió en este mundo.

TONY. *(En el teléfono)* Hola... Hi!... Habla alto, no te oigo bien...dile Lourdes que estoy bien...mami también...estamos pasando muy bueno...eh...eh...yo la he tratado de llamar pero no es fácil comunicarse...después te cuento...me

151

dieron esta llamada a Miami...no quise perder la oportunidad...dícelo a Lourdes...llámala a New York...

ASUNCION. Tú tienes que haberte da'o cuenta de cómo vivimos aquí.

TONY. Me estoy dando, cada día más cuenta.

ASUNCION. *(Se molesta.)* Mira, ni te tires a venir pa'cá en una invasión, que tú ni sabes hablar castellano y en el primer griterío, no sabes ni lo que dicen y pa'llá vas; por el lado que no debes ir.

Toda la familia está presente, en un silencio lleno de dolor, pero Lula está al borde de la desesperación. La angustia—por la que ha venido atravesando desde que llegó—está casi por explotar. Si grita su dolor lo que haría es emitir un gruñido doloroso.

LULA. ¡Qué fácil! Coño no puedo aunque quiera. ¡No puedo! No puedo perdonarla... Perdóname Dios. Así como así no puedo...la separación, ni la sangre, ni...Julio... ¿Por qué? Ay, coño, quisiera morirme para no pensar en nada...

TONY. *(A Asunción)* ¿Qué tú dices? Yo no pienso venir en nada... Yo sé...

ASUNCION. Léete los discursos de Fidel.

TONY. ¿Tú te los leíste?

ASUNCION. Yo no lo necesito... Si los americanos vienen, van a morir muchos de nosotros pero también van a morir muchos gusanos, que te aseguro que a ésos los van a poner por delante; tú no ves que los yanquis no son bobos.

TONY. Yo creo que tú no estás muy...

ASUNCION. ¿Muy qué? Lo que yo sé es que el comunismo no va a desaparecer mientras haya gente en el mundo sin poder comer todos los días. ¿Tú crees que yo no veo la foto de esos niños en Africa y en América Latina? Yo no soy una maestra pero hay que ser muy boba, para no saber que la gente no está feliz, sin comida.

TONY. ¿Y aquí?

ASUNCION. Nosotros tenemos lo que nos hace falta; si tú quieres más, puedes comprar las cosas por la libre; el que quiera más de lo necesario que lo pague porque aquí los perros no comen mejor que las personas como sucede en esos países.

ANTONIO. *(Levantándose para perseguir a una cucaracha; la aplasta con el pie.)* Las cucarachas son comunistas. *(La mete en la caja.)*

CORAL. Antonio...pero Dios mío, ¿tú estás loco?, ¿qué tu estás haciendo? Dame acá esa caja...te la voy a botar al medio de la calle... Ya no soporto más... Vas a acabar conmigo. Dios mío, ¿qué he hecho para merecer este castigo?... ¡Dame acá!

Antonio la mira frunciendo el entrecejo. Agarra la caja. La aprieta contra su pecho.

ANTONIO. Tranquila, tranquila...tranquilízate Coral...que te vas a fermentar... Nunca digas nunca.

CORAL. ¿Qué sandeces estás diciendo?...guarda esa caja que te la voy a botar con todas esas fotografías... Tantos problemas en este país y tú, comiendo fango.

Tony, solo, oyendo el radio y dando unos pasos de baile con la música de los "Van-Van".

TONY. Mamacita, qué rico... ¡Soy un bárbaro!

CORAL. ¿Y qué te parece esto?

LULA. La gente vive resignada; los empujan, les dicen que vayan para aquí o para allá y todo lo hacen; no pelean. Son como zombies.

CORAL. Hay mucha hipocresía.

LULA. No sé qué decirle.

CORAL. La gente no es tan boba, pero tiene miedo.

Mime está leyendo el periódico Gramma.

MIME. ¡Qué cojones!... que nos ha tocado vivir una época especial en la historia...que le satisface y lo enorgullece... Este hombre está cada día más loco. *(Pausa.)* Se necesitarán cien años para arreglar esta juventud que han envenenado. *(Vuelve a leer y se irá enfureciendo.)* ¡La era de las bicicletas!... ¡Estamos entrando en la era de las bicicletas![4] *(Tira el periódico violentamente.)* ¡Mierda, coño!.

LULA. Tony viaja mucho; se conoce a todos los países de Europa; el año pasado estuvo trabajando tres meses en Buenos Aires. A veces no lo veo por mucho tiempo... Me hace sentir muy sola.

CORAL. *(Orgullosa.)* Tonito, tú debes ser un hombre muy importante en los Estados Unidos. Viajando como hacen los pinchos...

---

[4] *Gramma Internacional,* 1/7 de abril de 1991, pág. 16.

TONY. No, sólo un arquitecto con demasiado trabajo.

CORAL.Tony, ¿te quedarías en Cuba?

TONY. Abuela, así como están las cosas...

CORAL. No, después...

TONY. No sé.

LULA. *(Sorprendidísima.)* ¿Vivirías en Cuba?

TONY. No sé, he vivido tanto en estos veinte días que mañana cuando me vaya mi vida habrá cambiado.

En los días de la invasión a Playa Girón.

LULA. *(Muy agitada.)* Están recogiendo a todo el mundo.

CORAL. ¿Qué pasa? Cálmate. *(Lula no se calma.)* Cálmate, ¿qué pasa?

LULA. Los americanos han invadido por la Ciénaga de Zapata.

CORAL. ¡Ay, Virgencita! ¿Cómo lo supiste, niña?

LULA. Andan recogiendo a todos los sopechosos, en unos camiones llenos de milicianos.

CORAL. Ay Dios mío, ¡¿Antonio?!

LULA. Seguro que me van a recoger... Nena me tiene ganas desde la muerte de Julio.

CORAL. ¿A ti?

LULA. Dice que yo debo saber muchas cosas.

CORAL. No tienen ninguna prueba.

LULA. ¿Para qué las necesitan? ya prendieron a Gurrumín, a Puchín, al hijo de Julio Suárez; no sé a cuánta gente más.

CORAL. ¿Al hijo de Julio Suárez?

LULA. Cercaron el parque de Placetas, y allí están metiendo a todos los que prenden...como animales.

Tony está solo en el cementerio.

TONY. Papá, abuelo me dio la carta. *(Se la saca del bolsillo.)* Yo no sabía...hay tantas cosas que no sabía; me he enterado de ellas en Cuba. Yo, yo...yo voy a'prender más español y voy tratar de ser un...no sé...de querer Cuba tanto como tú la quisiste. Yo hubiera deseado conocerte y abrazarte... Yo no sabía, pero tú me has hecho mucha falta siempre... *(Saca la billetera.)* Yo tengo tu retrato aquí, yo lo quiero mucho aunque...no sé qué decir. *(Pausa. Otro tono.)* Yo he cambiado.

Guarda la carta; se inclina y toca la tumba con sus dedos, se los lleva a la boca y los besa. La escena vuelve al día de la invasión a Playa Girón.

CORAL. ¿Pero nos dejarán tranquilos? Nosotros no sabíamos nada de esta invasión.

LULA. Seguramente van a venir a buscarme.

CORAL. Vete para Camajuaní...a casa de tu amiga.

LULA. Me llevo a Tonito.

CORAL. Puedes moverte mejor sin el niño.

LULA. No me voy sin él. Si no me agarran, voy a prepararlo todo para irme para Miami.

CORAL. Ven, sal por la puerta de atrás para que Nena no te vea.

LULA. Esa desgraciada un día me las pagará.

La escena siguiente debe tratarse con mucha ternura; es una escena silenciosa donde vemos a Tony, solo, con su abuelo. Le pasa la mano por la cabeza y lo ayuda a colocar los "Héroes" en la caja de zapatos "Amadeo". Después de esta escena y sin que se interrumpa, la siguiente escena toma acción.

LOURDES. Yo creo que Ud. no debe seguir insistiéndole para que vaya.

LULA. ¡¿Yo?!

LOURDES. El dice que va por Ud.

LULA. Es verdad que yo quiero que me acompañe, pero cada día lo veo más embullado con el viaje.

LOURDES. Puede ser peligroso.

LULA. Yo nunca pondré la vida de mi hijo en peligro.

LOURDES. El es muy nervioso.

LULA. Estoy convencida de que debemos ir.

LOURDES. No creo.

LULA. Todos debemos regresar.

LOURDES. Pero hasta hace poco él no se interesaba.

LULA. No...pero hay cambios que no tienen explicación...

LOURDES. Ud. sabe que él salió cuando era un bebito.

LULA. Yo que era casi una niña...lo saqué clandestino; mi único afán al ver que cada día las cosas se empeoraban... *(Convencida.)* El debe ir, conmigo, antes de que yo muera.

LOURDES. Pero Ud. tampoco debe ir.

LULA. Yo debía haber ido hace mucho tiempo.

LOURDES. El tiene mucho trabajo ahora mismo.

LULA. *(Mirándola fijamente.)* Ven acá, ¿qué te pasa? Esto ya es demasiado.

LOURDES. Me da miedo.

LULA. ¿De qué?

LOURDES. Yo no deseo que el pasado se vuelva un presente.

LULA. Después del viaje, después quizás...su vida, la mía... *(Para sí misma. Otro tono.)* Tenemos que enfrentarnos...

TONY. Abuela, mañana es el fin del viaje.

CORAL. No me lo recuerdes; se me vuelve a partir el corazón.

TONY. No abuela, ahora es distinto. Voy a volver pronto y le traeré los niños.

CORAL. ¿De veras?

TONY. De veras.

CORAL. Desde hoy mismo voy a comenzar a ahorrar arroz para cuando vengan.

TONY. Pero eso sí, hay una condición.

CORAL. Tony, qué condiciones le puedes poner a dos viejos como nosotros.

TONY. Que vayan a visitarnos.

CORAL. No, nosotros nunca nos vamos a ir.

TONY. Abuela, no tienes que quedarte; van con un permiso de los que dan y vuelven para acá; abuelo está de acuerdo.

CORAL. ¡¿Antonio?!

TONY. Sí; yo estuve hablando con él y sé que él me entendió.

CORAL. Tu pobre abuelo.

ANTONIO. *(Cargando a un niño, lo alza levantándolo sobre su cabeza.)* Le vamos a poner Julio, igual que mi padre.

CORAL. ¿Y mi papá qué? Yo tengo más derecho que tú porque hace nueve meses que ando cargándolo.

ANTONIO. Vieja, que feliz estoy.

CORAL. ¿Ya ves?, hombre de poca fe, yo sabía que un día íbamos a tener un hijo...

ANTONIO. Es mi felicidad; el día que me falte no quiero vivir.

CORAL. No digas eso que me da escalofrío, ¿por qué nos ha de faltar un día? Un muchacho sano, sin preocupaciones. No vuelvas a decir eso más nunca.

TONY. Quiero brindar por la suerte de haber venido...*(Pausa larga.)* No puedo explicarlo pero ya lo dije, soy otro hombre.

LULA. Quizás nunca vuelva pero quiero que sepan... Es...es un cambio de perspectiva...

MIME. No, no, nada de tristezas que pronto nos vamos a ver.

ASUNCION. *(Mirándolo sospechosa. Bajito.)* Mime, ¿tú no te vas a ir pa'llá, verdad?

MIME. No.

ASUNCION. Júramelo.

MIME. Por el alma de Lenín.

ASUNCION. No, eso no se vale.

MIME. Que se muera Fidel Castro.

ASUNCION. *(Triste.)* Nooo.

MIME. No seas boba. Yo no tengo que irme para ningún lado... Aquí sea lo que sea. *(La besa.)* No seas boba.

CORAL. Han sido los días más felices de mi vida.

LULA. *(Busca una blusa.)* Ah, Asunción, esto es para...tu...para Nena.

ASUNCION. ¿Para mi mamá?

LULA. Sí.

Coral se acerca a Lula.

CORAL. *(Bajo.)* ¿Estás segura...?

LULA. Yo también... *(Pausa. Otro tono.)* Es la única manera.

TONY. *(Con ternura.)* Mami.

LULA. Total, es una simple blusa.

CORAL. Es más que eso, hija.

El único apagón total, rápido.

TONY. ¿Todavía nada?

LULA. Nada.

TONY. No lo puedo creer; tenemos el viaje para el viernes.

La acción y el diálogo se intercalan en esta escena. En Nueva York continúa la escena que estábamos viendo. En Cuba, Coral cierra la ventana y le da un escalofrío.

LULA. De esa gente se puede esperar todo.

TONY. Increíble.

LULA. Dicen que siempre hacen eso... Le dan a uno la visa a última hora. El profesor Martín me contó que a él se la dieron en el aeropuerto de Miami.

TONY. Yo no voy así para Miami, sin saber si vamos a viajar o no.

LULA. Esto no me va a detener.

TONY. *Call the organization that is putting the whole seminar together.*

LULA. Es una cosa que uno la cuenta y no la creen.

CORAL. Dios mío qué viento...parece un remolino...si dejo la ventana abierta, el viento va a entrar y va'tumbar todos los adornos y tus héroes van a volar por los aires...al fin que eso son...papeles que un día volarán... papeles, papeles...ojalá que pronto. *(Pausa.)* No vayas abrir la ventana.

Coral sale. Antonio se levanta y se dirige hacia la ventana. Regresa al asiento, coge la caja de zapatos. (Pausa larga.) Mira a los héroes que ha ido recortando a través de los años, quizás hasta les tiene cariño. Va hacia la ventana. Lentamente la abre. Saca la caja a la calle. Sin dudar, la abre y los papeles comienzan a volar en todas las direcciones, llenando el escenario. Antonio se queda mirando–ensimismado–el espectáculo. Lentamente, también, tira la caja de zapatos a la calle. Coincidiendo con las últimas palabras de Tony, Antonio cierra la ventana.

TONY. Yo creo que debíamos suspender el viaje.

Oscuro.

Jackson Heights, Nueva York
Miércoles, 10 de julio de 1991.

BALADA DE UN VERANO EN LA HABANA
Pieza en tres actos

Héctor Santiago

Para Elizabeth y Olga.

HECTOR SANTIAGO

Nació en La Habana en 1944. A los trece años de edad escribe su primera obra de teatro e ingresa en la Academia Municipal de Artes Dramáticas. En 1959, bajo el nombre de Santiago Ruiz, es becado en el Seminario de Dramaturgia que primero dirigió Mirta Aguirre y después Osvaldo Dragún. Participa como asesor literario, asistente de dirección, actor, profesor de danza, bailarín y coreógrafo en los principales colectivos teatrales y danzantes del país, al mismo tiempo que escribe obras para el movimiento de aficionados y el teatro infantil, con más de diez estrenos y veinte títulos. Trabaja en guiones cinematográficos, en el departamento de danza de la televisión, espectáculos de cabaret, y en el Conjunto Folklórico Nacional. En 1968 es finalista del premio Casa de las Américas con *Dios en el cielo y el diablo en la tierra*. En 1979 abandona el país tras ser expulsado de la Universidad de La Habana, confinado en 1965 en la UMAP (Unidades Militares de Apoyo a la Producción), y sufrir cinco años de prisión en 1970 por intento de salida ilegal. En España adopta el nombre de Héctor Santiago y rinde homenaje a Virgilio Piñera con su primer artículo fuera de Cuba con motivo del fallecimiento del dramaturgo. En 1990 y 1994 es finalista del concurso Letras de Oro; en 1990 alcanza primer accésit del concurso internacional de cuentos Labrador Ruiz; the Presbyter's Peartree Press le ha publicado *Las noches de la Chambelona* (1993), *Rosalba la lluvia* (1995) y *El loco juego de las locas* (1995). *Madame Camille: escuela de danza* fue publicada en **OLLANTAY Theater Magazine**, vol. II, No. 1, *winter/spring* 1994 y traducida al catalán; *Un dulce cafecito* (1994), segundo premio de Teatro Chicano/Latino de la Universidad de Irvine, California. *El día que se robaron los colores* apareció en una antología de teatro infantil, publicada por Arte Público Press, en 1995. Su obra ha sido estudiada por José A. Escarpanter, John C. Miller, Alberto Sandoval y Laureano Corces. *Balada de un verano en La Habana* fue escrita en 1992 y permanecía inédita hasta la aparición de este libro.

PERSONAJES

SANTIAGO
Unos 50 años. También representará al:
PADRE

TERESA
Unos 55 años. También representará a la:
MADRE
MILICIANA

La acción en la casa de los Armenteros Ruiz en La Habana, en los últimos años de la revolución cubana.

Primer acto: Un día de verano.

Segundo acto: Tres días después.

Tercer acto: Tres días después.

PRIMER ACTO

La sala está despintada, con vigas que la apuntalan, el estuco caído, grietas en las paredes donde están las fotos de los familiares con flores secas. Un viejo altar con la Virgen de la Caridad. Al fondo una gran ventana con celosías, donde faltan algunas y se cuela la luz y los ruidos del exterior pese a una cortina. Los muebles muy viejos, rotos, amarrados con sogas y alambres. Sobre una mesa están las barajas, el álbum gastado, el radio, la ouija, el cesto de costura, un vaso con agua. Quizás queda alguna porcelana valiosa junto a un barato adorno de yeso.
Entra Teresa con su luto desgastado y lleno de remiendos, las canas desordenadas, arrastra pesadamente unas viejas pantuflas rotas. Reza ante el altar. Mira por la ventana. Toma un viejo abanico, enciende el radio donde se escucha el tango "Volver". Se balancea en el viejo sillón. No hay cambios de luz o distinción escénica alguna entre el pasado y el presente que debe ser dado por la actuación.

TERESA. *(Desesperada por el calor.)* ¡Ay virgencita de la Caridad! Un poco de agua fría, de aire frío, o lo que sea por Dios. Ya ni milagros te pido. Sólo un vasito con hielo. *(No ve que entra Santiago de traje y con dos maletas muy pesadas, que se detiene a mirarlo todo muy asombrado.)* ¡Coño, si lloviera hielo!

SANTIAGO. *(Se asustó de su grito y la busca en la penumbra.)* ¿Teresa?

TERESA. *(Sin mirarlo.)* Ya se me acabó todo. Vengan la próxima semana.

SANTIAGO. ¿Teresa?

TERESA. Que insistencia Dios mío. Es mejor que se vayan porque el Comité de Defensa tiene los ojos bien abiertos. *(Al ver que no se mueve.)* ¿Qué es lo que quiere?

SANTIAGO. ¿Esta es la casa de los Armenteros Ruiz?

TERESA. ¿Anda buscando a Teresa y no conoce la casa?

SANTIAGO. Es que hace tanto tiempo... Todo esto... Es que está tan oscuro...

TERESA. ¿Y tú quién eres? *(Ambos van al centro iluminado.)*

LOS DOS. ¡Teresa! ¡Santiago!

Teresa pasa de la sorpresa a la frialdad. El se queda con los brazos estirados esperando su abrazo. Ella se arregla un poco y corre a componer la casa.

TERESA. ¿Y cómo es eso? No te esperaba hasta el mes que viene.

SANTIAGO. Había un asiento vacío y me lo ofrecieron.

TERESA. Debiste haberme avisado...

SANTIAGO. Te ves muy bien... Y la casa...

TERESA. Estás sudando. Toma este abanico. Ya estoy acostumbrada...

SANTIAGO. Mi madrina Luz María te pegó esa costumbre de pasarte la vida pidiendo agua, aire frío. Por eso papá terminó comprándote aquel ventilador. ¿Todavía hace tanto ruido?

TERESA. ¡Eso fue en 1954! Tú eres el que debe estar añorando su aire acondicionado de "allá". ¿Quieres agua? Lo que no está muy fría.

SANTIAGO. ¿Y el refrigerador? Ese sí es un campeón... ¡Un Frigidaire de 1955!

TERESA. *(Falsa.)* Lo tengo desconectado por los apagones.

SANTIAGO. Debe ser muy duro para ti.

TERESA. ¿El refrigerador?

SANTIAGO. Todo... Vivir así...

TERESA. *(En la ventana.)* ¡Ay virgencita, ésa cola no camina!

SANTIAGO. Cuando me fui te dejé en la cola y ahora que regreso sigues en ella...

TERESA. Se ha vuelto una penosa costumbre. A ti te llama la atención porque vienes de "allá"...

SANTIAGO. Precisamente por venir de "allá" es que lo encuentro todo tan extraño: el barrio, las gentes, esta casa... Todo está en el mismo sitio donde lo dejé, pero a la vez ya no es lo mismo.

TERESA. El tiempo pasa... Mis hijos decían...

SANTIAGO. ¡Mis sobrinos!

TERESA. Tus sobrinos decían que esto parecía un museo lleno de vejestorios... Creo que respiraron tranquilos cuando se casaron y se fueron. ¡Los hijos siempre se van!

SANTIAGO. Pero tú te has quedado...

TERESA. ¿A dónde iba a ir? ¿La suegra recogida? ¿La abuelita cuidando los nietos? ¿La vieja llena de achaques? Aquí me conozco cada rincón. ¡Soy la emperatriz de la casa! Aquí nací y aquí quiero...

SANTIAGO. No hablemos de eso...

TERESA. Todavía no nos hemos puesto de acuerdo sobre qué vamos a hablar...

SANTIAGO. No quiero hablar de política. Aunque sé que está presente en todo lo que hacemos y decimos. También nos ha separado. ¡La odio!

TERESA. Y ahora nos reúne... Creo que será lo mejor para los dos...

SANTIAGO. *(Señalando al piso eufórico.)* ¡Las letras que hice en el cemento fresco! *(Se arrodilla y toca con ternura, leyendo.)* "Santiaguito 25 de julio de 1944" ¿Te acuerdas? *(Silencio.)* ¡Mi cumpleaños! Necesitaba tanto hasta estas letras. Saber que estaban ahí como yo las recordaba y que no era un sueño. *(Recorre la sala.)* Es como si todo esto fuera un altar a la memoria de los Armenteros Ruiz. Un testimonio del esfuerzo de nuestros padres. ¡Qué tiempos tan felices!

TERESA. ¿Tú crees?

SANTIAGO. ¿Y tú no?

TERESA. A veces no sé qué es verdad y qué es mentira.

SANTIAGO. Una verdad es que antes la casa no estaba apuntalada...

TERESA. *(Evasiva.)* ¡Qué calor! *(Se abanica rabiosamente y se sienta en su sillón.)*

SANTIAGO. ¿Quieres que te compre un aire acondicionado en la tienda de los turistas?

TERESA. No lo necesito.

SANTIAGO. ¡Ese orgullo de los Armenteros Ruiz! *(Se sienta en el otro sillón.)*

TERESA. Es que se va la luz... Claro que no es muy seguido... Pronto podremos resolver eso...

SANTIAGO. Vivo en una realidad tan lejana, que ya se me había olvidado todo lo de aquí. *(Silencio. Se dan balancín.)*

TERESA. Aquí vino el Chino a ver a su hijo. ¿Es verdad que vive enfrente de ti? *(El asiente.)* Llegó diciendo que tú estabas muy enfermo.

SANTIAGO. *(Bruscamente tenso trata de controlarse.)* Debió ser cuando me dio un catarro muy fuerte. Hablemos de otra cosa...

TERESA. Te hubiera podido arreglar tu cuarto. Bueno, no vayas a pensar que es el mismo...

SANTIAGO. Me voy a quedar en el hotel. Tampoco tienes que preocuparte por la comida. *(Intencionado.)* Como traje dólares para mí hay de todo... Así no te quito la comida que...

TERESA. ¡No me estoy muriendo de hambre!

SANTIAGO. Sí, claro... De todas maneras quiero que algún día vayas al hotel a comer conmigo.

TERESA. ¿Podría llevar una cajita para traerle algo a la familia? *(El no entiende.)* ¿No te acuerdas? ¡Una cajita para sacar la comida escondida!

SANTIAGO. ¡Ah sí! ¿Y todavía te sigues poniendo varias veces en la cola, para echar el café en un jarro escondido?

TERESA. ¡Qué calor!

SANTIAGO. ¿No me vas a preguntar por los que se han muerto?

TERESA. ¿Muertos? ¡Qué extraño! Me pareció verlos a todos anoche en el patio.

SANTIAGO. Eso me pasa a mí también. Es que nunca se van del todo. Allá todos están enterrados unos al lado de los otros. Cuando les llevo flores siempre me reciben con la misma letanía: "¿Cuándo nos vamos para Cuba, cuándo nos vamos para Cuba?". Tengo que ponerme a inventarles mentiras: "Que pronto, que en unos meses, que ahora sí, tengan paciencia".

TERESA. ¿Por qué los engañas? Sabes muy bien que esto...

SANTIAGO. ¡Ahórrate el panfleto!

TERESA. Llámalo como tú quieras, del último que espero que entienda algo eres tú. La distancia...

SANTIAGO. Más que la distancia es ese maldito abismo irreconciliable que hemos alimentado durante todos estos años.

TERESA. ¿De un lado tú y del otro yo?

SANTIAGO. De un lado "esto" y del otro "aquello". Y en el medio nosotros. Es la soga común que nos ahorca. ¡Y todo por culpa de esta quimera! ¡La odio!

TERESA. ¿Si tu odio es tan grande por qué te fuiste? Uno lucha por las cosas en que cree. ¡Yo me quedé a defender mis ideales! Desde "allá" todo es muy fácil.

SANTIAGO. Las reglas del juego no eran parejas. Apenas abrí la boca me pusieron preso y si hubiera seguido me hubieran fusilado.

TERESA. Toda causa necesita sus mártires. Aquí tenemos los nuestros. Ustedes "allá" sólo han tenido gritones y cobardes.

SANTIAGO. ¿Qué tú sabes nada de "allá"?

TERESA. ¿Y qué tú sabes de aquí? ¿Lo que dijo un noticiero, lo que leíste en el periódico, lo que dijo alguien que llegó? Hay que estar aquí: ¡Al pie del cañón! Ahora vienes de tu mundo fácil a tratar de pasarme la cuenta.

SANTIAGO. ¡La cuenta ya está pasada!

TERESA. ¿Quién salió perdiendo?

SANTIAGO. ¡Tú y yo! *(Se miran intensamente.)*

TERESA. ¡Qué calor!

SANTIAGO. ¿Quieres ver las cosas que te traje? *(Va a las maletas.)*

TERESA. ¡Te dije que no necesito nada!

SANTIAGO. Te he traído cosas que te son muy necesarias, cosas bonitas. *(Instintivamente ella se arregla el vestido.)* ¡Vamos a abrirlas!

TERESA. *(Persignándose.)* En esas maletas has traído tus muertos de "allá".

SANTIAGO. También son tus muertos. ¿Qué tienen más de malos los míos que los tuyos?

TERESA. No quiero que le vengas con tus tentaciones a los de aquí.

SANTIAGO. ¿Por eso no los has dejado que vengan a saludarme?

TERESA. Están durmiendo, se cansan de tenerme que acompañar en las colas.

SANTIAGO. ¿Tienes miedo de que se quieran marchar conmigo?

TERESA. Tengo miedo a que los ilusiones con tus fantasías. Ya se acostumbraron a no tener una vela que ponerles, flores, ni responsos... ¡Así que cada uno con sus muertos!

SANTIAGO. Papá y mamá querrán estar juntos después de tanto tiempo de separación, abuelo querrá hablar con la abuela, tío Jimmy tendrá que contarle muchas cosas a tía Perica, nuestro primo Tabo preguntará por la tía Perica, Bebo querrá reunirse con los de la banda, Miguel y Mario querrán encontrarse en la plaza chica, Juana la cubana querrá...

TERESA. Deja tranquilo a los muertos. No permitiré que vengas a cambiarlo todo, tú te vas pero yo me quedo con ellos. Cuando todos comenzaron a irse ellos fueron mis fieles compañeros, converso con ellos en los apagones, invento comidas cuando tenemos hambre, cuando la soledad es insufrible recordamos los buenos tiempos. No quiero que los subleves jurándoles que "allá" es un paraíso, que "allá"...

SANTIAGO. ...es uno mismo quien puede elegir entre el bien y el mal, mientras aquí te lo eligen otros.

TERESA. ¿Vas a empezar?

SANTIAGO. Donde mismo lo dejamos.

TERESA. ¿Para eso has venido? *(Silencio. Va a la ventana.)* ¡Esa cola no avanza!

SANTIAGO. ¿No te puedes olvidar de allá afuera y disfrutar de esta felicidad del reencuentro tras veinte años?

TERESA. La felicidad de unos es la infelicidad de otros, si se me pasa el turno de la cola me quedo sin comer.

SANTIAGO. ¡Dios mío si en esta isla un pájaro cagaba y crecía un guayabal, los puercos engordaban con sobras, y cuando el camarón se dormía los cogías con las manos!

TERESA. ¡Para unos era la cagada y para otros la guayaba! Por eso estábamos sedientos de que nos escucharan y resolvieran nuestras necesidades. ¿Ya no te acuerdas de cuáles eran?

SANTIAGO. Bueno... Había un poco...

TERESA. ¡Mentira! Teníamos bastantes problemas, era una sociedad injusta.

SANTIAGO. ¿Y qué importa que sea una mentira? ¡Es nuestra mentira! ¿No estás cansada de creer en las mentiras de los demás?

TERESA. ¿Quieres que sigamos construyendo el pasado y el presente sobre mentiras? ¡Entonces mentiras tendremos en el futuro!

SANTIAGO. ¿Si todos lo son qué hay de malo en volvernos unos mentirosos egoístas? Si no inventamos la Cuba que hubiéramos querido, la que fue y la que es, terminarán por destruirnos.

TERESA. ¡Aquí el escritor eres tú! No tengo imaginación para eso. Aquí hay que tener los pies bien puestos en esta tierra...

SANTIAGO. ¿Qué tierra? ¿La de la vigilancia, las colas, el miedo, las ruinas?

TERESA. La de los barrios de indigentes, las guajiritas prostituyéndose, la corrupción de los politiqueros, los muertos asesinados en las cunetas...

SANTIAGO. ¿Estás hablando de ahora?

TERESA. ¿Por qué no sales a pasear? Dale la vuelta a la manzana...

SANTIAGO. ¿En la esquina no estaba el taller de costura de Lila la Mariposa?

TERESA. Se derrumbó...

SANTIAGO. ¿Y el bar de Yarini?

TERESA. Ahí es donde está el Comité de Defensa.

SANTIAGO. ¿Y la bodega de Agamenón Garrigó?

TERESA. ¡Que sé yo! Desde que llegaste no haces más que avivar el fuego del pasado.

SANTIAGO. ¿No te das cuenta que tu pasado se convirtió en mi presente cuando me fui? Te pregunto por el barrio que yo conocí, no por el que tú conoces.

TERESA. Sólo piensas en ti, en tu pasado. Ya veo que no hiciste el viaje para venir a verme si no para encontrarte.

SANTIAGO. *(Señalando el lugar.)* ¿Quieres que me interese por esto?

TERESA. Tú y yo no vemos las cosas de la misma manera, lo que para ti son ruinas, para mí es el precio de la lucha, pasajeras necesidades. Además... es lo único que tengo.

SANTIAGO. ¡Lo que aceptaste!

TERESA. ¿Acaso tú también no escogiste?

SANTIAGO. ¡A mí me lo impusieron! No me dieron la oportunidad de elegir, pero esto lo escogiste tú. Aunque me lo negaron éste siempre ha sido mi país, yo me hubiera quedado pero me apretaron, me vigilaron, me atacaron.

Si quería sobrevivir tenía que largarme. ¿Y quién fue el verdugo? *(La mira profundamente. Ella lo rehuye.)*

TERESA. Si te hubieras quedado...

SANTIAGO. A mí no pudieron comprarme con una casa, un auto, un puestecito en el gobierno, un librito publicado o un viaje al extranjero. Yo no me fui porque se acabó la Coca-Cola, porque siendo de la élite no me hubiera faltado, ni porque escaseaba el pan, pues con un pedacito que me dieran me hubieran acallado. Yo no acepté los años del horror calladamente y no me fui ahora porque no me está gustando el final de la pesadilla. ¡Yo me fui cuando te pateaban el culo, te gritaban traidor y gusano! No como ahora que vas y pides discretamente tu salida. Te podía haber acompañado en tus vigilancias con el Comité de Defensa y decir a todo que sí como una cotorra, pero yo me fui por convicciones profundas. *(Grita.)* ¡Yo me fui para ser persona! *(Teresa va con prisa y miedo a la ventana y corre la cortina.)* Y tú... ¡Todavía esperando en la ventana, como esperaba tía Sara en el traspatio!

TERESA. ¿De qué me acusas?

SANTIAGO. De haber hecho una mala elección.

TERESA. Fue mi elección, buena o mala he tenido la valentía de pagarla. ¿Y si no te hubieras podido ir, te habrías convertido en un paladín de "tu" libertad?

SANTIAGO. Yo no soy menos cobarde que los demás, me hubieran destruído, quizás habría terminado en el rebaño, pero yo nunca he sabido ser un mediocre.

TERESA. Tú lo que eres...

SANTIAGO. ... "un artista y todos son unos locos y..."

TERESA. ¡Cállate! *(Temerosa, cierra más las cortinas.)* Tú mismo eres quien se bautiza. *(Va al altar.)* Bien sabe el Señor cuanto le he pedido que...

SANTIAGO. Esa es otra de tus contradicciones, das la sangre por una revolución atea y a la vez eres una beata.

TERESA. ¡No me juzgues más! ¿Has venido solamente para explicaciones y reproches?

SANTIAGO. He venido para recuperar estos años de silencio, para comunicarnos y así poder entendernos el uno al otro. ¿Por qué no te alejas de esa maldita ventana?

TERESA. *(A su sillón.)* ¡Qué calor!

SANTIAGO. ¿Cómo está el patio? ¿Todavía existen las rosas de mamá?

TERESA. No pude salvarlas de las bibijaguas... Y eso que sobrevivieron a todas tus orinadas. ¡Mamá se desesperaba cuando olía tu orine en las rosas!

SANTIAGO. Creía que orinándolas podía matar a las bibijaguas, cosas de niños. *(Sonríen.)* ¿Ves que siempre necesitamos de alguien para los recuerdos? ¡Pobre de nuestros padres! Fuimos unos niños bien malcriados.

TERESA. ¿Recuerdas cuando nos peleábamos y me halabas el pelo?

SANTIAGO. Nunca te halé el pelo.

TERESA. ¿Estás seguro? Dame tu mano. Aquí está bien escrito. Esta es la línea de tu vida. Mira, ahora mismo me estás halando el pelo... *(Llorando.)* Papá, papá, Santiaguito me haló el pelo..

PADRE. *(Abrazándola.)* No llores más Teresita. Tu hermano no va a ir al cine en todo un mes. Lo voy a agarrar con el cinturón y le voy a poner las nalgas al rojo. Tiene que respetarte porque eres su hermana. ¡Pobrecita! ¡Mi niña linda!

SANTIAGO. Papá siempre estuvo de tu lado.

TERESA. Y mamá del tuyo, así que estamos parejos, y no te la des de santo... *(Furiosa.)* ¡Tú le arrancaste la cabeza a mi muñeca!

SANTIAGO. Y tú me rompías los libros.

TERESA. ¡Sabelotodo! *(Le saca la lengua.)*

SANTIAGO. ¡Comemierda! Mira que llamo a mamá...

TERESA. Y yo llamo a papá...

SANTIAGO. Desde pequeños nos entrenábamos para la división y el odio.

TERESA. No exageres, de pequeños no se vale.

SANTIAGO. ¿Y de grandes?

TERESA. ¡Qué calor! Las bugambilias deben estar asadas.

SANTIAGO. Menos mal que algo se salvó.

TERESA. ¿"Allá" hay bugambilias?

SANTIAGO. Allá hay hasta de lo que aquí ya no existe, para nosotros aquello es un paraíso.

TERESA. ¡Aquello es un infierno!

SANTIAGO. ¡El infierno está aquí! Otra vez nos estamos peleando. ¿Te acuerdas que la maestra Tulipa nos llamaba "las fieras"? Todavía me lo dice; la semana pasada le hicieron un homenaje. Allá se pasan la vida dándonse unos a otros homenajes, entregándose trofeos, dándose almuerzos y prodigándose vaselina a raudales. *(Ríe.)*

TERESA. Necesitan creer que aún son alguien, y sólo son sombras de un mundo que ya no existe. ¡Qué patético!

SANTIAGO. De todas maneras cuando se escriba la historia, habrá que contar con todos ellos también, ellos fueron los que acusaron cuando nadie les creía, los que mantuvieron viva a Cuba en el exilio, los que jamás perdieron las esperanzas. Y no te creas que entre ellos no hay verdaderas glorias de este país.

TERESA. Aquí no los conoce nadie, lo único que les podemos agradecer es que tanto maltraron a Cuba que nos sembraron el camino para ésta de ahora. *(Santiago se conmueve del dolor.)* ¿No te sientes bien?

SANTIAGO. *(Rehuyéndola.)* No es nada. *(Por romper el silencio.)* ¿Es verdad que los Romaguera se quieren ir? Lo supe por María Antonia.

TERESA. ¡Esa chismosa!

SANTIAGO. Esa chismosa me escribía cuando tú no lo hacías, gracias a eso supe lo que pasaba en la familia y en el barrio. También sabía de...Rafael.

TERESA. Nadie tiene derecho a meterse en la vida de nadie.

SANTIAGO. ¿Y eso lo dices tú que perteneces al Comité de Defensa? ¡Así sí está permitido, pero si lo hace María Antonia! *(Silencio.)* ¿Y quién los está ayudando con los trámites? Yo pudiera ir a la Oficina de Intereses de los Estados Unidos, como soy ciudadano...

TERESA. ¡Mira que renegar de tu patria!

SANTIAGO. La patria es donde te respeten.

TERESA. Ninguno de ustedes se acuerda ya de Cuba.

SANTIAGO. Si fuera así la vida nos iría mejor, nos ahorraríamos miles de dólares y angustias, no estaríamos siempre pendientes de aquí, en este cordón umbilical que siempre nos mantiene entre dos realidades, dos países, dos familias, dos idiomas. ¡Esta isla es como un cáncer!

TERESA. ¿Si es tan mala por qué no la olvidan?

SANTIAGO. Cuando me rompieron el pasaporte en la aduana, creyéndose que con un papel me podían negar la cubanía, no sabían que jamás me quitarían lo que es mío: ¡Esta tierra! No importa si la acompañan los malos recuerdos... ¡Aquí nací!

TERESA. Si la quisieras tanto no te habrías americanizado. "Allá" ya ni recuerdan que son cubanos.

SANTIAGO. Te equivocas, allá contra viento y marea mantenemos las raíces, les enseñamos el español a los niños para que lo aprendan aunque sea maltratado, les gustará el *hot dog* pero les hemos enseñado también a comer arroz con frijoles, y lo mismo bailan con el *rock'n'roll* que con la salsa. Habrá otros que vivan encerrados en sus casonas de Palm Spring...

TERESA. Esos son los mismos que aquí se encerraban en sus casonas de Miramar y le volvían la espalda a los problemas del país. ¡No han cambiado nada!

SANTIAGO. Nosotros sí nos aferramos a la cubanía, para que el exilio no nos devore el alma. Mantenemos vivas cosas que aquí se han olvidado: el tamal, la frita, la guayabera, la Virgen de la Caridad. Así que vamos a ver de qué lado está la cubanía.

TERESA. ¡Aquello es una copia risible!

SANTIAGO. ¡Y esto es el horroroso original!

TERESA. No te permito...

SANTIAGO. No quiero más peleas, he regresado a ponerme en paz con mi pasado, y disfrutar lo que me quede de presente. Necesariamente tengo que hablar de lo que ya no existe...

Tocan en la ventana, Teresa se acerca sigilosa.

TERESA. Dígame, compañera. *(Más amigable.)* No hija, ya se me acabó. Ven la semana que viene. Hasta luego. *(Regresa a él.)* Yo sé que están tratando de sobrevivir, pero me vuelven loca. Bueno, es que los pobres: "Perro que no camina no encuentra hueso".

SANTIAGO. ¿Mamá?

MADRE. Perro que no camina no encuentra hueso, Santiaguito. ¿Cuándo se logrará un poco de paz entre tu hermana y tú?

SANTIAGO. Teresa siempre está diciendo mentiras de mí. Y como papá sólo la quiere a ella...

MADRE. Y yo te quiero a ti.

SANTIAGO. Eres la única que no me encuentras "raro"...

MADRE. Si hasta tengo un escritor en la familia.

SANTIAGO. Papá dice que ésas son cosas de...

MADRE. No le hagas caso. *(Dándole una moneda.)* Vete a comprar un dulce.

SANTIAGO. *(Burlón.)* ¡Mamá me dio dinero para comprarme un dulce y a ti no te dio nada!

TERESA. ¡Basta ya! *(Silencio.)* ¿No me vas a preguntar por Rafael? No me mires así, tarde o temprano lo harías, te lo estoy haciendo más fácil. Pregúntame si sé algo de Rafael...

SANTIAGO. *(Vacila indeciso pero se decide.)* ¿Sabes algo de Rafael?

TERESA. Prefiero decírtelo yo que esa chismosa de María Antonia. Siempre venía a preguntar por ti y saber si le habías escrito...

SANTIAGO. ¡Tú sabes que yo sí le escribía! Ponía la dirección de aquí para no comprometerlo en su casa. ¡Tiene que haberlas recibido! *(Se miran. Ella lo rehuye y va a la ventana. El comprende.)* ¡No puede ser! ¿Entonces durante todos estos años, Rafael se creyó que yo me había olvidado de él? ¿Cómo pudiste hacerme eso, Teresa? Nunca te pedí que lo entendieras, ni siquiera que lo aceptaras. Simplemente que lo respetaras.

TERESA. Uno no puede respetar lo que no entiende.

SANTIAGO. ¿Por eso apoyaste los campos de concentración en Camagüey?

TERESA. ¡Yo no apoyé nada!

SANTIAGO. Al callarte los aprobabas para poner en paz tu moralidad. Ya ves, primero fuimos nosotros y después les tocó a todos los demás. El odio es una avalancha que no se detiene.

TERESA. No sólo fue la revolución. También la iglesia decía que...

SANTIAGO. ¡La iglesia se calló ante los fusilamientos y los atropellos que cometían con todos los que pensaban diferente! De esa manera terminaron aliándose con los verdugos, apoyándolos. *(Furioso.)* ¿Tú sabes cuántos curas hay como yo?

TERESA. ¡No blasfemes!

SANTIAGO. Las glándulas no tienen religión. Lo único es que ellos lo hacen a escondidas y yo tuve el valor...

TERESA. ¡Cállate!

SANTIAGO. Vine para hablar y lo voy a hacer. ¿Tú sabes quién me acariciaba cuando el catecismo?

TERESA. *(Rehuyéndolo, tapándose los oídos.)* No sigas. No te voy a permitir que me sigas atacando. Tienes que respetar mis creencias.

SANTIAGO. ¡Buena mierda: la revolución y tu iglesia! Dos cabronas mentiras.

TERESA. Eres un sacrílego.

SANTIAGO. Sabes muy bien que yo creo en Dios. Sin él no hubiera podido sobrevivir esta pesadilla. En lo que no creo es cuando manipulan a Dios, ni cuando manipulan a los hombres. ¡Estoy harto de que me manipulen, coño!

TERESA. *(Por callarlo.)* ¡Rafael se casó! ¿Te acuerdas de Candita Quintana? La gente se olvidó de lo de ustedes... Ahora en el barrio lo respetan mucho.

SANTIAGO. Me importa un carajo el barrio. Dime si él lo olvidó.

TERESA. Nunca más ha vuelto por aquí, ni siquiera pregunta por ti.

SANTIAGO. Lo hubieras denunciado.

TERESA. No soy tan mala.

SANTIAGO. No hay que ser malo para hacer cosas malas.

TERESA. Hizo lo que tenía que hacer: tú te fuiste y él se quedó. Alégrate que esas cartas nunca le llegaron.

SANTIAGO. *(Furioso.)* ¡Hija de puta, porque tú nunca lo permitiste! *(Se le encima. Ella no se inmuta. El baja la mano y se deja caer en el sillón a sollozar.)* Tú no sabes cómo lo he necesitado en el exilio, lo que ansiaba su amor...

TERESA. ¿Amor? Nunca los he entendido...

SANTIAGO. Parece como si hablara de la peste.

TERESA. He rezado mucho por ti, pidiéndole al Señor que te marque el camino.

SANTIAGO. ¡El Señor me dio este camino!

TERESA. *(Persignándose.)* No digas eso. No sabes cómo ansiaba que cambiaras, soñaba con recibir una carta anunciándome que te habías casado, que ya tenías hijos y no estabas solo "allá".

SANTIAGO. ¿Y a ti de qué te ha valido? ¿Dónde está Chacho, dónde están tus hijos? Yo no tengo que hacerle concesiones a los que no les interesa entenderme, a los que quieren destruirme. No quiero a los que no me quieren, así que tus leyes morales me las paso por el... *(Ella le pone la mano en la boca que él le quita violentamente.)* Le harían la vida tan imposible que lo obligaron a casarse.

TERESA. Se casó porque es lo normal en un hombre.

SANTIAGO. ¡Con esto se nace y se muere! Estoy cansado de ver honorables metiéndose en los baños públicos y las oscuridades. Estoy harto de esconderme, voy a mostrar lo que soy bajo la luz del sol. Y al que no le guste que se vaya a limpiar su propia mierda o me tire la primera piedra.

TERESA. ¡Hay cosas que son del diablo!

SANTIAGO. ¡Comemierda!

TERESA. Si vas a...

SANTIAGO. ¡Me vas a botar como aquella vez? ¿Ya esta no es mi casa? ¿O lo es pero con condiciones? ¡Pues yo no acepto ninguna! Ni de tu revolución, ni de tu iglesia, ni de ti, ni de nadie. *(Grita.)* ¡Es mi vida, coño! Y me ha sido tan corta que no he podido realizar todos mis sueños. ¡Voy a rescatar el amor que tú mataste!

TERESA. *(Deteniéndolo.)* Rafael no quiere verte. Lo vas a comprometer con su mujer y con el barrio. *(Forcejean.)* No vengas a tentarlo con tu veneno y tus promesas. *(El logra echarla a un lado. Ella le grita para detenerlo.)* ¿No te das cuenta que eres un viejo ma... *(El la escupe y se deja caer en el sillón cubriéndose el rostro. Ella muy dignamente se limpia. Largo silencio. Por decir algo.)* Está cayendo fuego. ¿No lo notas?

SANTIAGO. *(Recomponiéndose)* Estás igual que mi madrina Luz Marina.

TERESA. ¡Qué calor!

SANTIAGO. *(Alzando la voz.)* ¿Cómo sigue mi madrina?

TERESA. Se murió hace dos años...

SANTIAGO. *(Respira profundamente su dolor.)* ¿Y no hubo nadie que me avisara?

TERESA. Sólo pudimos llamar a su hermano Virgilio a la Argentina. ¿Te acuerdas de él? Era poeta...

SANTIAGO. El que ustedes decían que me lo había "pegado". Hasta lo querían acusar de "pervertirme".

TERESA. No salías de su casa. Y todos sabían lo que era...

SANTIAGO. ¡Un escritor como yo! ¿Por eso le hicieron la vida miserable? *(Silencio.)* Era el único con el que podía comentar los libros, leer poemas, acuérdate que aquí sólo se leían revistas, *Selecciones* y Corín Tellado.

TERESA. No hay nada malo en eso.

SANTIAGO. Ni en que yo fuera escritor.

TERESA. Nunca hubo ningún artista en la familia, era una extraña novedad, no sabíamos cómo reaccionar.

SANTIAGO. Para no saberlo bastante que trataron de descorazonarme, tratándome com un loco, un vago, un... Cuando todo eso falló simplemente me ignoraron.

TERESA. Eramos gentes sencillas.

SANTIAGO. La sencillez no tiene nada que ver con la inteligencia.

TERESA. El que no nos interesáramos por esas "cosas" no significaba que no te queríamos.

SANTIAGO. En cambio a mí me obligaron a interesarme por todo lo que no me gustaba. Estudié y conseguí ese título sólo por complacerlos a ustedes. Obligado por papá.

TERESA. ¡Papá no te obligó a nada!

SANTIAGO. ¿Te acuerdas del "sietecueros"? Te juro que dolía bastante.

TERESA. ¡Mentira! Papá era... *(Apagón completo.)* ¡Ay Dios mío!

SANTIAGO. ¿No me dijiste que los apagones...

TERESA. No sé qué habrá pasado... Quédate ahí mismo por favor, no te muevas, por algún lado tengo una vela que cambié por cigarros. Ya me acostumbré a la oscuridad y puedo moverme por toda la casa sin problemas.

SANTIAGO. Yo también: ¡la he caminado tanto en Miami! Si me lo hubieras pedido te hubiera traído una linterna y baterías. ¿Hasta cuándo vas a...

TERESA. Es el precio que hay que pagar por construirnos un mundo mejor. ¿Dónde estará la condenada vela? Cuando los apagones duran mucho, yo me voy al patio a coger un poco de aire frío bajo el aguacate. Tu tía Sara siempre se me adelanta... Estoy hablando para que se nos vaya el apagón, así es más fácil.

SANTIAGO. No sé cómo has podido, si tú eras la que le tenía terror a la oscuridad.

TERESA. Teresita envejeció, tanto se acostumbró que ya casi se siente extraña cuando hay luz, como si estuviera entrenada para vivir en la oscuridad, rodeada de animales que se meten dentro de la casa confundidos por una noche prematura. Por todos lados hay tataguas, cigarras, grillos, cocuyos...

SANTIAGO. ¿Quieres que te mande algún insecticida?

TERESA. ¡No! Todos me acompañan, en especial los grillos que me ayudan a no sentirme tan sola.

SANTIAGO. A mí son los flamencos. Me voy a los canales a verlos, siempre me imagino que acaban de llegar de aquí en su emigración.

Ella enciende la vela.

TERESA. El aguacate debe estarlos extrañando. Desde que ustedes se fueron nunca más parió.

SANTIAGO. ¡Al fin alguien que nos extraña! *(Descubriéndolas.)* ¡Las barajas de mamá! *(Leyéndolas a la luz de la vela.)* Aquí se ve a una mujer trigueña que está muy emocionada, y un muchachito que...

MADRE. Santiaguito, haz las paces con tu hermana, niño... Vete a jugar con ella.

SANTIAGO. Es una tramposa y se burla de mí.

MADRE. Esta niña me está acabando la paciencia, después tu padre la defiende. Teresita no te voy a dar más dinero para el cine. No quiero que peleen más.

SANTIAGO. Cuando venga papá ella le dice una mentira y lo convence.

TERESA. ¡Papá, papá! Nunca te perdonaré que te lo hayas llevado.

SANTIAGO. Nadie se llevó a nadie. Era algo que tuvimos que hacer porque la familia lo decidió.

TERESA. ¡Yo no decidí nada!

SANTIAGO. Tu única familia era la revolución... Mamá fue quien me lo pidió. ¿Nunca te lo dijo?

TERESA. ¡Mentira!

SANTIAGO. Pregúntale a madrina, a tía, a la abuela...

TERESA. No me vas a convencer. No tenías que haberte ido, ni haber convencido a los demás.

SANTIAGO. Tienes muy mala memoria. Acuérdate que no me dejaron seguir de maestro, prohibieron mis libros, me encarcelaron. ¿Me fui o me botaron?

TERESA. ¡Eras un enemigo!

SANTIAGO. Ustedes siempre necesitan un enemigo. Pero cuando esto se caiga...

TERESA. ¡Sobre mi cadáver! Eso es lo que ustedes quisieran para volver a lo mismo, teniendo que soportar que vengan de "allá" a darnos órdenes y volverlo a cambiar todo como era la mierda de antes. A ustedes "allá" les convendrá olvidarlo y los jovencitos no lo conocieron, pero yo estoy aquí para recordarlo. ¡Se acabó que un *marine* se le sentara en la cabeza a la estatua del Apóstol Martí en el Parque Central, que los negros no podían entrar a todos lados, los campesinos botados de sus tierras, el analfabetismo, los muertos colgando de las guásimas! *(Santiago aplaude.)*

SANTIAGO. Para lograr todo eso, no había que virar al revés a este país, fusilar gentes, separarnos, tanto odio... Y todo para que ahora...

TERESA. No necesitamos que nadie nos venga a decir lo que tenemos que hacer. ¡Atrás ni para coger impulso! ¡Yo daré mi vida por esta revolución!

SANTIAGO. ¡Pues empieza ya! Compañera miliciana...

MILICIANA. ¿En qué lo puedo ayudar, compañero?

SANTIAGO. Vengo a pedir la salida del país.

MILICIANA. *(Inmediatamente se vuelve fría y déspota.)* Dígame ciudadano: ¿Ya renunció a su trabajo, se borró de la libreta de abastecimientos? *(El asiente.)* Recuerde que si tiene una casa, algún auto, joyas, dinero en el banco o alguna propiedad la tiene que entregar el día del inventario, ahora todo eso le pertenece al Estado. Se le informará al Comité de Defensa para que lo vigile, si intenta sacar algo de la casa lo van a registrar y puede ir preso. Si cuando le llegue el viaje falta algo en la casa, sabe que no podrá abandonar el país. ¿Usted perteneció a los esbirros del régimen pasado? ¿Ha estado preso?

SANTIAGO. Estuve preso en la UMAP, en Camagüey...

MILICIANA. *(Mirándolo sarcástica.)* Por antisocial... Por "eso"...

SANTIAGO. Yo no hice nada, estaba en una parada de ómnibus y...

MILICIANA. ¿Está diciendo que la justicia revolucionaria es arbitraria?

SANTIAGO. *(Miedoso.)* Lo que digo es que fue un error...

MILICIANA. ¡La revolución nunca se equivoca! Hasta que le llegue la salida tendrá que trabajar donde lo mandemos, saldrá una vez al mes de pase si lo mandamos a un campamento, se le pagará a peso la hora, pero se le descontará el albergue y la comida. Un mal reporte de su Jefe de Brigada le puede perjudicar la salida. Los trabajos que tenemos para los apátridas son en una cantera de cal, atendiendo cocodrilos en la Ciénaga de Zapata, cortando caña o como enterrador en el cementerio de Colón. ¿Cuál le conviene más? Para que después no diga que la revolución es inflexible.

SANTIAGO. Quisiera quedarme en la Habana, es que mi mamá está muy enferma...

MILICIANA. ¿Y para qué se va? *(Silencio.)* Preséntese mañana a las ocho en el cementerio. Recuerde que le estamos vigilando cada movimiento y si falta algo en el inventario...

SANTIAGO. ¡Mamá me llegó la salida! Vete conmigo.

MADRE. ¡Ay hijo, te sería un estorbo! Ya estoy vieja, enferma...

SANTIAGO. Tú nunca me serías un estorbo.

MADRE. No me quedo sola. Me cuidará tu hermana.

SANTIAGO. ¡Esa degenerada!

MADRE. No hables así, sea como sea es tu sangre. Y la sangre está por encima de todo. Cuida mucho de tu abuelo, padre, y el resto de los Armenteros Ruiz que se han ido. Ahora tendremos dos familias. Tú verás que allá van a reconocerte como escritor y podrás hacer la vida que quieras. Lo único que te voy a pedir es que jamás regreses en son de guerra para matar a tus hermanos, ni jamás te olvides de tu país. Ni aunque vivas como un rey te vayas a olvidar de la tierra donde naciste.

SANTIAGO. Eso no pasará: Cuba y tú son mis grandes amores.

MADRE. ¿Cómo está Rafael?

SANTIAGO. Destruído, no quiero que me acompañe al aeropuerto, para que no se señale.

MADRE. No te preocupes. Por las tardes nos iremos a sentar bajo el aguacate, como si aún estuvieras con nosotros. *(Se abrazan.)* Tienes que ser fuerte, el exilio es todo un reto. ¿Y tu padre?

SANTIAGO. Se fue a despedir de Teresa.

MADRE. Anoche hablamos como nunca habíamos hecho antes. Le perdoné todas sus mujeres, las borracheras, los maltratos. No se puede vivir toda la vida con el alma llena de odio. ¿Te vas a despedir de tu hermana?

SANTIAGO. No me pidas eso.

MADRE. ¿La última imagen que me vas a dejar es la de ese odio?

SANTIAGO. Lo siento mamá, no me pidas cosas sobrehumanas. Me voy muy dolido y resentido contra toda esta gente convertidas en monstruos. Se nos va a hacer tarde. ¡Papá!

TERESA. ¡Ay papá, quédate! La revolución comprenderá que fue un error pasajero.

PADRE. Hija mía, esto no es un error, es el derecho que todos tenemos de disentir con lo que no nos gusta. Tú sabes como soy yo, me doy un trago y en seguida comienzo a quejarme en cualquier lugar. Mira cómo fusilaron a tu tío Jimmy.

TERESA. ¡A él lo fusilaron por contrarrevolucionario!

PADRE. Aquí pensar por ti mismo, criticar, quejarte es contrarrevolucionario. Además...está tu hermano...

TERESA. ¿Para qué lo nombras si nunca te llevaste con él? Y ahora me abandonas a mí, que te adoro, para irte con él.

PADRE. *(Señalando los retratos.)* Me lo pidió la familia. Aquí van a acabar con él, mira cuántas veces se lo ha llevado la policía en la calle. Ya ni se atreve a salir. Lo tienen acosado.

TERESA. El se lo buscó.

PADRE. ¡Ese odio! Sangre contra sangre...

TERESA. No podré soportar esta casa sin ti, papá.

PADRE. No me lo hagas más difícil, hija. ¿No te vas a despedir de tu hermano? *(Silencio.)* Cuida mucho a tu abuela, a tu madre y al resto de los que se quedan. Ahora tendremos dos familias. Nunca pensé que me vería obligado a dejar esta tierra que quiero tanto. *(Se zafa de sus insistentes brazos y toma las maletas.)*

TERESA. *(Grita enfurecida.)* ¡Que se vayan, que se vayan! ¡Pim, pom, fuera, abajo la gusanera! ¡Esto es socialismo, pa'lante y pa'lante, y al que no le guste que tome purgante!

SANTIAGO. *(Cabizbajo soporta sus gritos.)* Todavía llevo en el corazón tus gritos, parecías una fiera. El odio y la violencia es la única herencia que nos dejaron, nos acostumbraron a ella...

TERESA. Yo no fui quien comenzó.

SANTIAGO. Aquí no empezó nadie, vino el ciclón, nos envolvió y puso a cada uno de un lado distinto.

TERESA. Hay mucha sangre derramada.

SANTIAGO. ¿Hasta cuándo vamos a alimentar a los muertos con esa sangre?

TERESA. ¡Hasta vengarlos!

SANTIAGO. Entonces comencemos buscando a los que hicieron que nuestros padres murieran separados. Como tú que mataste a mamá.

TERESA. A mamá la mató el cáncer.

SANTIAGO. ¡Tu revolución es el cáncer!

TERESA. ¡Siempre serás un traidor!

SANTIAGO. Y tú una mala hija que separó a la familia. *(La discusión aumenta en intensidad.)*

TERESA. Tú fuiste quien la separó al marcharte.

SANTIAGO. Fue por tu culpa.

TERESA. Porque eras un gusano.

SANTIAGO. Y tú una cochina comunista.

TERESA. Vete para Miami.

SANTIAGO. Gracias a Dios, porque en esta mierda no quiero vivir.

TERESA. ¡Contrarrevolucionario!

SANTIAGO. ¡Mala hija!

TERESA. ¡Vete de mi casa!

SANTIAGO. ¡También es la mía!

TERESA. Tú la abandonaste.

SANTIAGO. Me la quitaron.

TERESA. Lárgate a olerle el fondillo a los americanos. *(A la ventana.)* Si no te vas voy a llamar al Comité de Defensa para que te saque a patadas.

SANTIAGO. ¡Chivata! ¡Asesina! *(Sale tirando la puerta. Cae polvo del techo que ella mira temerosa. Patea las maletas. Mira por la ventana. Toma el abanico y se sienta en su sillón. Mira los retratos y estalla en un llanto profundo. Apagón.)*

SEGUNDO ACTO

Ahora en la sala hay un intento de arreglarlo todo y cubrirlo un poco más. Los dos sillones están más cercanos. Entra Teresa más arreglada. Repite todo como al comienzo del primer acto.

TERESA. *(Desesperada por el calor.)* ¡Ay Virgencita de la Caridad! Un poco de agua fría. Ya ni milagros te pido. Sólo un vasito con hielo. *(Entra Santiago con dos bolsas de tiendas. Se detiene.)* ¡Coño, si lloviera hielo!

SANTIAGO. ¡Tere!

TERESA. Desde que se fue papá nadie me llamaba así.

SANTIAGO. Mira lo que te traje del hotel.

Le da las bolsas que tras una indecisión ella toma y abre, sacando un champú, inconscientemente se arregla el pelo. Aspira maravillada un jabón, un desodorante y se huele las axilas y lo mira abochornada. De la otra bolsa saca un sandwich que mira y huele extasiada.

TERESA. ¡Si estuvieran aquí los muchachos!

SANTIAGO. Pero no están y tú sí. Siéntate ahí tranquila a comértelo y olvidarte del mundo. Ayer no te vi comiendo nada.

TERESA. *(Falsa.)* Es el calor...

SANTIAGO. Cómetelo ahora mismo.

La sienta. Ella come con ansias y él no la mira para no abochornarla pues recoge hasta los mendrugos de pan. Ella se da cuenta y comienza a comer con más lentitud y dignidad. El mira las fotos, ella lo ve y apresurada toma la mitad del sandwich, lo envuelve en la servilleta y lo oculta. Termina satisfecha. Busca en la bolsa y fascinada descubre una Coca-Cola.

TERESA. ¡Ay Dios mío, si todavía está fría! *(Se pasa la botella por la frente y el pecho, después la bebe ávidamente, le sonríe y él disimula su pena.)* ¿Me puedo quedar con la botella? Se la quiero enseñar a Erber y Solaina.

SANTIAGO. ¿De dónde salieron esos nombres?

TERESA. Se los puso Chacho...

SANTIAGO. *(Sonríe.)* ¿Dónde se metieron Chucho, Jacinto y José? Ya nadie quiere ser cubano... Todos viven con los ojos puestos en el extranjero. ¡Y dijeron que esto era para librarnos de la influencia extranjera!

TERESA. Yo no quise... Hubiera querido algo del santoral católico. Pero Chacho...

SANTIAGO. Hacía contigo lo que quería. Claro, la mujer para la casa y hacer todo lo que dijera el marido... ¿Y no se suponía que con la revolución vendría la liberación?

TERESA. ¡Qué calor!

SANTIAGO. Me alegro tanto que te hayas divorciado de Chacho.

TERESA. ¿Porque era del Partido?

SANTIAGO. ¡Porque era un sinvergüenza que abusaba de ti! Y esas borracheras cochinas que cogía. No sé cómo pudiste aguantar tanto. Si papá..

TERESA. ¡Papá se fue y yo me quedé! Me encontraba desesperada, sola... Chacho me prometió tantas cosas. El era lo único que tenía.

SANTIAGO. ¿Y aquel sueño de hacerte veterinaria?

TERESA. Llegaron los muchachos, la enfermedad de mamá, los problemas, la casa...

SANTIAGO. ¿Y esos cubos?

TERESA. El aguatero. Hay que hacer unas colas enormes, pero como yo le pago bien me trae el agua a la casa. ¡Cada día suben más los precios!

SANTIAGO. ¿Estás comprando el agua?

TERESA. Me muero si no puedo echarle agua al *toilet* y bañarme. *(Oliéndolo.)* Y ahora que ya tengo jabón... A la hija de Pato Macho se lo mandan de "allá". Ella lo alquila por diez pesos, te bañas y se lo devuelves... *(Finge no ver su asombro.)*

SANTIAGO. Si te hubieras ido con nosotros, cuántas cosas te hubieras evitado. Nunca lo entenderé.

TERESA. Era joven, romántica, apasionada, muy nacionalista. La revolución fue el centro de mi vida. Después tuve que cuidar de mamá; cuando se murió no me fui porque Erber y Solaina no se iban, porque ni su mujer ni su marido se iban, porque sus padres no se iban, porque sus abuelos no se iban... Y siempre me quedaba la esperanza de la revolución: el año que viene se arregla, el que viene, el próximo... Y por el camino llegaron los nietos que me terminaron de atar definitivamente. Como nunca te has casado no lo puedes entender.

SANTIAGO. ¿Me puedes entender tú a mí?

TERESA. No me exijas que comprenda algo que me resulta muy complicado.

SANTIAGO. Para aceptarme como soy no tienes que ir a la universidad. Basta que me tengas un poco de amor y respeto.

TERESA. Eso mismo fue lo que me dijo mamá cuando hablamos de "eso".

SANTIAGO. ¡Al fin se dijo algo cara a cara en esta casa! Porque nos enseñaron que los trapos sucios no se tienden al sol. Y al final nadie entiende a nadie... ¡Pobre mamá! Tuvo que esperar a que la muerte le diera valor para hablar de la vida. Hablar de mi "defecto", según papá.

TERESA. *(Molesta.)* Estamos hablando de mamá.

SANTIAGO. Tarde o temprano a él también tendremos que pasarle la cuenta. ¿Qué dijo mamá?

TERESA. Que lo más importante era que habías sido un buen hijo y "eso" no iba a alterar tus cualidades como ser humano, ni como hijo.

SANTIAGO. ¡Si supieras la falta que me ha hecho! Y ni siquiera tengo unas flores que ponerle en su tumba.

TERESA. Ella sabe que no se consiguen. Lo más importante es que la visites y hables con ella. *(Le entrega unas flores secas y se tiende en el sofá.)*

SANTIAGO. Mamá... Soy yo... Regresé para verte, vieja. No sabes en qué soledad he vivido desde que me fui.. El exilio es muy duro. Papá te manda recuerdos. Y los otros: Tulipa, Caín, Perica, Electra, abuelo Machito... Están locos porque los entierren a tu lado. "Allá" los dejé discutiendo si había espacio en el panteón para todos. Así que prepárate para cuando regresen... *(Le pone las flores sobre el pecho.)* No sé qué decirte en tan poco tiempo. ¿Cómo voy a cubrir tantos años en unos minutos? Ni siquiera el silencio me alcanza. *(Le da un ataque de tos.)*

TERESA. *(Incorporándose.)* ¡Ay Dios mío y no tengo ni un poco de agua fría! *(Sale corriendo. El va calmándose. Entra con un vaso de agua que él bebe.)* A ti te pasa algo...

SANTIAGO. *(Evasivo.)* Es la alergia, no te preocupes.

TERESA. El Chino vino de "allá" diciendo que hay mucho Sida...

SANTIAGO. ¡El Chino es un alarmista y un borracho!

TERESA. Dicen que el Sida...

SANTIAGO. *(Brusco.)* ¡Cambia el tema! Es que si mamá te oye... ¿Te acuerdas cuando me dieron las paperas en la Pascua y ella me volvió loco con sus cocimientos?

TERESA. Fue la tía Perica quien te los hizo.

SANTIAGO. ¡Qué linda Nochebuena!

TERESA. Explotaron seis bombas y la ciudad amaneció llena de cadáveres...

SANTIAGO. ¡No me interrumpas más!

TERESA. Es que no sé de qué Nochebuena estás hablando.

SANTIAGO. ¿Te interesa más la historia que construir un recuerdo? Sólo el pasado nos puede ayudar a llenar el vacío de esta vida tan...

Vuelve a toser. Ella sale, él aprovecha para tragarse una pastilla... Ella regresa con más agua que él bebe. Lo sienta y le masajea el pecho.

TERESA. ¿Estás seguro que no te pasa nada? Si te vas, y me dejas la cabeza llena de ideas, esto se me va a convertir en un infierno.

SANTIAGO. *(Para sí.)* Ya esto es un infierno.

TERESA. ¿Qué dices?

SANTIAGO. Todavía no has abierto las maletas. Siempre me dices que mañana y ya pronto tendré que irme.

TERESA. Si abro las maletas será como reconocer que te has marchado.

SANTIAGO. Santiaguito se quedará contigo para acompañarte. Los recuerdos han resucitado lo que fuimos. Aunque ya él no te halará más los pelos.

TERESA. Ni yo le romperé más los libros...

SANTIAGO. Quiero que abras las maletas antes de que me marche. No sabes cómo soñaba "allá" con la alegría de tu rostro cuando las abrieras. Necesito ver ese sueño realizado.

TERESA. Después... ¿Me trajiste los *jeans* de Erber?

SANTIAGO. ¡Los *sneakers* de su mujer, las baticas de su hija, los espejuelos de su suegro, las medicinas de su suegra, los vestidos de las abuelas, los calzoncillos de los maridos, los *pullovers* del sobrino, el perfume de la tía, las aspirinas de Lengualisa, las medias de Macorina, el reloj de Olga la Tamalera y el cinturón de Pelusa!

TERESA. ¡Dios mío qué caro te tiene que haber costado todo!

SANTIAGO. Un instante de felicidad no tiene precio. Y tú, tan preocupada por todos, no me pediste nada para ti. ¡Pero yo te traje hasta una peluca!

TERESA. ¡Con este calor!

SANTIAGO. Bueno... Es que yo quería... Con ese pelo. ¿Todavía funciona la peluquería de Carlota la del Volumen? Podría separarte un turno.

TERESA. Ya no se llama "Salón Encanto", ahora es la Unidad 2-47. Y ni te molestes: un día no hay tinte, otro no hay champú, no hay agua y los apagones...

SANTIAGO. ¿Para eso le quitaron la peluquería a Carlota? ¡Sólo saben destruir!

TERESA. Eso dice tía Pura.

SANTIAGO. ¡Tía Pura y sus velorios! ¿Cómo está ella?

TERESA. De una cola en otra aquí no hay ya ni tiempo para la familia. No hay transporte para ir a su casa, la última vez que lo intenté estuve tres horas esperando por el ómnibus y tuve que desistir y regresarme.

SANTIAGO. ¿Por qué no la llamas por telefóno?

TERESA. Estaba a nombre de tu prima Sofía. ¿Te acuerdas de "las caderas de Sofía tienen mucha filosofía"? Cuando se fue para "allá" se lo quitaron.

SANTIAGO. Te divorciaste de Chacho, Erber está en Oriente, Solaina se mudó, tus sobrinos no te hablan, no puedes ni visitar a la tía Pura, mi primo Cuco esté preso, mi primo Lalo se quiere ir, fusilaron al tío Jimmy, nosotros estamos "allá" y tú... ¡Qué familia! Y lo más triste es que te enemistaste con nosotros y te quedaste, para mantener unidos a los Armenteros Ruiz. ¿Y al final qué quedó? Unas malditas palabras que ya no tienen sentido: revolución, la familia...

TERESA. Cada cual necesita de sus mitos para sobrevivir, de un refugio para que la vida no te aplaste. Este es mi nido...

SANTIAGO. Pensar que de este nido he salido para tan distintos destinos: cuando me expulsaron de la universidad, el día que prohibieron mis libros, cuando me botaron del trabajo, las recogidas de la policía, la UMAP, la cárcel, el trabajo en el cementerio desenterrando muertos, el maldito exilio...

TERESA. Si hubieras mantenido la boca cerrada, si los demás pudieron no sé por qué tú...

SANTIAGO. ¡A mí no sólo me persiguieron por contrarrevolucionario! También lo hicieron porque no quise vender mi pluma, por lo que "soy"... Persiguieron cada una de las manifestaciones de mi espíritu. ¡Tú lo sabes muy bien!

TERESA. ¡Yo no sé nada!

SANTIAGO. Porque no te conviene ni nunca te interesó, por eso nunca fuiste a verme a la cárcel.

TERESA. ¿Te acuerdas cuando mamá te llevaba los paquetes con comida? ¿Quién tú crees que te los conseguía? ¿Quién se quedaba afuera acompañándola toda la noche?

SANTIAGO. *(Sorprendido.)* ¿Por qué nunca me lo dijiste?

TERESA. No será lo primero que nunca nos hemos dicho. *(Tocan a la puerta, le hace una señal para que no se mueva. Va a la ventana.)* ¿Qué tal, compañera? ¿La guardia del Comité de Defensa? Se me había olvidado, es que estoy muy ocupada. Claro, la revolución está primero. Yo paso después por allá, hasta luego, compañera. ¡Esa andaba espiando! Ya todo el barrio sabe que has llegado. *(Falsa.)* No han venido a verte porque todos están tan ocupados...

SANTIAGO. Por un momento pensé que era Rafael. Quiero darte una carta para él. No temas, no le digo nada de lo que pasó...con las cartas. Ustedes son vecinos y yo me marcho, es mejor que todo siga como hasta ahora.

TERESA. ¿Todavía es tan importante en tu vida?

SANTIAGO. ¡Rafael es mi vida!

TERESA. Te dije que se había casado, que era muy feliz y le iba muy bien...

SANTIAGO. ¿Otra de tus mentiras? ¿Qué le pasó a Rafael?

TERESA. Nada, nada... Pero le puede pasar, últimamente se pone a protestar, se pelea con la gente del Comité de Defensa. Se ha vuelto muy rebelde. Y eso aquí...

SANTIAGO. Entonces no le mandaré la carta para no comprometerlo. Si lo

189

ves le dices que le pido de favor que aguante un poco más: ¡No hay mal que dure cien años ni cuerpo que lo resista!

TERESA. Si tuviera calabaza te hacía un postre.

SANTIAGO. No sabes cómo papá lo extrañaba. Decía que era el mejor del mundo.

TERESA. ¡Así que no lo olvidó! Y yo que creía...

SANTIAGO. No sé qué les diré cuando me pregunten por La Habana. Ha sido como un viaje a la prehistoria: autos del cincuenta, casas en ruinas, la gente... Vi que están quitando todas las cosas rusas. ¡Cuántas gentes fusilaron para ponerlas y hacernos una copia de los rusos, después que no querían que lo fuéramos de los americanos! Y ahora regresan a una cubanía de plumas y brillos para los turistas. Para erradicar la prostitución fusilaron a tío Jimmy y ahora las mulatas ofrecen sus culos a los visitantes. Esa fue la vieja Cuba que desbarataron y para construir la nueva me botaron, para ahora regresar a una mala copia. ¿Entonces para qué acabaron con todo? ¿Para volver a las playas privadas, venderles nuestras tierras a los extranjeros, la droga, la pobreza? Ya había de todo eso y no lo tuvimos que pagar tan caro. *(Teresa corrió a la ventana y le hace señas para que baje la voz.)* Perdóname, es que se me había olvidado. Como ya uno viene acostumbrado a decir "allá" lo que quiera...

TERESA. ¿Vas a ir a perturbarlos en sus tumbas? ¿Qué te cuesta ir a revivirles La Habana de nuestros recuerdos?

SANTIAGO. ¿Más mentiras?

TERESA. Es la única que conocieron.

SANTIAGO. ¿Aunque ya no exista?

TERESA. *(Hacia un costado.)* ¿Te acuerdas, mamá, de la fiesta de San Cristóbal? ¿Te acuerdas, tío Jimmy, cómo nos llevabas a los caballitos? ¡Y las frutas del Paseo del Prado! ¿Y Bebo y su banda tocando en el Parque Central? ¿Y el Palacio de los Gritos en el Coney Island de la playa de Marianao?

SANTIAGO. Creía que sólo en el exilio había nostalgia, pero ustedes también añoran...

TERESA. Existió y con su recuerdo nos basta. Aunque hay cosas de ese pasado a las que no me interesa regresar...

SANTIAGO. Unas de las cosas que vine a hacer fue a emborracharme de nostalgia, para después olvidarla y afrontar el futuro. ¿No comprendes que el pasado es lo único que nos ha mantenido unidos durante todos estos años? Aun cuando no nos escribíamos ni hablábamos.

TERESA. Tenía que cuidar a los niños, atender la casa, hacer las colas... Si reúno todas las horas de mi vida que he gastado en sobrevivir, me darían para otra vida. ¡Todo lo que me he perdido! La vida se me redujo a un pedazo de pan, cómo alargar el arroz, echarle agua al café, cambiar esto por lo otro, qué vendrá mañana a la bodega, qué no me dieron hoy y no saber qué me darán mañana. Ya sé que fue lo que escogí. Si me quejo es para recordarme que todavía no he llegado al límite.

SANTIAGO. ¿Por qué te quedaste mi hermana?

TERESA. ¿Por qué te fuiste, mi hermano? Nunca lo he entendido. *(Se escucha un tenue danzón. Arregla algunos detalles de la casa con cariño.)* Alguien tenía que quedarse como un guardián alerta e inflexible, a cuidar la memoria de los nuestros, a bruñir las lápidas de mármol. Alguien tenía que guardar los recuerdos para que no los dañara el paso del tiempo. Para revisar el eco de las risas, limpiar esta casa convertida en monumento. Alguien tenía que evitar que se borren las fechas de los santos, cumpleaños, aniversarios, bautizos y lutos. Poner la mesa como si estuvieran todos. Alguien tenía que cuidar el cuadro donde abuela baila un danzón y cuando sonara el cañonazo de las nueve, abrirles el álbum para que se fueran a pasear por una Habana de pompa y encaje. Alguien tenía que doblar las sábanas, bordar los monogramas, desempolvar los muebles, hacer el café con leche, archivar los boleros viejos. Alguien tenía que alimentar el árbol genealógico de los Armenteros Ruiz, donde ustedes los ausentes aparecen como heridas que sangran. Alguien tenía que recoger las hojas del aguacate, almidonar el dril cien de papá, ayudar a mamá con las torrejas. ¿Ya vez que alguien tenía que quedarse?

SANTIAGO. *(Por decir algo.)* ¿Estará Roberto en su casa?

TERESA. Él nunca está en su casa.

SANTIAGO. Es la quinta vez que me lo dices. ¿Qué pasa con Roberto? ¿Le pasó algo a mis manuscritos?

TERESA. Confiaste más en él que en nosotros para dárselos.

SANTIAGO. Roberto era mi mejor amigo, y tú eras mi enemiga...

TERESA. ¿Y mamá, abuela, tía Pura, los otros?

SANTIAGO. No podía dejarlos a tu alcance, los hubieras destruído. Quizás se los hubieras dado a la Seguridad del Estado. *(Ella se conmueve.)* Es que eran los tiempos del fanatismo...

TERESA. Nunca hubiera perjudicado a la familia.

SANTIAGO. El día que nos fuimos nos gritaste que tu familia era la revolución.

TERESA. ¡Qué calor!

SANTIAGO. No te refugies más en el calor y enfréntate a las cosas.

TERESA. *(Súbitamente envejecida, cansada.)* Todos hemos pagado nuestro precio y ha sido bien caro.

SANTIAGO. Quiero llevarme mis manuscritos. Es lo único que sobrevivivió a la requisa que hizo la Seguridad. Le estoy muy agradecido a Roberto por haberlos escondido durante todo este tiempo. ¡Voy a buscarlos!

TERESA. A la semana de haberte ido Roberto me vino a ver. Tenía miedo y quería quemarlos. Estaba aterrado y yo sabía que tarde o temprano lo haría... Todos estos años han permanecido enterrados al pie del aguacate.

SANTIAGO. ¡Tú!

TERESA. Sabía que esos manuscritos eran muy importantes para ti. Anoche los desenterré. *(Saca el paquete escondido debajo del sofá. El los toma emocionado.)* Vigilaremos a los que nos vigilan y cuando nos den un chance te los llevas. No me des las gracias, alguien tenía que hacerlo. Ya ves: no somos totalmente malos ni totalmente buenos. Sólo necesitamos ser simplemente humanos, entonces aparecen las sorpresas.

SANTIAGO. ¿Leíste algo?

TERESA. Yo.. Es que.. Se me rompieron los espejuelos... A veces uso los de mamá.

SANTIAGO. Ni cuando los tenías te interesaste.

TERESA. Mi mundo nunca fue más allá de cocer, planchar y cocinar. Mamá sí leyó algunos...

SANTIAGO. ¿Dónde están los espejuelos de mamá? *(Ella le da los espejuelos y él se los pone. Ella lee.)*

MADRE. Quiero de ti para contigo
en el sagrado envoltorio de la noche,
bajo el ancho abrigo de tu nombre,
tenderme desnudo ni mujer ni hombre;
tan sólo sangre y piel de nuevo concebido.

Imprevistamente se quita los espejuelos.

TERESA. Casi la haces llorar. Sara y ella siempre fueron muy románticas...

SANTIAGO. Me hubiera gustado preguntarle si le gustó. A ti ni te pregunto...

TERESA. Me exiges demasiado al pedirme que entienda tus "cosas".

SANTIAGO. ¿Ahora se llama así? "Rarezas, extraño, confuso, diferente, anormal, desviado". Cuántas palabras para hablar de lo que no se quiere hablar. ¿Sabes una de las cosas buenas del exilio? ¡Me liberó de la tiranía de las palabras! Eso que aquí es un estigma allá dejó de tener sentido para mí: "revolución, compañero, antisocial, gusano, vendepatria"... Pura palabrería. Y por último aprendí a no abochornarme de que soy un...

TERESA. *(A la ventana.)* ¿Qué dirá la gente?

SANTIAGO. Lo mismo que siempre han dicho, pero ya no pueden herirme porque esa palabra para mí perdió la vergüenza. *(Grita.)* ¡Soy un...

TERESA. ¡Respeta mi casa!

SANTIAGO. ¿Ya no es también la mía? *(Silencio. Se escucha el viento.)*

TERESA. *(Aireándose el vestido.)* Si fuera un poco de aire frío... Pero es este bochorno caliente que se cuela por los huecos, las grietas, el cuarto sin techo de papá. Solamente en el patio hay un poco de brisa. Allí no hay colas, necesidades, ni vigilancias. Sólo abuela tejiendo, mamá leyendo sus novelitas, tío Jimmy con su habano, tía Sara con sus poemas de amor, los demás en lo suyo y yo rezando mi rosario.

SANTIAGO. No sabes cuántas veces he cerrado los ojos y he venido a sentarme con ustedes. Tirándole piedras al pozo...

TERESA. Se secó...

SANTIAGO. Dándole de comer a las palomas...

TERESA. Los vecinos se las comieron...

SANTIAGO. Buscar dónde se enterró la jicotea en el patio...

TERESA. Desapareció para siempre...

SANTIAGO. Comerme los higos...

TERESA. La mata se secó...

SANTIAGO. ¡Dios mío! ¿Qué queda?

TERESA. Tu memoria.

SANTIAGO. ¿Para qué hacía falta tanto sufrimiento?

TERESA. Hablas del sufrimiento como si fuera algo que sólo le pertenece al exilio. Aquí también hemos pagado nuestra cuota, mamá y yo aguantando sus insultos, borracheras, calladas para no perjudicar a la familia.

SANTIAGO. Papá siempre fue...

TERESA. ¡Estoy hablando de Chacho! No los compares.

SANTIAGO. Papá también fue un borracho y un mujeriego que...

TERESA. ¡Mentira! Si papá hubiera estado aquí, ese degenerado no me hubiera hecho lo que me hizo.

SANTIAGO. ¿Qué te hizo Chacho? *(Ella lo rehuye, va detrás.)* ¿Qué te hizo? ¡Mamá me lo dirá!

TERESA. Déjala tranquila... Chacho se fue con Rosa la China. Me dejó sola con los muchachos en esta maldita casa. *(Se sienta a llorar.)*

SANTIAGO. *(Acariciándola.)* No tenía la más mínima idea. ¡Degenerado!

TERESA. Viviendo enfrente de mí con esa perdida. Me comportaba como la señora que soy, pero por dentro quería arrancarles el corazón. ¡Ha sido un infierno!

SANTIAGO. ¿Entonces has tenido que hacerle frente a todo tú sola?

TERESA. Si papá hubiera estado aquí...

PADRE. ¡Teresa! ¡Hija!

TERESA. ¡Papá! ¿Cuándo llegaste?

PADRE. Nunca me he ido. No sabes cuánto te he extrañado. ¡Y tu dulce de calabaza! ¿Y mis nietos que no conozco? No nos mandaste ni una foto, ellos nunca nos han escrito. ¿Por qué, Teresa? *(Silencio.)* Prométeme que me vas a enterrar junto a tu madre... Tengo que contarle muchas cosas, volverle a pedir que me perdone.

TERESA. Ella también me pregunta mucho por ti.

PADRE. Quiero que hagas las paces con tu hermano. Trata de entenderlo. Tu madre y yo nunca debimos de haberlos separado con nuestro favoritismo. ¡Y mira ahora qué separados estamos! Me tengo que ir Teresa...

TERESA. ¡No te vayas papá! ¡No me dejes sola! ¡Tengo miedo!

PADRE. ¡Más miedo tengo yo a que me dejen "allá! Adióoooos...!

TERESA. ¡Papá!

SANTIAGO. Se ve que lo extrañas. *(Saca de su bolsillo un recorte de periódico que lee.)* "En paz descanse el señor Romelio Armenteros. Dispuesto su entierro para el miércoles día cinco de abril de 1983, a las nueve y treinta de la mañana. Los que suscriben, su hijo Santiago, familiares y amigos, ruegan a las personas de su amistad se sirvan concurrir a la Funeraria Vida Eterna, sita en la Calle Ochenta del South West en Miami, para desde allí acompañar el cadáver al cementerio Woodlawn Park North. Favor que agradecerán eternamente". *(Se lo da.)* Cuando todos estén en el patio se los lees. *(Otro tono.)* ¿Y nunca se supo dónde enterraron a tío Jimmy?

TERESA. *(Mirando temerosa a la ventana.)* No sé... Ellos nunca dicen.

SANTIAGO. ¡Hasta les roban las lágrimas a los muertos! *(Ella va con sigilo a la ventana.)* ¿Tienes miedo? Podemos hablar con el silencio: es lo único que sabemos escuchar. *(Aquí comienza un diálogo simultáneo de los dos que se unirá en la última palabra.)* Todo nos pasó porque nadie escuchaba. Nos hubiéramos evitado tantos horrores, sólo supimos seguir como las ovejas al primero que nos engañó, atacamos a los primeros que se dieron cuenta, callamos a los que protestaban. Y en un país de delatores y chismosos, por conveniencia escogimos ser mudos, sordos y ciegos. Y alzamos la mano apoyando lo que no conocíamos. Nos sacrificamos para que otros vivieran como reyes. ¿Entiendes?

TERESA. Ya no vale la pena seguirse quejando ni escuchar recriminaciones. Lo que pasó pasó y es mejor no seguir arrastrando las culpas, hay que seguir hacia delante y no mirar atrás. No podemos pasarnos la vida culpando las decisiones de los otros. Tenemos hasta que respetarnos los errores. De lo contrario nos va a devorar el infierno. Se nos va a ir la vida peleando y sin jamás ponernos de acuerdo. ¿Entiendes?

SANTIAGO. ¿Qué decías?

TERESA. ¿No eres tú el que hablaba? *(Se abanica.)* ¿No te molesta el frío de Miami?

SANTIAGO. ¿Frío? ¡Si aquello es una bola de candela!

TERESA. Me refiero al frío del exilio. ¿No te sientes muy solo?

SANTIAGO. Tanto como tú.

TERESA. Me ayuda el tener aquí a mis amigos, las calles que conozco, mis muertos, mi patria...

SANTIAGO. La patria es donde te valoran y te respetan.

TERESA. También puede ser un veneno lento que nunca se te va de las entrañas. ¿No echas de menos estas palmas, el cielo, el aire...? Mientras yo siga aquí la tierra me alimentará el espíritu. Tú en cambio dejas la huella del exilio en todo lo que haces y dices. Hasta mamá lo ha notado.

SANTIAGO. La libertad tiene su precio.

TERESA. ¿Nunca has visto un ratón huyendo? Es capaz de comprimirse, alargarse o empequeñecerse, para poder escapar por un huequito imposible. Te podías haber escapado como un ratón. Siempre hay alguna manera: éste siempre ha sido un país de ratones. Aún en luchar por sobrevivir hay dignidad. Pero los que se fueron...

SANTIAGO. Este siempre ha sido un país de guerreros pero no de mártires. Si me hubiera quedado habría sido una protesta solitaria y estúpida. ¿Cómo le iba a mostrar el sol a los ciegos? Creían que sólo ellos tenían la razón, ahora resulta que no hay razón alguna, ni de un bando ni del otro. Al final lo único que queda es que estemos juntos de nuevo.

TERESA. Quizás estamos más separados que nunca. Muchos creen que ellos se quedaron con Cuba y ustedes la perdieron, que la cobardía de los que se fueron los despojó de la cubanía.

SANTIAGO. Desde que me bajé del avión estoy buscando esa cubanía. Yo les preguntaría a ésos dónde están los vendedores de maní, el coquito prieto, la rumba... Parecerá un cliché, pero ni tú misma me has podido recibir con la típica hospitalidad cubana: porque también Cuba estaba en el vaso de agua fría y la taza de café.

TERESA. *(Falsa.)* Es que me agarraste desprevenida.

SANTIAGO. *(Burlón.)* ¡Es madera de estoica que tienes!

TERESA. Los que nos quedamos no somos héroes, al menos no más que ustedes. Simplemente que aquí somos de acero y la realidad cada día te endurece más. Cuando crees que has llegado al límite descubres que aún puedes un poquito más, más, más...

SANTIAGO. ¿A quién le pediste prestado estos muebles? *(Silencio.)* No te di tiempo para limosnear por ahí las cosas para engañarme, los espejismos de la mentira con que comprarme la conciencia. ¿Y ese ruido?

TERESA. Debe ser la abuela buscando a Fico...

SANTIAGO. ¡Gato ladrón! ¿Todavía te roba los pescados?

TERESA. ¡Los gatos no duran treinta años! El pobre ya no podía ni con su alma.

SANTIAGO. ¡Y me imagino que los pescados...

TERESA. La que todavía está viva con sus palabrotas es la cotorra de Tulipa. Apenas me ve comienza a gritar: "¡Teresa, Teresa, puta, puta!". *(Ríen.)* Le he prometido que un día voy a retorcerle el pescuezo, pero siempre termino llevándole su pedacito de pan. Es una de las pocas cosas de antes que aún me quedan con vida.

SANTIAGO. Debe ser muy difícil alimentar a un animal con esta situación. Me dijeron que los están botando para la calle, pero yo no he visto ninguno. Dicen que se comieron un avestruz en el zoológico.

TERESA. ¡Siempre hay algún degenerado!

SANTIAGO. La persona que se come un avestruz no lo hace porque es un degenerado, lo hace porque tiene hambre. Oí decir que a los gatos...

TERESA. *(Va presurosa a la ventana.)* ¡Te van a oir! *(Bosteza.)*

SANTIAGO. ¿No estás durmiendo bien? ¿Quieres una pastilla?

TERESA. Es el miedo...

SANTIAGO. ¿Qué tipo de miedo?

TERESA. ¿Hay tipos de miedo?

SANTIAGO. ¿Te acuerdas cuando le teníamos miedo a la oscuridad y nos íbamos para la cama de nuestros padres? No nos dormíamos hasta que nos hacían un cuento. Tu preferido era el de Pancho Jutía. *(Toma un libro. La sienta en sus piernas. Ella se chupa el dedo. El lee.)* "Había una vez el guajiro más bruto del mundo: se robaba el hielo creyéndose que eran diamantes. Se llamaba Pancho Jutía y estaba enamorado de Juanita Cundiamor, pero ésta también era pretendida por Taita Jicotea y Taita Ciervo. Cansado de esa competencia un día Pancho Jutía se fue a ver al diablo y...

Tocan a la puerta y ella corre a la ventana a mirar.

TERESA. Es es el hijo de Lila la Mariposa.

SANTIAGO. Dile que estoy aquí.

TERESA. Oye, Yarini. ¿Tú sabes quién está aquí? ¡Santiago! Vino de "allá". Entra para que lo veas. Entiendo, no tengas pena, después te devuelvo la tijera. *(Regresa a él.)* Es que tiene que ir a trabajar...

SANTIAGO. *(Falso.)* Entiendo. *(Mira por la ventana.)* Mira esos rostros en la cola de la bodega, parecen muertos en vida, gentes sin esperanza ni futuro.

TERESA. *(Apartándolo de la ventana.)* Te va a oir el Comité de Defensa.

197

Acuérdate que has venido con pasaporte cubano y estás sujeto a las leyes cubanas, te vigila la Seguridad cubana y te puede condenar la justicia cubana. Al fin reconozco uno de tus viejos rostros: ¡el del miedo!

SANTIAGO. Es extraño sentirlo después de haberlo olvidado. Es lo único que no se ha muerto en esta casa, hasta tú espías a los que te espían.. Así te dejé y así te encuentro. Es la herencia de un miedo que no muere nunca porque todos lo alimentamos. Ahora he tenido que reprogramarme para lo que no puedo decir, lo que no puedo hacer, lo que no puedo pensar. No quiero que mamá me vea el miedo. ¡Su cesto de costura! Siempre se ponía a tejer debajo del aguacate. *(Abre el cesto, le da a ella un atado de cartas y él toma otro. Se sientan a leerlas.)* ¡Huelen a mamá!

MADRE. "La Habana, cinco de julio de 1966. Querido Santiago: espero que al recibo de la presente se encuentren bien. Hace sólo una semana que se marcharon y los extraño como si hubiera sido un siglo. Tu perro Osiris se murió, tu hermana lo encontró muerto debajo de la cama".

SANTIAGO. ¿Estás segura que ella no lo mató?

MADRE. No digas eso, ella lloró mucho y lo enterró al pie del aguacate. Pero tú sabes cómo es Osiris: se pone a ladrar y hasta que no juegan con él no se está tranquilo. Si escucha tu nombre para las orejas y se pone a buscarte. Tampoco deja de perseguir a Fifo. Perdona que te escriba estas boberías, pero nuestra vida no es muy excitante. Teresa dice que la vida en Miami es muy dura para los exiliados, que los americanos los discriminan y todos están pasando mucho trabajo y limpiando baños. Los quiero mucho. Escríbeme pronto. Los quiero mucho. Tu madre, Zenaida".

SANTIAGO. "Miami, treinta de junio de 1966. Querida mamá. Recibí tu primera carta, no sabes la alegría que nos dio. Enfrente de nosotros vive el Chino; se pusieron muy triste al saber que te quedaste. Osiris es otra cosa más que pierdo. Miami es un pantano lleno de viejos retirados, pero yo sé que lo vamos a parar con mucho sacrificio y trabajo, porque por ahora ésta será la patria de nuestra espera. Te voy a mandar las medicinas. Dile a Teresa que no te llene más con su veneno. Recuerdos a todos. Tu hijo, Santiago".

MADRE. *(Evidentemente aquejada de un dolor.)* "La Habana, quince de noviembre de 1968. Querido hijo: yo estoy muy bien... Dice el doctor que el cáncer está controlado. Cuida mucho a tu padre y al resto de la familia. Besos de tu madre, Zenaida".

SANTIAGO. "Miami, seis de julio de 1970. Querida mamá: ¿Por qué no me escribes? ¿Qué te sucede?" ¡Mamá!

TERESA. "La Habana, dos de noviembre de 1970, Hermano...".

SANTIAGO. ¿Teresa?

TERESA. Mamá...

SANTIAGO. "Miami, cinco de abril de 1983. Teresa, no te había escrito antes porque papá..." *(Se abrazan.)*

TERESA. Mejor guardamos las cartas, mamá tiene que descansar. Y tú también, mira lo pálido que estás. ¿Te sientes mal?

SANTIAGO. *(Falso.)* Es el calor...

TERESA. Voy a ver si te consigo en el barrio un poco de agua fría, la Macorina vende los vasos a cinco pesos.

SANTIAGO. *(Mirando dentro del cesto.)* ¿Y esas cosas?

TERESA. Cosas de mamá. *(Mostrándoselas.)* Un bucle tuyo de cuando eras niño, tu cordón umbilical, mi primer dibujo del kindergarten, tu primera medalla de la escuela, mi primer diente, el anuncio de nuestra primera comunión, el broche de mamá... Seguro que se lo quitó mientras estaba cosiendo y se le olvidó. Debe de estar aquí desde que se murió.

SANTIAGO. ¿En todo este tiempo no lo habías abierto? ¿Esperabas por mí? *(Silencio.)* Es una fantasía barata, pero la prefería a todas sus joyas. Fue el primer regalo que le hizo papá cuando eran novios. Siempre le gustaba guardar recuerdos. Creí que iba a encontrar muchos cuando entré a su cuarto.

TERESA. ¿Entraste al cuarto de mamá?

SANTIAGO. ¿No te convenía que lo hiciera?

TERESA. No sé de qué estás hablando.

SANTIAGO. *(Furioso.)* ¿Por qué el cuarto de mamá está vacío?

TERESA. ¿Vacío? ¡No puede ser!

SANTIAGO. No dejaron nada: la ropa, los adornos, el colchón, algunos muebles. ¿Cómo te atreviste? ¡Jamás te lo perdonaré! ¿Creías que me iba a ir sin descubrirlo?

TERESA. ¡Te juro por la memoria de mamá que yo no sabía nada! No tengo la más mínima idea de qué pudo haber pasado, jamás volví a entrar a su cuarto. ¿No me crees? Pregúntaselo a ella. *(Va al extremo.)* ¡Mamá!

SANTIAGO. Déjala tranquila. Alguien tuvo que hacerlo: Chacho se fue antes de que se muriera mamá, aquí no ha entrado nadie y según tú jamás has dejado la casa sola por mucho tiempo.

TERESA. Bueno... Estuve cuidando a tía Pura por unas semanas en su propia casa, pero los muchachos se quedaron aquí...

SANTIAGO. ¡Tus hijos! ¡Fueron ellos! Saquearon el cuarto cuando tú no estabas.

TERESA. ¿Mis hijos? ¡No puede ser! Les dí una educación sólida, les inculqué una moral cristiana, siempre han visto en mí un ejemplo. Tiene que haber otra explicación. ¡Erber, Solaina! ¡No!

SANTIAGO. Cuando salían allá afuera aprendían a robar, veían que el que no robaba no conseguía nada, y como era el gobierno y su gente los que lo tenían todo, ni siquiera lo veían como un robo sino como una manera de subsistir. ¡Esto se ha convertido en un país de ladrones sin serlos! Pero lo que más me molesta son las joyas de mamá.

TERESA. Ellos no tienen nada que ver con eso. Cuando mamá se puso muy enferma le tuve que comprar la comida en bolsa negra. La gente no quería dinero, Erber tenía un contacto en la embajada mexicana, querían joyas y antigüedades, cuando se acabaron las de mamá vendí las mías... Después se cayó el techo del cuarto de papá y vendí algunos muebles, pero era para comer...

SANTIAGO. ¡Cómo han lucrado con la tragedia de este pueblo! Lo han ido saqueando poco a poco. ¡Y ésos eran los que iban a defender el patrimonio nacional! Y tú que te proclamabas la guardiana... ¡La herencia de los Armenteros Ruiz! ¡Otra cosa más que se fue a bolina! ¿Creías que nunca más íbamos a regresar? ¿Que no preguntaríamos por lo que faltaba?

TERESA. *(Furiosa.)* ¡Aquí la única herencia era el hambre! ¿Me iba a quedar viendo cómo mamá se consumía y no tenía ni leche que darle? ¿Le iba a dar de comer sus joyas? ¡Es muy fácil venir de "allá" erigiéndose en juez! ¡Pero yo fui la que se quedó en la candela: buscando un clavo para la casa, cubriendo los huecos con cuadros, cambiando mis recuerdos por una lata de pintura! ¡Y ahora viene el rey a reclamar su "herencia"! Directo de su aire acondicionado. ¿Qué hubieras hecho tú? ¡No me jodas! *(Silencio.)*

SANTIAGO. *(Por decir algo para aliviar su bochorno y culpa.)* No pude encontrar el patio...

TERESA. *(Fría y distante.)* ¿Ya se te olvidó la casa?

SANTIAGO. Se me olvidó ésta de ahora. Buscando la que Santiaguito conocía me perdí por los pasillos, tratando de reconocer las nuevas grietas y el último despintado...

TERESA. No exageres, sigue siendo la misma casa, el patio donde jugábamos...

SANTIAGO. Donde jugaban ellos: los que ya no somos. Mi memoria me guiaba por un mapa con muebles que ahora están rotos o no existen, buscaba un color que se borró de las paredes, la casita de las palomas, la cama de la abuela donde brincábamos, el cuarto del tío Jimmy lleno de las fotos de sus viajes... Esas eran las cosas que me permitían en el exilio revivir esta casa. ¡Ahora me quedé sin sueños y me quedé sin casa!

TERESA. Todavía utilizo la vieja cocina de piedra.

SANTIAGO. En ella busqué el olor del mojo criollo con el que adobábamos el lechón de la Nochebuena... Quise oler la natilla de la abuela... Ver tu dulce de calabaza...

TERESA. Bueno, todavía hay veces que...

SANTIAGO. ¡No me sigas remendando el pasado! ¡No estoy ciego!

TERESA. Todavía es la casa de los Armenteros Ruiz. Si te callas escucharás nuestros juegos atrapados en los cuartos, mis gritos en el patio cuando me perseguías con las lagartijas, nuestras risas cuando nos cogíamos los tostones, tu llanto cuando te daban el aceite de bacalao. Esas huellas están por todas partes, yo les quito el polvo y las pulo. Nadie te puede cambiar lo que has vivido. Y cambia esa cara, acuérdate que papá decía que los hombres no lloran.

SANTIAGO. Cada Nochebuena se escondía de nosotros para que no lo viéramos llorar.

TERESA. ¿Papá llorando? ¡Si él era tan fuerte!

SANTIAGO. Allá no hay nadie fuerte. Cuando estábamos comiendo él decía: "Teresa tiene hambre". Cuando en mis vacaciones me iba de viaje veía el pedacito de cielo de la celda de tío Jimmy. Si abuelo se compraba una ropa decía: "Se le acaba de romper el vestido a tu abuela". Ustedes nos convertían en amarga el azúcar. No hay manera de que te libres de ese cuchillo ni siquiera en medio de la risa, ésta se transformaba en el llanto de tía Pura. Es algo que vuelve y vuelve para quitarte un poco más de vida, para darte un poco más de culpa cuando te tomas el café...

TERESA. ¡Qué extraño! Cuando se me acababa el azúcar yo sentía el dulzor de la que le echabas "allá" a tu café, si lloraba yo sabía que ustedes se reían en ese momento, cuando remendaba mis vestidos veía el color del que tía Perica había escogido. Ustedes me convertían el mendrugo en pan de gloria. Nos consolaba saber que al menos ustedes no pasaban necesidades. Eso nos daba un poco más de vida... ¿Por qué lloraba papá?

SANTIAGO. Ya cada fin de año esperábamos su letanía: "Aquello ya no dura mucho, pronto nos volveremos a reunir, verán que ahora sí". Cuando llegaba la próxima Nochebuena y no había regreso se iba apagando como una vela. Después ni esperaba... Finalmente se apagó...

TERESA. Mamá también te esperaba...

SANTIAGO. La desgracia de este pueblo es que siempre estamos esperando: por los americanos, los lidercillos que iban a arreglarlo todo, los politiqueros que prometían sin cumplir nada, la revolución para que hiciera justicia, la condena cumplida para salir de la cárcel, el cuerpo de los fusilados para llorarlos, la salida del país, en el exilio esperando el regreso, ahora nosotros por ustedes y ustedes por nosotros. ¡Hasta los muertos están esperando!

TERESA. Siempre que visualizaba el exilio los veía a ustedes felices, satisfechos, con grandes casas, el último carro, llenos de dólares, gozando la dulce vida y olvidados de nosotros.

SANTIAGO. Ese fue un exilio que te inventaste. Son los espejismos de la separación que nos vuelven unos extraños, y como no podemos fantasear con nuestra realidad, fantaseamos con las del otro. Quizás es que necesitamos soñar para sentirnos vivos.

TERESA. Hemos terminado por ser parte del sueño. Quizás un día nos desvanezcamos con el nuevo día.

SANTIAGO. El sueño fue esta maldita locura llena de ruinas. *(Se tambalea.)*

TERESA. ¿Qué te pasa?

SANTIAGO. *(Falso.)* Debe ser la presión... El calor... Ya se me pasará...

TERESA. ¿Y si papá pregunta por sus nietos le vas a decir...

SANTIAGO. No te preocupes. Ellos no tienen la culpa: son producto de todo esto. Quizás habría que perder esas cosas para ir comenzando a perder el pasado.

TERESA. No nos dimos cuenta cuánto crecimos y se nos complicó la vida. ¿A veces no quisieras volver atrás?

SANTIAGO. *(Se pone el broche.)* Es hora de dormir, Teresa. *(La sienta en sus piernas y le canta; ella se chupa el pulgar durmiéndose.)*
*Componte niña componte,
que ahí viene tu marinero,
con ese bonito traje
que parece un caballero.
Los pollos de mi cazuela
que son para mi comer,
se les echa pimienta y ajo
y una hoja de laurel...*

Baja la luz.

TERCER ACTO

Han desaparecido los muebles prestados y los cubos de agua. Las maletas en un sitio visible. Las sillas están unidas. Entra Teresa con un vestido nuevo, maquillada y peinada. Repite el comienzo de los actos anteriores.

TERESA. *(Desesperada por el calor.)* ¡Ay Virgencita de la Caridad! Un poco de agua fría, ya ni milagros te pido, solo un vasito con hielo. *(Entra Santiago con un paquete de regalos.)* ¡Coño, si lloviera hielo!

SANTIAGO. Teresa...

TERESA. ¡Ay, mi hermano! Estoy esperándote desde temprano.

SANTIAGO. Déjame verte: ¡Tremenda cubanaza!

TERESA. No debiste gastarte tanto dinero en la tienda.

SANTIAGO. Te mereces eso y mucho más. Quiero que botes todos esos trapos, te voy a mandar más ropa de "allá", tinte para el pelo, maquillaje. Así quiero que te encuentren todos cuando nos reúnamos para siempre.

TERESA. ¿A qué hora es el vuelo?

SANTIAGO. A las seis de la tarde, pero tengo que estar en el aeropuerto a las cuatro, y todavía tengo que recoger unas cartas y recados. Así que me tendré que marchar muy pronto. También quiero visitar a tía Pura.

TERESA. ¡Pero si apenas llegaste...

SANITAGO. ¡Ya hace una semana, Teresa!

TERESA. Parece apenas un segundo. Bueno, explícale a tía Pura lo del transporte, dile que le mandamos muchos recuerdos.

SANTIAGO. ¿Por qué no vas conmigo?

TERESA. La gente del barrio te vio entrar con las maletas, capaz que me desvalijen la casa. ¡La delincuencia está acabando!

SANIAGO. Mira lo que te compré...

TERESA. No debiste. *(Lo desenvuelve.)* ¡Nina Ricci! ¡Dios mío, ya se me había olvidado! ¿Puedo abrirlo?

SANTIAGO. ¿Ya se te olvidó comprar lo que quieras, donde quiera y sin colas? *(Ella guarda la cinta y dobla cuidadosamente el papel de la envoltura.)* ¿Qué estás haciendo?

TERESA. Como aquí todo es una novedad, la cinta se la puede poner Solaina en el pelo y con el papel puedo hacer un adornito. ¡El perfume de nosotras! ¡Mamá se va a encantar! Todavía recuerdo cómo se transformaba cuando se ponía un poco detrás de la oreja.

SANTIAGO. *(Le pone el perfume detrás de cada oreja.)* ¡Qué rico hueles mamá!

MADRE. *(Susurrando y mirando con miedo hacia la ventana.)* Pelusa me lo cambió por los candelabros de plata...

SANTIAGO. Si Teresa se entera es capaz de denunciarlos.

MADRE. No hables así de tu hermana. Pero ahora me remuerde la conciencia, debí haberlos cambiado por comida.

SANTIAGO. No sólo de pan vive el hombre. Tienes derecho a un instante de felicidad.

MADRE. ¿No te parece una frivolidad en estos tiempos con tantas necesidades?

SANTIAGO. Si eso te hace feliz... No tienes por qué oler a "compañera" sudada. A ellos también les gustan las cosas buenas y si las condenan en público es como parte de la mentira. Tontos útiles como Teresa son los que se dejan engañar. Han convertido la frivolidad en un delito, pero tenemos todo nuestro derecho a ser superficiales, la vida no se puede vivir como si fuera una constante batalla política, ni con esa seriedad que le ponen a todo. ¿Por qué todo tiene que ser compromiso, sacrificio y sufrimiento?

MADRE. Me lo pondré cuando me lleves a bailar.

SANTIAGO. Ya no hacen bailes.

MADRE. ¡Que te crees tú! *(Lo toma y bailan, él tose.)*

TERESA. ¡Ay, Dios mío, de nuevo esa tos! Yo creo que tú me estás ocultando algo. Mira que el Chino me dijo... *(Tocan a la puerta. Va a la ventana.)* ¡Mime, pero si yo te dejé el recado con Dolores Rondón! La papa no llega hasta la semana que viene, yo te aviso. Adiós.

SANTIAGO. ¿Qué líos se trae la gente con eso de la papa?

TERESA. Erber me la manda de la finca de su suegro, aquí se la vendo y le mando el dinero. ¡Aquí los únicos que trabajan son los guajiros! Solamente con ellos se puede conseguir alguna comida: ¡aunque imagínate, pagar cinco pesos por una naranja! Pero ya les sobran tanto los pesos y como no tienen en qué gastarlos, que ahora sólo quieren dólares, ropa, grabadoras, relojes, jabón y hasta perfumes... No te asombres de que Teresa Armenteros esté metida en la bolsa negra, porque aquí el barrio entero está en eso...

SANTIAGO. ¡A dónde has llegado!

TERESA. Es que si uno se pone a esperar por lo que te dan... Hay que sobrevivir de a como sea.

SANTIAGO. Se me quedó el reloj en el hotel. ¿Es la hora que hay en el reloj de tío Jimmy?

TERESA. El mismo día que lo fusilaron se paró y no ha vuelto a andar más nunca. Marca exactamente la hora en que dio el último grito ante el paredón. Todos los días a esa hora escucho: "¡Viva Cristo Rey!". Después todos en la familia nos vamos a llorar al patio.

SANTIAGO. ¿Estará abierta la iglesia? No me mires así, sé apreciar la parte buena que hay en la iglesia, la santidad de muchos de sus miembros, como el padre Rabel, que jamás me cerró sus puertas cuando todos lo hicieron. Fue mi único apoyo en los peores tiempos. Sólo me veía como un hijo de Dios y nunca le importó lo que yo era, ni cogió miedo cuando presenté la salida del país. *(Mostrándoselo.)* Le traje este rosario de Jerusalén.

TERESA. ¡El padre Rabel se murió!

SANTIAGO. *(Anonadado.)* Era un hombre todavía joven, fuerte, saludable...

TERESA. Veinte años atrás... Murió sordo, ciego y senil...

SANTIAGO. ¿Quién ha quedado con vida?

TERESA. Todos estamos muertos.

El le da el rosario, ella se persigna y lo pone en el altar.

SANTIAGO. Necesito saber la hora.

TERESA. Te la puedo decir por el reloj de mi vida: me levanto a las cinco y barro la acera, a las seis recojo el patio, a las siete rezo mi rosario, a las ocho desayuno lo que tenga, a las nueve me voy a hacer la primera cola, a la una si puedo me tomo un agua con azúcar, a las dos me voy a hacer los trueques, a las cinco espero por el agua, a las seis me baño, a las siete como lo que tengo, a las ocho remiendo la ropa y si hay luz me pongo a planchar, a las nueve, cuando no se va la luz, oigo "La Hora del Tango", a las diez le pongo las trancas a las puertas y ventanas, después me despido de los demás y me voy a la cama...

SANTIAGO. ¿Esa es tu vida?

TERESA. ¡Esa es mi muerte!

SANTIAGO. No mencionaste la guardia del Comité del Defensa.

TERESA. Es que... *(Decidida.)* ¡Renuncié cuando viniste!

SANTIAGO. *(Asombrado.)* ¿Tú? Ya era hora que te desligaras de vigilar a los demás...

TERESA. *(Mirando temerosa a la ventana.)* ¡Te van a oír! No es una vida muy seductora la que tengo, al lado de la que llevas "allá".

SANTIAGO. ¡El exilio es una mierda!

TERESA. *(Sorprendida.)* ¿Cómo? ¿Y todas esas maravillas de las que viniste hablando? Cualquiera creería que aquello es el paraíso...

SANTIAGO. ¡Aquello es el materialismo más asqueroso! Si tengo valgo y si no que me parta un rayo. Siempre echándole en cara a los demás lo que se tiene y compitiendo con todos en una insana necesidad de aparentar lo que no hay, todos encerrados dentro de sus aires acondicionados y pegados a la televisión idiotizándose. El que no tenga un carro último modelo no es nadie, la misma politiquería de siempre, y al que no piense igual no vacilan en aplastarlo. ¡Qué mierda! Si esto es el infierno aquello es el purgatorio. Aunque según tú el paraíso está aquí. *(Silencio.)* ¿Más mentiras?

TERESA. ¡La revolución es otra mierda! Tenía que decírtelo, me estaba ahogando. Ha sido muy difícil poner mi orgullo a un lado y reconocer que me traicionaron. ¿Qué me dieron después de darle toda mi vida? ¡Nada! ¿Qué me quitaron? La mitad de la familia en el exilio, papá murió lejos de mí, fusilaron a tío Jimmy, sigo viviendo en la misma casa, lo único es que ahora está en ruinas. Engañándote me engañaba, no quería enfrentarme a esta verdad tan dolorosa que está en ruinas, tu regreso me obligó a mirar las cosas como son, sin pasiones, extremismos ni romanticismos. No podía dejar que te marcharas creyendo que dejabas atrás a la otra: la comecandela, la miliciana, la chivata... ¡Me engañaron, mi hermano! *(Llora en sus brazos, él la acaricia.)*

SANTIAGO. Yo también he tenido que enfrentarme a mis mentiras. No sé qué pasará cuando regrese, ya no puedo seguir alimentándome de un sueño que envejeció tan pronto. Desde allá puedo reconocer crudamente lo que es esto, desde aquí puedo reconocer sin pasiones lo que es aquello. El reencuentro es volver a lo que ya conoces: apenas descendí del avión fue como un aterrizaje forzoso en un país extraño. He estado viviendo de espejismos, de cabronas nostalgias, nada queda de mi Habana, mis gentes, mi casa...

TERESA. ¿Y yo?... Sé leer el silencio; es una de las tretas para sobrevivir. Con estas paredes llenas de oídos y ojos tienes que aprender el alfabeto del silencio, el eco del miedo, la garra de la soledad.

SANTIAGO. Yo también la conozco, cuando converso con el espejo.

TERESA. ¡Al menos tenemos algo en común!

SANTIAGO. Sí: ¡somos hermanos!

TERESA. Qué verdad tan sencilla y lo que nos ha costado descubrirla. *(Va a la ventana.)* La cola no se ha movido, hoy no vendrá nada...

SANTIAGO. Te puedo dejar pagada una semana en el hotel.

TERESA. ¿Quién le dará los masajes a mamá, calmará el dolor de los disparos del tío Jimmy, abrirá el álbum para que salgan todos y le dará de comer a Osiris y Fifo? Será mejor que no me vuelvas a asustar la barriga, cada vez que como lo que me traes me da diarrea. *(Santiago se esfuerza en controlar un súbito ahogo.)*

SANTIAGO. ¿Puedo tomar esta agua?

TERESA. *(Quitándole el vaso.)* Esa es el agua de los espíritus. *(Sale; él aprovecha para respirar y doblarse del dolor. Ella entra con el agua que él bebe.)* Siéntate un rato, estás muy pálido.

SANTIAGO. ¿El agua de los espíritus? ¡Si tú eras beata de misa diaria, novena, triduos y rosarios! Nunca creíste en esas cosas. ¡Cómo has cambiado!

TERESA. Antes no necesitaba agarrarme de cualquier cosa.

SANTIAGO. ¿Qué nos pasó, Teresa?

TERESA. Papá decía que esta isla era un paraíso y nosotros mismos la convertimos en un infierno, y desde entonces estamos malditos.

SANTIAGO. Mamá decía que era una isla de sordos que no escuchaban y de ciegos que no vieron lo que se les venía encima. Yo pienso que es... No sé... ¡Hay que irse para uno saber lo que deja!

TERESA. Hay que regresar para saber lo que tienes "allá".

SANTIAGO. ¿Te acuerdas cuando tío Jimmy nos llevaba a Cojimar a comer pescado y gozar las puestas del sol sobre la bahía?

TERESA. ¡La verdad que yo gozaba más del pescado que de las puestas del sol!

SANTIAGO. No hay nada malo en eso, yo tenía sensibilidad para apreciar la tarde y tú la tenías para disfrutar del pescado frito.

TERESA. *(Burlona.)* Espero que no me estarás llamando bruta...

SANTIAGO. Sencillamente a cada uno le interesaba algo diferente.

TERESA. Pero tú salías ganando: disfrutabas de la tarde y del pescado. *(Ríen.)* Siempre has salido ganando...

SANTIAGO. ¿Estás resentida? Nunca quise competir contigo.

TERESA. Tenía un poco de celos, tú eras el inteligente...

SANTIAGO. ¿Y si tú no fueras inteligente, hubieras podido mantener esta casa al borde del abismo? También eres tenaz, valiente, decidida.

TERESA. Mamá decía...

SANTIAGO. Dice...

TERESA. Mamá dice que con un escritor en la familia ya bastaba, que también se necesita quien barra, cocine, lave... Desde que llegaste me está preguntando: "Que si Santiaguito está comiendo bien, que si Santiaguito se cuida, que si Santiaguito todavía tiene el escapulario que le regalé, que si Santiaguito...". ¡Me tiene loca!

SANTIAGO. Igualito que papá: "Dile a Teresa que se cuide, dile a Teresa que no la olvido, dile a Teresa que no fume tanto...". Y el resto de la familia también me cae encima... ¡Cuando les da por hablar de los buenos tiempos!

TERESA. Anoche mismo mamá quería saber no sé qué cosa, de una carta que te encontró. ¿Te acuerdas qué carta es? *(El asiente.)* Entonces contéstale. *(Leen la ouija.)*

LOS DOS. S-a-n-t-i-a-g-u-i-t-o...

SANTIAGO. ¿Qué quieres mamá?

MADRE. Encontré esta carta debajo de tu almohada. ¿Es tuya? ¡Contéstame!

SANTIAGO. ¡Ya no soy Santiaguito!

MADRE. De la misma manera que los muertos siempre se creen vivos, las madres siempre vemos a los hijos como unos niños. ¿De quién es la carta?

SANTIAGO. Mía...

MADRE. ¡Pero esta es una carta de amor y la firma un tal Rafael! ¡No puede ser!

SANTIAGO. Perdóname vieja, pero tarde o temprano...

MADRE. ¡Si tu padre la encuentra!

SANTIAGO. *(Temeroso.)* ¿Se lo vas a decir?

MADRE. Esto es algo entre tú y yo.

SANTIAGO. *(Abrazándola.)* ¡Qué buena eres vieja!

MADRE. ¿Es Rafael el jimagua? *(El asiente.)* ¡Si se entera Lengualisa! Voy a rezar mucho por ti mi hijo, le pediré a Dios que...

SANTIAGO. No hay que pedirle nada vieja, yo soy así, no me preguntes por qué. Si puedes acéptalo, como yo.

MADRE. Es mi culpa.

SANTIAGO. De la misma manera que no hay falta no hay culpa. ¿Ahora que lo sabes te luzco distinto? ¿Ha cambiado en algo como soy?

MADRE. ¡Contra viento y marea eres mi hijo! *(Se abrazan. Tocan a la puerta.)*

TERESA. *(Va a la ventana.)* ¿Cómo estás, María Antonia? Sí, aquí está. ¿Quieres verlo? Ah, yo se lo explico... *(Toma el papel a través de la celosía.)* Adiós.

SANTIAGO. ¿Otra vez el miedo? Casi me estoy acostumbrando a él de nuevo. *(Lee el papel sonriente.)* "Tú sabes que yo siempre fui tu amiga, pero mi hija Candita está esperando un viaje y no la quiero perjudicar. ¿Me podrías mandar unas aspirinas para el corazón? Tu amiga: M.A... ¡La pobre!"

TERESA. Aquí el problema no es sentir el miedo, sino que no te lo vean, porque el miedo se ve por fuera. Ellos están entrenados para detectártelo y por ese mismo miedo se te colarán para destruirte. Mejor hablamos de otras cosas. ¿Cómo es la casona donde vives?

SANTIAGO. ¿Casona? ¡Es un apartamento de dos habitaciones! Ni me puedo mover.

TERESA. ¿Y las cartas hablando del carro del año, los viajes alrededor del mundo, y la casa en... *(Se miran y estallan en una risa limpia.)* ¡Al menos hay uno que no vino echándonos en cara sus supuestas riquezas, y los de aquí pidiendo y pidiendo! Siempre nos gustó el figurao. Quizás ahora lo hacen para mostrar lo que se ha logrado en el exilio y reafirmar que hicieron la decisión exacta al irse. Por eso es que vienen con todas las cadenas de oro al cuello, mascando chicles, regalando cajas de cigarros y como pavos reales diciendo: "Yo sí que 'allá' tengo de todo".

SANTIAGO. También allá otros dicen: "En Cuba yo tenía una mansión, en Cuba yo tenía una finca, en Cuba yo tenía...".

TERESA. ¡Tres varas de hambre! Ahora resulta que aquí nunca hubo pobres.

SANTIAGO. ¿Te acuerdas de Bigote'e Gato el limpiabotas? Tiene cuatro restaurantes. ¡Y tú le regalabas a su mujer los vestidos que no querías!

TERESA. Y ahora yo... ¡Qué ironía!

SANTIAGO. Si te hubieras ido...

TERESA. No vuelvas a lo mismo.

SANTIAGO. No sabes la falta que me has hecho...

TERESA. ¿Cómo es eso? Tú siempre fuiste el decidido, el valiente, el que siempre se bastó a sí mismo.

SANTIAGO. ¡Ay, mi hermana, si tú supieras...! *(La abraza.)* Yo...

TERESA. ¿Qué es lo que me quieres decir? ¡Habla!

SANTIAGO. Nada, boberías... Uno se pone sentimental con los años. ¡Si papá me oye! "¡Los hombres no lloran, no seas blandengue, los hombres no hacen eso!"... Allá se puso peor, siempre le parecía que yo tenía el pelo muy largo, la ropa muy llamativa, los pantalones muy estrechos, tenía que forzar la voz, no mover las manos, me metía por los ojos a las hijas de sus amigos, me obligaba a salir con ellas...*(Sonríe.)* ¡El pobre!

TERESA. Acuérdate que viene de otra época.

SANTIAGO. Pues allá esa época está vivita y coleando, también en las maletas nos llevamos nuestros verdugos con los que construir el nuevo infierno.

TERESA. Yo sé que él te está agradecido por lo que hiciste por la familia "allá".

SANTIAGO. El agradecimiento no es amor. Necesitaba que hablara conmigo, pero siempre lo posponía hasta que se murió. La muerte siempre ha sido una excusa para lo que no nos dijimos. Es terrible necesitar una pregunta para vivir y que la muerte te la deje sin respuesta, lleno de imágenes contradictorias, porque el padre que tú recuerdas no es el que recuerdo yo. Por algún lado tiene que estar el verdadero.

TERESA. *(Mostrándole el álbum.)* ¡Aquí está! En esta foto estamos en la playa, me lleva en sus hombros mientras entramos al agua...

PADRE. Teresa, te encuentro más triste que ayer. ¿Es por nuestra visita?

TERESA. ¡Estoy tan arrepentida! ¡Me tienes que perdonar, papá!

PADRE. Yo te perdoné hace mucho tiempo, hija. ¡Si le vamos a pasar la cuenta a todos... Nadie que esté lleno de odio puede vivir en paz. Olvídalo todo y sigue hacia adelante. Yo soy el que necesita ser perdonado, dile a tu hermano que no me guarde rencor. Creí que haciéndole el mal le hacía un bien. Hasta luego, hija...

TERESA. Hasta luego, papá...

SANTIAGO. Ya van quedando menos abismos entre todos. La verdad nos une por muy dura o incomprensible que sea, nos ayuda a recobrar la dignidad perdida: siempre ha sido el lenguaje de los héroes.

TERESA. ¿Y la mentira, el de los cobardes? No quiero que te marches pensando que Rafael te olvidó... En realidad vino a verme hace como dos meses, quería confiarme algo muy personal. No te sorprendas, tú terminaste uniéndonos. Todos hemos cambiado, lo que pasa es que estamos casados con la vieja imagen del otro. Fue como antes, nos fuimos bajo el aguacate, abuela, mamá, los otros... Sólo faltabas tú. Quería que le diera tu dirección. Es que...¡Rafael se fue en una balsa!

SANTIAGO. ¡Lo hizo por mí! ¡Lo buscaré por todo Miami! Quizás se le perdió la dirección, uno llega tan aturdido. ¡Tenemos tantas cosas que decirnos! *(Abrazándola.)* ¡No sabes lo feliz que me haces, mi hermana!

TERESA. Será mejor que no lo busques...

SANTIAGO. ¡Esta vez sí que nadie nos va a separar!

TERESA. ¿Te acuerdas de Camila la de la Habana Vieja? Ella organizó el viaje con Rafael, Juana Machete, Roberto González Amador y Alfredo Márquez. Parece que la corriente los atrapó por varios días y se les acabó el agua y la comida, la insolación le dio fiebre a Rafael y le comenzaron las alucinaciones, hasta que se tiró al mar... Fue el único que no llegó... *(El se deja caer en el sillón en estado de shock.)* El Comité de Defensa organizó un acto de repudio y le apedrearon la casa. Pero yo no fui. ¿Cómo le iba a hacer eso a Rafael? Mamá me pregunta todos los días si ya llegó. Yo sé que regresará oliendo a mar, enredado en algas y cubierto de pecesillos... No quería desgraciarte el viaje, pero es mejor que te enteres por mí y no por una carta de María Antonia. Si queremos restañar las heridas es mejor acabar con las mentiras. No te quedes así: los muertos hay que llorarlos. ¿Me oyes? ¡Haz algo! *(Lo zarandea y le da una bofetada.)* Perdóname.

SANTIAGO. Ya no tendré que esperarlo, ahora es otra sombra...

TERESA. Recuérdalo y verás que resucita.

SANTIAGO. ¿Y si el que tiene que recordar es el que está muerto?

TERESA. *(Las toma del cesto de mimbre y se las da.)* Guardé sus cartas.

SANTIAGO. ¿Puedo leerlas?

TERESA. Esta es tu casa. *(Disimula arreglando cosas.)*

SANTIAGO. *(Leyendo.)* "La Habana, cuatro de marzo de 1966. Espero que al recibo de la presente te encuentres bien. Creo que no voy a ir más por tu casa, nunca me contestas mis cartas y tu hermana me trata muy mal... *(Se miran.)* Zenaida es la que siempre me recibe, yo siempre le consigo algo pues su dieta médica es muy pobre, nos sentamos debajo del aguacate a recordar los buenos tiempos. Tu madre es muy dulce y lo entiende todo. No sé por qué no me escribes, pienso mucho en ti. Aquí la policía sigue con sus recogidas y como hay tanto terror yo no salgo ni a la calle. Se han llevado a muchos de nuestros amigos para los campos de concentración en Camagüey. Yo sobrevivo, no te preocupes. Siempre te esperaré. Te...Te...*(Se miran, se decide.)* Te quiero. Rafael".

TERESA. Debe ser muy bonito que te quisieran de esa manera. *(El la mira asombrado, ella sonríe dulcemente.)* Cuando hablé con él me dí cuenta que era algo...bien lindo. Todavía no lo entiendo, pero mamá me rogó que tratara. La soledad es buena compañera para madurar... Y cambiar.

SANTIAGO. Estabámos llenos de mal entendidos y odios. En estos días nos hemos limpiado el alma. *(Devuelve las cartas al cesto.)*

TERESA. ¿No te las llevas?

SANTIAGO. Hay recuerdos que son para llevárselos en la maleta y otros es mejor dejarlos donde están.

TERESA. ¿Sabes quién siempre está parado en el balcón? El hermano de Rafael. Ven. *(Lo lleva a la ventana.)*

SANTIAGO. Tengo miedo, me va a parecer que tengo a Rafael frente a mí...

TERESA. Bueno, ahora está gordo y calvo...

SANTIAGO. Quiero irme con la imagen que mantuvo vivo mi amor en el exilio, ése es un sueño del cual no quiero despertar, aunque descansa en el fondo del mar. Quizás un día encuentre el camino a la casa y nos visite, papá terminará por aceptarlo. *(Se aparta de la ventana.)* ¿Te has dado cuenta que no hemos hablado del pasado, ni suspirado de nostalgia? *(Abrazándola alegremente.)* ¡Se murió, Teresa! ¡Enterramos al pasado! De ahora en adelante viviremos el momento, apreciaremos lo que tenemos, con los pies bien puestos en la tierra y el almanaque al día. *(Campanadas del reloj.)*

TERESA. ¡El reloj de tío Jimmy!

SANTIAGO. Es la hora...

TERESA. ¡No! Es muy pronto, quédate un rato más...

SANTIAGO. De nuevo otro viaje, otra separación... ¡Si te fueras conmigo!

TERESA. Yo me voy contigo, te acompañará todo mi amor...

SANTIAGO. Ya no hay nada que nos ate al pasado: ¡se rompió el cordón umbilical! Ven conmigo, ya no tienes por qué quedarte, sólo hay ruinas y muertos...

TERESA. *(Digna.)* ¡Son mis ruinas y mis muertos! *(Arreglando algo.)* Tengo que cuidar la casa para cuando regresen todos.

SANTIAGO. ¿Crees que habrá regreso?

TERESA. ¡Tú eres el primero! *(El vuelve a toser, lo abanica.)* Nos prometimos la verdad por muy dura que fuera, eso que dijo el Chino de...

SANTIAGO. Cosas de un chino borracho. *(Se miran profundamente y ella decide aceptar su mentira.)* Yo te estaré esperando cuando te decidas. *(Ella abre el álbum.)* ¡La foto de Rafael en el álbum!

TERESA. ¿Acaso no es parte de la familia? ¿Me vas a escribir?

SANTIAGO. ¿Me vas a contestar?

TERESA. ¡Se acabó el silencio! *(Dándole el broche.)* Mamá quiere que te lo lleves... Ella y la abuela, tío Jimmy, tía Pura, prima Rita, tu madrina Luz Marina, el padre Rabel, todos te desean un buen viaje.

SANTIAGO. *(Recorriendo la sala.)* Tenía miedo de que todo se hubiera perdido, pero encontré todo lo que nos une: nuestras risas, las lágrimas, el odio, el amor, nuestros muertos, el aroma del café, la brisa del malecón, un buen bolero... ¡Y los Armenteros Ruiz!

TERESA. ¿Será bastante?

SANTIAGO. Al final el amor nos hará olvidar y tendremos que perdonar. Cuando miremos para atrás no habrá víctimas ni verdugos: sencillamente gentes que estuvieron atrapadas en un mal sueño. Hemos tendido un puente entre las dos Habanas, dos recuerdos, dos sazones, dos músicas... ¡Y un solo pueblo! En realidad nunca pudieron separarnos. *(Silencio. La mira y corre a abrazarla.)* ¡Tengo miedo a la partida, mi hermana!

TERESA. Algo de ti se queda para siempre. No te preocupes por mí que todavía no he llegado al límite. Dale recuerdos a todos, diles que nos escriban, que no nos olviden y que no se peleen más, que aquí en el panteón hay lugar para todos...

SANTIAGO. Bueno...

TERESA. *(Dándole la ouija.)* Para que hables con mamá...

SANTIAGO. ¿Quieres que te mande algo en especial?

TERESA. Nada.

SANTIAGO. Cuídate...

TERESA. Te quiero mucho.

SANTIAGO. Yo también. *(Se dan un largo abrazo.)*

TERESA. Espero no haberme demorado mucho para decirte que te quiero.

SANTIAGO. El amor no tiene tiempo. *(Se quiere zafar de su abrazo.)* No me lo hagas más doloroso, Teresa. Esto no tiene remedio: tengo que irme y tú tienes que quedarte.

TERESA. Júrame que ya nada ni nadie podrá separarnos.

SANTIAGO. Nunca pudieron, mi hermana; ahora podrán menos. Despídeme de los demás. *(Sale abruptamente para que no le vea el llanto.)*

TERESA. *(Mira a la ventana, finalmente se decide y corre a ella. La abre y dice adiós, la cierra lentamente. Va al extremo.)* ¡Mamá, mamá...! ¡Santiago ya se fue...! *(Sin saber qué hacer)* Pregúntale a tío Jimmy si quiere ir a coger un poco de fresco debajo del aguacate.

Teresa enciende el radio y escuchamos el mismo tango. Parece repentinamente envejecida, ronda las maletas indecisa, finalmente abre una y va sacando la ropa que contempla fascinada, poniéndola cuidadosamente en la mesa. Se pone la peluca encantada, bruscamente se la quita y la tira al piso junto con la ropa que pisotea con furia. Se detiene sofocada, se seca el sudor, corre al abanico y se abanica con desesperación. Se para frente a la ventana y hace una señal obscena con el dedo. Se da balancín desesperada por el calor. Va bajando la luz pero quedan iluminados los retratos familiares y ella; después queda solamente una ligera luz sobre ella que se abanica con su llanto silencioso.

Nueva York, julio 7-16 de 1992.

LA FIESTA
o
Comedia para un delirio

José Triana

Para María Antonia Rey
y René Sánchez,
con admiración.

Lo trágico y lo cómico mezclados.

— Lope de Vega

JOSE TRIANA

Nació en Hatuey, Camagüey, en 1931. En 1954 se traslada a Madrid donde estudia en la universidad, abandonándola después por formalizar sus estudios de teatro en el Círculo de Bellas Artes y publica su primer libro de poemas *De la madera de los sueños* (1958). Regresa a Cuba en 1959 y un año después estrena *El Mayor General* (Teatro Arlequín) y *Medea en el espejo* con el grupo Prometeo, bajo la dirección de Francisco Morín y con trajes y escenografía de Andrés García. Escribe *El Parque de la Fraternidad, La casa ardiendo* y *La visita del ángel*, obras en un acto, en 1962. *El Mayor General* fue publicada en la antología de teatro cubano en un acto en 1963 y en ese mismo año concluye *La muerte del Ñeque* que será también estrenada por el grupo Prometeo. En 1965 gana el premio Casa de las Américas con *La noche de los asesinos* que, presentada bajo la dirección de Vicente Revuelta, obtiene el premio Gallo de la Habana otorgado por un jurado internacional en el VII Festival de Teatro Latinoamericano, celebrado en 1966. Esta obra participa en el Teatro de las Naciones, Teatro Odeon, París, en 1967 y es presentada en Aviñón (Francia) y en diferentes ciudades de Italia, Bélgica y Suiza por el elenco cubano. Posteriormente se traduce a veintiún idiomas y es ampliamente divulgada en Europa, América y en los países de Africa y del Medio Oriente. Triana trabaja como editor y a ratos como traductor en compañía de Chantal Dumaine (*Los biombos* de Jean Genet). En 1980 se radica en París. Su comedia *Revolico en el Campo de Marte* (1972) fue leída en Darmouth College (1981) y luego, en 1985, en el Festival Sitges, España. *Ceremonial de guerra*, escrita en 1968, se publica en las Ediciones Persona y *Palabras comunes*, versión libre de la novela *Las honradas* de Miguel de Carrión, se estrenó en el Royal Shakespeare Company en 1986. *Medea en el espejo, La noche de los asesinos* y *Palabras comunes* se publicaron en las Ediciones Verbum en España, 1990. Ha publicado también *Aproximaciones* (sonetos, 1969), *Cuaderno de familia* (poemas, 1990) y *Oscuro el enigma* (poemas, 1993). *Cruzando el puente* (monólogo) fue leído en **OLLANTAY Center for the Arts** (1991) y se publicó y estrenó en el teatro Trapezi en Valencia con una puesta en escena de Ricardo Salvat en 1992. Triana ha sido objeto de múltiples estudios y análisis críticos. *La Fiesta*, una de sus últimas piezas, permanecía inédita hasta la aparición de este libro.

PERSONAJES

Gerardo
Hombre de 48 años

Laura
Su mujer, 45 años

Rosi
Hija de ambos, 18 años

Johnny
Novio de Rosi, 20 ó 22 años

Perucho
El supuesto tío de Laura, llamado también Perico, 55 años

Carmelina
Tía de Gerardo, 60 años

Amelita
Supuesta hija de Laura e hija de Perucho, 35 años

Benito
Padre de Gerardo, 80 años

Doña Pepilla
Madre de Gerardo, 75 años, o más.

LUGAR
Un escenario, o una casa o un parque o
el *mezzanine* de un hotel en Miami

Epoca actual

OBSERVACIONES GENERALES

Pienso esta obra, igual a todas mis obras, como un juego de la memoria, como un desenfadado intento de recrear personajes y situaciones que en cierta manera están extrañamente vinculadas a una parte de la realidad, pero que no es la realidad, y que si tiene algún contacto con ella, es a través de un espejo que se deforma o que impone rostros al revés o de la materia huidiza que vemos con los ojos ciegos de los sueños. Una realidad que se hace y se deshace, que se afirma como columna o muro y luego se desvanece o diluye para adquirir el vago dibujo de una flor sobre una estameña impresionante. Una realidad que se crea y se esconde en el diverso instante único. Una realidad de sombras difuminadas en un cristal opaco.

El decorado es una casa simple y corriente. Pero puede ser un jardín. Puede ser una playa iluminada por una luna de cartón y estrellas de confeti. O un fragmento de los Everglades o del Palacio de Vizcaya. Puede ser varias cosas al mismo tiempo. El sentido de su realidad debe estar dada por objetos dispares y anacrónicos.

La luz y el claroscuro son elementos fundamentales que deben tenerse en cuenta como algo que configura la realidad y la realidad otra.

La presencia de la música ocupa una parte activa en el desarrollo de la trama y casi podría afirmar que debería ser apoyatura de energía, energía que ayude a darle al texto una mayor fluidez en el trabajo de los actores. Música que viene de lo hondo y se manifiesta en pálpito y gozo, en delicadeza y arrebato expresivo. El texto, por momentos, debe ser cantado y bailado sin ninguna reserva, tal era lo habitual en el teatro bufo y vernáculo. A la vez se puede utilizar en el canto el método de los travestidos. La obra es un juego de disfraces.

ACTO PRIMERO

ESCENA PRIMERA

Al abrirse el telón aparece en lo oscuro absoluto, al fondo, Carmelina, vestida con un déshabillé de tul y satín, a la manera de las actrices de los años treinta y cuarenta del cine americano y francés. Trae una lámpara en las manos. Camina como una sonámbula. Se sienta en una butaca y se queda dormida con la lámpara en las manos. Afuera se oyen voces y risas, ruido de cubiertos y platos y el choque de vasos y copas en brindis esporádicos. Una música se esparce como un murmullo sensual. Campanadas e intervalos. Entran en lo oscuro Johnny vestido como un tenista y Perucho como José Candelario Tres Patines, el personaje del teatro vernáculo cubano.

Johnny, Perucho y Carmelina, aparte.

JOHNNY. ¡Esto me parece un sueño!... O que estoy en las nubes, en la estratosfera...¡Váyase a la puñeta, el muy...! En otras palabras...

PERUCHO. ¡Tremendo embarque, ñagüe!

JONNY. ¿A qué viene esa representación en la fiesta? *(Se quita la ropa y se pone otra indumentaria un poco extravagante.)* ¡Eso nunca se ha hecho! ¡No entiendo!, y lo que menos acabo de entender es por qué lo hace. A todas luces, está jodiendo...

PERUCHO. ¡Natural!... ¡Dos y dos son cuatro y no cinco! ¡Chuparme el dedo a mis años, coño, sería el colmo!... Y el meter a mi hija de reina etíope me da mala espina... ¡Ella es negra y ahí está el quid! Pero de ahí a convertirla en una mona... ¡No y no!

JOHNNY. ¡Lo mismo digo yo!... La fiesta la ha cuidado a las mil maravillas... El escenario, los reflectores, las invitaciones, los programas, los disfraces... Si Fulana viene con Mengano, Perencejo con Sutanejo, el otro con Mascual, la otra con Masquién... ¡Del carajo, compadre! Yo, que pensaba en el disfraz de Robin Hood..., ahora..., de eunuco...

PERUCHO. *(Indignado.)* ¡De eunuco!... Ayer me dijo de pirata. Y trasantier de brujero. Todos los días hay un cambio. ¡Pues, de eunuco!

JOHNNY. ¡Vístete, que nos esperan! ¡Hay que ensayar! ¡Lo ha dicho! ¡En ese molote lo encontrarás...!

PERUCHO. Pero uno podría decidir al menos lo que quiere.

JOHNNY. ¡No hay peros que valgan!

PERUCHO. ¡Le zumba el merequeté!... *(Registra en un bulto y saca un traje de satín. Haciendo una caricatura divertida y con el tono de la conversación anterior.)* Y lo que me encabrona, Carmelina metida en lo que no le importa...que el color del pelo, que los zapatos, que las camisas, los pliegues del refajo, que el traje de tul...que el traje de María Antonieta y de Shirley Temple...que si el programa, que si el sexteto... ¡Si la cojo entre manos, me oirá! La descarga llegará hasta el séptimo cielo. *(Otro tono.)* Ah, y dónde me dejas a la vieja, a Doña Pepilla...¡esto no tiene precio!...

JOHNNY. ¡Y yo, de inocentón, al principio, diciéndole sí a todo! ¡Te digo yo!... *(Haciendo mímica, imitando a Gerardo.)* ¡La fiesta! ¡La fiesta, mi socio! *(Cambio brusco.)* Es capaz de matar a su madre, por hacer lo que tiene entre ceja y ceja. Porque de algo sí estoy convencido...a ése nadie lo detiene... ¿Viste cómo le decía ayer, delante del viejo y de la vieja? "Esta es la fiesta más importante desde que el tiempo es tiempo". Yo me puse punto en boca... *(Terminándose de disfrazar.)* ¿Cómo me queda esto?

PERUCHO. *(Con una mueca.)* ¡Pasable! *(Riéndose.)* ¡La fiesta!

JOHNNY. ¡Sí, la fiesta!

PERUCHO. *(Riéndose.)* ¡Hay que tener gandinga!

JOHNNY. *(Riéndose.)* ¡La fiesta!

Los dos hombres se ríen mirándose y repitiendo el estribillo de "la fiesta" a manera de leitmotiv; *el uno provoca al otro. Se hacen señas con el intento de calmarse. Pero la risa continúa, y se hace algo incontenible. Los personajes se ponen de espaldas, y creen que se han calmado y cuando vuelven a enfrentarse y a mirarse, la risa explota de nuevo. Carmelina se despierta mira a los lados extrañada, como si estuviera oyendo voces de ultratumba, se persigna y llora.*

CARMELINA. *(Entre sollozos.)* ¡Ay, pobrecito Chicho! ¡Ay, pobrecito! *(Se queda dormida abruptamente y se apaga la lámpara. El escenario cobra, poco a poco, una luz neblinosa de sueño. Carmelina desaparece. Al fondo aparecen lejanas estrellas. Debe cuidarse la atmósfera de esta y de las subsiguientes escenas.)*

ESCENA SEGUNDA

Johnny y Perucho

PERUCHO. *(Todavía riéndose. A Johnny caricaturizando a Gerardo.)* ¡La fiesta más grande desde que el tiempo es tiempo! *(Otro tono.)* ¡Que será como una papaya explosiva o un caracol que se muerde la cola!

JOHNNY. *(Tratando de reprimir la risa. A Perucho.)* ¡Contrólate, viejo!... No me mires, coño!... ¿Qué es lo que te pasa? Oye, Perico, tú... ¡Por favor, si sigues, me voy pitando!...

PERUCHO. *(Limpiándose las lágrimas con un pañuelo.)* ¡El diablo con su badajo, como que me llamo Pedro Villavicencio! *(Irrumpe nuevamente en las risotadas.)* Y de lo que estábamos hablando antes... Gerardo no está en sus cabales, ¡te lo juro, Johnny!, anda como si estuviera dando tumbos, detrás del palo... *(Mirándose en el espejo del público.)* ¡Miren esto! ¡Un espantapájaros! *(Otro tono.)* ¡Para qué quejarse! Al fin y al cabo, yo puse mi granito de pimienta. La idea de las representaciones fue mía, y él se lo ha tomado tan a pecho que ha comenzado a escribir...cosas sin ton ni son...y hay que repetirlas de a porque sí...y esa historia del robo, pura invención...

JOHNNY. ¡Me entra una roña, coño!

PERUCHO. *(Lo mira, un acento de fría perversidad se encubre en sus palabras.)* Intenta de ser razonable, chico... Frente a la intrepidez y a la locura...

JOHNNY. *(Evidentemente indignado.)* ¡Esta es una encerrona!... Ningún derecho tiene, Perucho. Se ha tomado unas atribuciones, que ni a mi padre se las he permitido. Y Rosi, la pobre...piensa que hay que seguirle la corriente, y ella y su madre andan vestidas como unas brujas...

PERUCHO. ¡No me hables! ¡Que se me enciende la sangre, y, mira, soy capaz de volverme un siquitraque, o un volador de a peso! ... *(Otro tono.)* Piensa que la cuerda se rompe por el lugar más frágil...y mi relación con Gerardo ha estado y está suspendida en el pico del aura...o en las tenazas de un cangrejo. ¡Sí, ríete!

JOHNNY. Me río pensando en la invención de la avioneta metida en el mezzanini de Coconut Grove...y Doña Pepilla subiendo y saludando a los invitados... ¡Tú andas en ese tejemaneje también, bribón!

PERUCHO. *(Divertido.)* ¡No tiene vuelta de tuerca! Otros se montan en una enorme piña...en una tinaja como un castillo, en una galaxia, en un carrusel...en una bicicleta aeroodinámica...¡qué tiene de particular! La vieja puede...

JOHNNY. *(Con sentido teatral, patético.)* ¡Soy la estampa del dolor, Perico!

PERUCHO. ¡Si sigues, me vas a hacer llorar! *(Se saca un pañuelo de un bolsillo trasero del pantalón y hace que llora.)* ¡Qué desgracia! *(Mira de reojo a Johnny que se ha quedado paralizado, como una estatua.)* Johnny, yo tengo el corazón frágil, Johnny... *(Finge un llanto desconsolado.)*

JOHNNY. *(Mirándolo extrañado, al público.)* ¿Y a este qué le pasa? ¿Se habrá pensado que soy un comebolas...? ¿O tratará de embrollarme y luego sacarme alma y seso?... *(Para sí.)* ¡Cuidado, que este es rinquincalla!

ESCENA TERCERA

Johnny, Perucho y Carmelina.

Oyese rumor de olas que chocan contra algún farallón. Acto seguido el trote de un caballo que se acerca. Aparece, por el fondo del escenario, Carmelina montada en un caballo de madera.

CARMELINA. *(Atravesando el escenario de derecha a izquierda.)* ¡Arre, caballito, arre!... ¡Ay, Chicho, mi pobre peluquero, en qué guirigay andas metido! ¡Corre, caballito, corre! *(Hace mutis.)*

ESCENA CUARTA

Johnny y Perucho.

PERUCHO. *(Mirando a Johnny que ha vuelto a su posición de estatua. Al público.)* ¡Me da pena! Pero con la pena poco se puede arreglar...y debo mantener la cabeza fría...*(Johnny hace un gesto al público, después repite la gestualidad de Perucho, evitando ser descubierto.)* Frente a las estupideces de Gerardo y de su futuro yerno, ahí estoy yo, igual que un cañón... ¡Los negocios son los negocios!... ¡Billetes que no los brinca un chivo, en la caja fuerte! Y no perderé la ocasión... El ha ido a la compañía de aviación y ha conseguido un contrato fabuloso, ha corrido a los bancos, contando historias mil...plata, plata... Yo la he visto y me dije: El socio trabaja pa'linglé. ¡Lo que pueda saquear, lo saquearé! Y si Amelita sigue haciéndose la interesante, la embarco, que no es la primera vez... *(Le da una palmada en un hombro. Johnny se tambalea, y vuelve a su posición anterior.)* ¡Cabronazo! *(Al público.)* Dios le da barbas a quien no tiene quijada. Porque si no fuera tan socotroco...con ese corpachón, con esa cara...el mundo sería mío...

JOHNNY. *(Lastimero, entrando en una broma.)* ¡Ay, mundo cruel! ¡Sombras en torno sólo veo!... ¿Es este mi destino?... ¡Virgen y mártir, moriré!

PERUCHO. *(Al público.)* ¿Qué dice...? ¡Peor de lo que yo creía! *(A Johnny.)* ¿Es cierto?

JOHNNY. *(Simpático, divertido.)* ¡Es un decir, hombre!... ¡No comas catibía! Tú lo llevas a la tragedia... *(Cantando en tono de guaracha.)* Castigador, castigador...

PERUCHO. *(Exagerando, cambiando el tono de voz.)* Me tienes erizado...me tienes en un hilo, en un hilito...!

JOHNNY. ¡Tranquilízate! ¡No es para tanto!... Pero, ¿qué es lo que se trae este tipo?... Vamos, aclárame...

PERUCHO. ¡Que yo sé! ¡En buenas me pones! ¡Sé lo que tú me cuentas y punto!

JOHNNY.*(Fuera de sí.)* ¿Sólo eso?... *(Agarrándolo por el cuello.)* ¡Degenerado!

PERUCHO. ¡Si me insultas, no me pegues!

JOHNNY. ¡Tramposo! ¿Crees que puedo creerte?... A buen gancho me he colgado... *(Lo suelta. Perucho, anonadado no sabe qué hacer.)*

PERUCHO. ¡Soy un libro abierto!

JOHNNY. ¡Berraco que soy! Lo pienso, y me resisto a creerlo. *(Otro tono.)* Me escribe largas cartas, me acosa a llamadas telefónicas, me dice que venga, me arma un zarambeque, y me busca y me trae de Nueva York, ¿y esto a qué viene?, me digo, ¿será que al fin ha comprendido que mi relación con su hija Rosi va en serio?, y me lo repito y casi me convenzo...y yo trato de poner los puntos sobre las íes, hablarle claramente, y...y me quedo frito...y no es eso, cuando me tiene aquí, casi me impide que vea a su hija, el trabajo que me ofrece, ni hablar...y me tiene entretenido en cuanta bobería existe, que si hay que traer las cortinitas para la señora Laura, que al perrito le gustan los caramelitos de vainilla y los *pancakes* de Versalles...y no, que no, que no va...y me zarandea de lo lindo, sí...y yo perdiendo el pellejo y las patas para complacerlo, y corre para acá, que si la pintura, corre para allá, que si las mesas y las sillas, que si los micrófonos... Y me veo en el peor de los estropicios... *(Otro tono.)* ¡Y conmigo no puede! ¡Si me busca, me encuentra!... ¡Perro no come perro!

ESCENA QUINTA

Johnny, Perucho y Gerardo.

Al fondo se ven los trazos de fuegos de artificios o de cometas. Repique de tambores y de güiros o maracas. Sorpresivamente aparece Gerardo. Viste el traje de un prestidigitador de los filmes de los años treinta. Un enorme tabaco pende de la comisura de sus labios hacia el lado izquierdo. De vez en cuando algún salivazo.

GERARDO. ¿Conspirando, eh, muchachones? *(Johnny y Perucho quedan paralizados. No responden. Gerardo sonríe divertido, y enseguida mueve su bastón, y se oyen los compases de "El manisero" de Moisés Simmons, cantado por Miguelito Valdés. La escena se transforma en la pista de un* night club. *Gerardo hace la gestualidad como si cantara bailando.)* ¡Maní! ¡Manisero se va!.

Johnny y Perucho comienzan a moverse de un modo inconsciente para terminar bailando, cada uno en un sector diferente del escenario. Perucho, por su parte, establece un contrapunto con Gerardo cantando: "El botellero", desgañitándose y remedando al negrito del teatro bufo: "Botellero, ya me voy/cambio globos por botellas./ Botellero, botellero...". Al terminar el número musical, Johnny y Perucho han hecho mutis, despidiéndose con señas y visajes. Gerardo está solo en la escena.

GERARDO. Eh, tú, Perucho... Johnny, ¿dónde se han metido?... ¡Están jugando al escondido! ¡Esto se pasa de la raya!... Claro, donde puse el ojo puse la bala. ¡Conspiraban! ¡Es increíble! Vengo con las mejores intenciones, ¡y zaz!... *(Cantando en forma de juego.)* ¡Perucho! ¡Johnny! ¡Cuchi-cuchi!... *(Otro tono, enseriándose.)* ¿Estaban, sí o no?... ¡Ponte en órbita! Uno de los dos ha metido la mano de lo lindo, y debo cogerlo *in fraganti*... Estaré atento, vigilaré, me convertiré en un perro de caza, el sabueso de Baskerville... ¡Robarme a lo descarado!... *(Óyese un ruido. En puntillas va a lateral. Amenazador con el bastón, se encamina hacia el lateral derecho e izquierdo.)* ¡Sal corriendo, canalla!...

ESCENA SEXTA

Gerardo, Laura y Rosi.

Por el fondo aparecen Laura y Rosi vestidas de damas antiguas, con caretas desfiguradas que recuerdan a la Reina Mala y a la Cenicienta. Gerardo, sorprendido, golpea el suelo con el bastón.

GERARDO. ¿De quiénes son esas caretas? ¿Qué buscan? ¿Qué pretenden? ¿Ladrones de pacotilla?

LAURA. *(En la representación teatral.)* ¡Ladrones, qué obsesión!... ¿El señor llamaba?

ROSI. Vengo a implorar clemencia, poderoso taumaturgo. *(Se prosterna.)*

GERARDO. ¡Qué carajos!

LAURA. ¡Cuide su lengua, el señor!...

ROSI. ¡Soy una hija vilipendiada, amenazada, torturada! Mi amor, mi único amor...

LAURA. ¡Qué descaro, mi hijita! *(Otro tono. A Gerardo. Con gran desenfado a la manera de Luz María Nananina.)* Esta obstinada mocosa se cree que es La Princesa del castillo embrujado de Vizcaya, y a los cuatro vientos se afana en desprestigiarme, y merece una reprimenda, te lo digo para que estés sobreaviso...que el carnicero Serafín, tú entiendes, tú lo conoces...y que me voy a jugar a los gallos en la valla con Lola la del puerto, y que soy yo y no eres tú, quien se opone al matrimonio...

GERARDO. *(Al público.)* Pero, ¿qué está pasando, Dios de Dios? ¿De qué hablan? Caretas, máscaras. ¿Es que están conspirando contra mí?...

LAURA. ¿Conspirando, de qué, viejo fascineroso? ¡Me tienes aburrida!... ¿Te peinas o te haces papelillos?... La fiesta, tu fiesta...

GERARDO. ¿Cómo?... ¿La fiesta? ¡Deliras!

LAURA. ¿Este hombre está loco, o amnésico, o qué le pasa? ¿En qué trapalerías anda?

ROSI. *(Con grandes lloros y lamentos.)* Padre, mi dolor aumenta lo mismo que fiebre perniciosa... *(Laura la mira indiferente y se maquilla hasta la exageración.)* Me han dicho que van a desterrar al hombre de mis sueños a los matojos de los *Everglades* y allí se pudrirá de nostalgia entre *the alligators* y las yaguasas, y las cotorras y los pájaros azules, como si fuera Tarzán de rama en rama...o un nuevo Robin Hood... *(Jipíos y lamentos estentóreos de Rosi.)*

LAURA. *(Exasperada, exaltada. A Gerardo y al público.)* ¡Oye, oigan! ¡El colmo del desafío! Tal parece que la estamos matando... ¡Qué bárbara! ¡Qué salación!

ROSI. ¡Ayúdame, padre, en mi desamparo!... ¡Muero, muero!... Me arrancaré el corazón y se lo echaré a los perros...en un collar de lágrimas...

GERARDO. Niña, ese es un melodramón, o un *soap opera*. ¿Estoy soñando?

LAURA. ¡Qué imaginación! ¡Un despropósito continuo!

ROSI. *(Imitando a las actrices del cine silente, aferrándose a las piernas de Gerardo.)* Oh, *my father, daddy, my Robin* no es un eunuco...intercedo por él...mírame, languidezco de ausencia...soy capaz de...de que me entregue al vicio... Ten piedad. No seas así de infame como el tío Perico con mi prima Amelita...

LAURA. ¡Pusiste el dedo en la llaga, hija! *(Feroz a Gerardo.)* ¡Amelita!... ¿Irá con nosotras en el Oldsmobil? ¿O tendrá, ella, una carroza especial, como la Marquesa de Antioquía?

GERARDO. *(Exaltado.)* Mujer, no me hagas que pierda la paciencia, que esta no es una novela de Corín Tellado...

ROSI. *(Indiferente a los gritos de sus padres.)* ¿Soy un jazmín, una rosa, o un clavelín apachurrado...?

GERARDO. *(Como un niño pequeño que le da una perreta. Golpeando con el bastón a diestra y siniestra.)* ¡Me acusan como si yo fuera el Hombre de las Barbas! ¡Vade retro!... La cabeza me va a estallar y no quiero perder el control... ¡Váyanse, las dos!

LAURA. *(Ofendida.)* De lugares mejores me han botado, infiel... ¡Rosi, levántate, y que los dioses nos sean benignos! *(Ayuda a levantar a Rosi. Despectiva.)* Tu padre padece de sonambulismo crónico. *(Las dos hacen mutis.)* ¡Pirata!

GERARDO. *(Recapacitando.)* ¡Tienen razón! ¡La fiesta! ¡Ya la había olvidado! *(Mirando al público como si fuera un espejo; se oyen pasos y mira hacia atrás. Al público.)* ¡El sueño de mis sueños! *(Oyense los compases del danzón "Almendra". Revisa su corbata, el chaleco, los bigotes postizos, las cejas, el sombrero de copa, etc.)* ¡La Reina Etíope!... Ah, la pasión me inflama... *(Se esconde detrás del parabán.)*

El escenario se transforma bajo el efecto de una luz rosada de amanecer, y se hace perceptible un instante de magia. Música: formidable simbiosis de los ritmos hindúes y afrocubanos de Zakir Hussain y Tata Guines.

ESCENA SEPTIMA

Amelita, Gerardo (escondido) y Johnny y Perucho vestidos de eunucos, portadores de enormes abanicos.

AMELITA. *(Avanza lentamente por el escenario vestida como la Reina de la Noche mientras deshoja una rosa. Johnny y Perucho la acompañan abanicándola.)*
Sonámbula igual que agua remota
Orión los huertos acuna del alba
fulgores y murmullos en el cuerpo,

una especie de música celeste.
Un aire que florece devorando
las cuerdas vaporosas, las señales
dispuestas como cartas o señuelos
de los gnomos sagrados y graciosos.
Sonámbula y continua Orión agita.
Su fijeza estremece, nada alude.
Nadie piensa hasta qué punto pervive
como imagen tenaz alucinada
en la memoria a trazos, atrevida
compañera, secreta, estrella lúdica.

Amelita termina el poema de rodillas en el centro del escenario, y luego se recuesta entre unos almohadones.

AMELITA. *(A Johnny y a Perucho.)* Dejadme en los brazos del lecho.

Los dos personajes hacen mutis, después de rendirle una reverencia.

ESCENA OCTAVA

Gerardo y Amelita.

Gerardo entra en puntillas de pie. Se oye como un leve cosquilleo— a veces imperceptible, tal el aire del trópico al amanecer—el son "Tres lindas cubanas" de Guillermo Castillo, tocado por el Sexteto Habanero.

GERARDO. ¡Dios mío, duerme!... ¡Ah, la luz del alba puede despertarla! Su ágil sueño puede vestirse de espejos taciturnos... *(Se aproxima al lecho improvisado de cojines.)* Su aliento embalsama mi alma. *(La mira de cerca.)* Oh, ángel nubio, eres el modelo perfecto que ha creado la naturaleza... *(Otro tono.)* ¡Cuántas noches desvelado he pensado en su aérea forma...y ahora podría tocarla, ahora la tengo a mi voluntad, y tengo miedo! Es como si llegara este instante demasiado de prisa, como si fuera demasiado real, como si me viera obligado a aceptarlo, y mis manos y mis ojos no pueden negarlo ni pueden probarlo...y me veo en la necesidad de aceptarlo y de creer en lo inexplicable.

AMELITA. *(Entre sueños.)* ¿Quién se agita a mi lado?

GERARDO. Todavía está amaneciendo.

AMELITA. ¡No puede ser!

GERARDO. ¡Te digo que sí! Tintes rojizos en el horizonte...

AMELITA. *(Todavía entre sueños.)* Toda la noche estuve mirando cómo las estrellas golpeaban la arena...y tuve miedo. *(Otro tono.)* ¿Quién eres? *(Como una letanía.)* ¿Quién, quién, quién?

GERARDO. ¡Soy yo!

AMELITA. *(Todavía entre sueños. Como una adolescente.)* ¿Tú? ¿Quién?

GERARDO. Cuido tu sueño. Sigue dormida.

AMELITA. Necesito saber...

GERARDO. Nadie sabe.

AMELITA. ¡Pronto será de día! La luz avanza...se difumina...y la música del aire, columnas viene creando entre tú y yo...y un muro nos separa... No quiero saber tu nombre, porque se irá conmigo a la tumba...

GERARDO. ¡Calla!... No abras los ojos. Quédate soñando tu sueño que es aventura. *(Suavemente la incorpora. Aparte.)* Me la comería viva.

AMELITA. Dime que esto nunca termina, que la noche es el día, y el día un oscuro crucigrama...que se hace noche si tú quieres, y caen en pedazos los astros en la palma de tu mano...y el musgo de tus dedos...

GERARDO. *(Apasionado.)* ¡Oh, amor, amor...! *(Intenta besarla.)*

AMELITA. ¡Canalla! ¿Cómo has entrado en mi cuarto?... ¡Te aprovechas de mi debilidad!... ¡Soy una mujer indefensa!

GERARDO. *(Conciliador.)* ¡No digas eso!

AMELITA. ¡Lo afirmo!... *(Violenta.)* ¡Déjame! No puedo seguir en esto. No lo soporto. Me siento perdida.

GERARDO. ¿Rechazas este sueño? ¿Te apartas del juego?

AMELITA. ¿Qué sueño? ¿Qué juego?... ¿Y tu mujer? ¿Acaso no debo respetarla?... ¿Quieres que en sus propias narices...? Ulrico, no me interesa...

GERARDO. *(Con un dejo de cinismo y melancolía.)* ¿Por qué la metes en esto? ¿Es que no puedes comprender que ella sea totalmente indiferente?... *(Amelita está súbitamente hipnotizada.)* Las relaciones cambian con el tiempo. Algún día lo sabrás. Si tú quieres...ella no tendrá un motivo de queja. *(Apartándose.)* Te juro que yo...

AMELITA. ¿Juras, qué, desvergonzado?... ¿Qué careta te has puesto?

GERARDO. *(Sonriente, divertido.)* ¡La que tengo!

AMELITA. *(Agresiva.)* ¡No me hagas reír!

GERARDO. *(Sonriente todavía.)* ¿Te desagrada?

AMELITA. *(Severa.)* Haciendo el papelito del mandamás.

GERARDO. ¿Me recriminas entonces?

AMELITA. Cara de palo, no...de plomo. Vienes con la intención de echarme el guante. ¡Lárgate de mi vista!... *(Gerardo se pone en pie, y se aparta temeroso. Gerardo comienza su retirada. Cambio brusco de tono.)* ¿Te vas?... Amor, amor, espejo roto, cabeza vana...

GERARDO. Cuando me acerco te alejas, cuando me alejo te acercas... ¡Una perpetua batalla me impones...! ¡Me quieres para ti sola!... Sin proponérmelo, exiges que deje casa, mujer, hija... ¿Quieres que sea un errante, un vagabundo?

AMELITA. ¡Mentira!... Para ti soy un cero a la izquierda. Mañana ignorarás lo que me has dicho, y me vilipendiarás porque soy una negra...

GERARDO. *(Sarcástico.)* ¡Qué tupe el tuyo! ¡Cómo si fuera un obstáculo el color de la piel!

AMELITA. *(Riéndose, con largas carcajadas.)* No deseas oír la realidad..., siempre con la conciencia sucia.

GERARDO. Si lo prefieres...ni te asomes por la fiesta.

AMELITA. ¡Ulrico! *(Se miran brevemente; él le da la espalda.)* Ah *(Se pone en pie.)*, quédate...no seas bobo. Comprende que una mujer... *(Gerardo continúa de espaldas.)* Te lo suplico... *(Le da la espalda.)* ¡Ahora o nunca! *(Pausa breve. Gerardo desaparece.)* ¡Ulrico! *(En un grito.)* ¡No te vayas, pipo! *(Hace mutis, corriendo detrás de él.)*

ESCENA NOVENA

Laura, Rosi, Don Benito y Doña Pepilla.

La escena se transforma con los cambios de la luz. Se sobreimpone la voz cantarina de Laura llamando a Gerardo. Entran a escena Laura, Rosi y Don Benito. Dando tumbos, apoyada en su bastón, los sigue Doña Pepilla. Don Benito, sin decir palabra la mayor parte del tiempo, observa, husmea, comprueba la calidad de las columnas de madera colocadas en el escenario como laberinto.

ROSI. ¡Ay, mami, no grites! ¡Te desgañitas inútilmente!... *(Mirando a su entorno.)* ¡Qué feo es esto! ¿Y aquí es donde papi quiere hacer la fiesta? *(Señalando al público.)* ¿Y esa gente qué hace ahí sentada?

LAURA. *(Dándole un manotazo.)* ¡Rosi! ¡Que pueden oírte!... ¡Qué imprudente, Dios mío! *(Secreteando.)* ¡Son de la construcción!... *(Llamando con voz cantarina va hacia un lateral del escenario.)* ¡Gerar...! ¡Gerardo!

ROSI. *(Mirando hacia arriba en el centro de la escena.)* ¡Es horrible! ¡Uf, me da grima!... ¿Y es este el *mezzanine* del Coconut Grove? ¿Estaré soñando?

DOÑA PEPILLA. *(Sola.)* ¡Ya te lo dije, Benito, si empiezan a hablar de política, me voy! Bastante tengo con el salpullido que me crece como un árbol desde las plantas de los pies. ¡Te lo digo, pero tú no escarmientas! ¡La política! ¡La política!... ¡Qué insensatez! *(A Rosi. Con sigilo.)* Rosi, Rosi, ven acá. ¿Sabes de lo que me enteré ayer? La prima de la sobrina de una parienta de Benito logró escaparse de la isla montada en un tiburón, como Dios manda...y Luisito, el medio hermano de la negra...

ROSI. ¡No entiendo, abuela! ¿De quién habla?...

DOÑA PEPILLA. El medio hermano de la negra...

ROSI. ¿De la negra? ¿De qué negra?

DOÑA PEPILLA. ¿De quién va a ser, hijita? ¡De ese parche oscuro, de esa contienda! *(Secreteando, llena de visajes.)* ¡De Amelita!

ROSI. ¡Ah!... *(Otro tono.)* ¡Y su medio hermano, Luisito, qué...?

DOÑA PEPILLA. Atravesó en bicicleta el Paso de los vientos...

ROSI. ¡Abuela, te la comiste!

DOÑA PEPILLA. ¡Sí, Rosi, como te lo digo! *(Gráfica.)* En bicicleta, dale que dale, dale que dale...

ROSI. *(Gritando.)* Mami, mami... Oye, lo que dice abuela...

LAURA. *(Gritando desde el fondo.)* ¡Ya voy, Rosi! ¡No jeringues!

DON BENITO. ¡Esto no tiene pinta para que se haga una fiesta!

ROSI. ¡Es lo que digo yo, abuelo! ¡Qué fúnebre! ¡Me pone los pelos de punta! Esta es la cueva de Drácula. O de Frankenstein.

DON BENITO. ¡A mí no me gusta!

LAURA. *(A Gerardo que viene hacia el primer plano.)* ¡Al fin, hombre!

ESCENA DECIMA

Gerardo y los otros personajes.

GERARDO. *(Entrando, sonriente.)* ¿Les gusta, no?... *(Toma una silla y se la ofrece a Doña Pepilla.)* Venga, mamá, siéntese.

LAURA. ¡Gustarme, lo que se dice, gustarme...!

ROSI. *(Reprensiva, a Laura.)* ¡Mami!... *(A Gerardo.)* ¡Hablando con propiedad, papi, es un horror...! ¿Es este realmente el *mezzanine* tan fantástico?

DON BENITO. ¡Niña!... En la casa sería mejor...

LAURA. ¡En la casa! ¡Ah, no!... Con el servicio que una fiesta requiere... ¡Ah, no! Me estropearían los muebles, y las alfombras y la vajilla...y el búcaro que compré en Tiffany...y las lámparas...

GERARDO. ¡Eso es lo de menos, mujer! ¡Se comprarían platos de cartón y los cubiertos plásticos!

LAURA. ¡Qué estás diciendo, hombre!

ROSI. *(Violenta.)* ¿Quéee? ¡Estás loco! ¡Cubiertos plásticos! ¡Platos de cartón! ¿Qué dirían mis amiguitas?...y Johnny, yo sé que se opondrá.

LAURA. *(Radical.)* ¡No! ¡Quítatelo de la cabeza! La niña tiene razón.

DOÑA PEPILLA. *(Casi gritando y dando bastonazos.)* ¡Si van a hablar de política, yo me voy! ¡Nada bueno trae!, y en la única trifulca, acuérdate, hijo, que...

ROSI. *(Violenta.)* ¡Cállese ya, abuela!

DOÑA PEPILLA. ¡Sí, la política, sí, yo sé bien...!

GERARDO. *(Gritando.)* No estamos hablando de política, coño.

DOÑA PEPILLA. ¡Es lo que tú me quieres hacer creer, hijo! La política, siempre...

ESCENA UNDECIMA

Carmelina y los otros personajes.

Entra Carmelina con una bata de andar por casa, unas chinelas y la cabeza, con el pelo recogido por múltiples rolos, envuelta en un turbante transparente o una redecilla.

CARMELINA. ¡Ay, niños, que bulla, qué gritería! ¡No la dejan a uno dormir la mañana! *(Se sienta abruptamente en una silla y saca de un costurero hilos y agujas y se pone a tejer.)* Y con las neuralgias y los desvelos que tengo, y luego esa madrépora pegada, endilgada, *(Señala hacia el riñón, y la cintu-*

ra.), con una impertinencia y un desasosiego... *(Se sienta con gran desplante y murumacas.)* Ah, y la señorita..., Amelita...me dijo que no podía venir, que la disculparan, que había pasado una noche de perros...por el insomnio...que las decisiones que tomaran, ella las aceptaba...como cosa buena. *(Mira a Gerardo, con una sutil provocación. Gerardo no se siente aludido. Los personajes se miran unos a los otros llenos de perplejidad, encogiéndose de hombros. Laura y Gerardo se pierden en el laberinto, conversando, más bien, discutiendo. Don Benito mira el cielo raso como si contemplara las nubes, en una abstracción absoluta. Sin mirarlos.)* ¿De qué hablaban? ¿De la fiesta?... *(A Doña Pepilla.)* Ven, acá, vieja, ¿es verdad que las madréporas se reproducen en la primavera?

DOÑA PEPILLA. ¿Qué, hija, qué?

CARMELINA. *(Al público.)* ¡Está más sorda que una tapia!... *(Otro tono.)* ¡Ay, hermana, hermanita!...

DOÑA PEPILLA. ¡La política, hija!

CARMELINA. Naturalmente.

LAURA. *(A Carmelina, refiriéndose al salón.)* ¡Esto hay que pintarlo de todas todas para la fiesta! ¿Tú crees que el rojo bermellón o el amarillo canario o un prusia tirando a violeta?... ¿O los tapices venecianos de Maricusa irán mejor? *(Carmelina no le hace caso. Indignada.)* Perdona, mujer.

CARMELINA. *(Abstraída, en una nebulosa.)* ¿Quién hablaba?

DOÑA PEPILLA. Que el Presidente Menocal, ése si que era un hombre...decía mamá, y con sus baches y pifias que los tuvo...y hacerse ilusiones...¡puaf!, y dígame usted...lo que vino después se lo regalo al mono.

CARMELINA. En efecto, hermana...

LAURA. ¡Ay, Dios mío, qué barrenillo tiene hoy!

ROSI. *(A Laura.)* ¡Está totalmente ida!

GERARDO. *(Que está al fondo entre el laberinto de los soportes de los andamios de madera, salta como un tigre. A Laura y Rosi.)* ¡A todos nos llega ese cuarto de hora y cuando les llegue a ustedes, veremos!

LAURA. ¡Ya ni se puede hablar! *(Regresa a donde está Gerardo.)*

ROSI. *(A Doña Pepilla en tono cantarín.)* Abuela, se lo voy a decir a Johnny...y yo sé que a él no le va a gustar ...

DOÑA PEPILLA. *(Asustada.)* ¿Qué cosa, hija...qué cosa?

ROSI. *(Jugándole una broma.)* Yo sé que si Johnny se entera que usted está despotricando contra la política, le pondrá mala cara... Porque Johnny, sí, abuela, Johnny será algún día alcalde... ¿El no es su novio?... *(Doña Pepilla hace un gesto de sorpresa, poniéndose la mano en la boca, divertida, emitiendo una risita y palabras ininteligibles.)* Daddy, ¿que le pasa a Johnny que no viene?

GERARDO. *(Dentro del laberinto.)* Johnny, Johnny, Johnny... ¡Ya me tienen hasta la coronilla con el Johnny ese!

ROSI. *(A Gerardo.)* ¡Tú no lo soportas! Lo maltratas, lo humillas en la primera oportunidad que se te presenta.

GERARDO. *(A Rosi.)* ¡No es eso, hija!... Pareces una retrasada mental: Johnny, Johnny. Johnny para aquí, Johnny para acá. ¡Deja al muchacho que se desarrolle! El y Perucho están solucionando los costos de la fiesta con el Administrador y Director del Hotel. ¡Para qué los he entrenado! *(Exaltado, burlón.)* Johnny, Johnny... ¡Qué pendencia, madre mía! *(Rosi, molesta, se sienta aparte.)*

DOÑA PEPILLA. *(A Gerardo.)* ¡Deja tranquilo a Johnny, que es más bueno que una panetela borracha!

CARMELINA. *(Con un diabolismo encubierto.)* ¡Sí, aguanta el carro, Gerardo! Johnny es un ángel caído del cielo...

DOÑA PEPILLA. *(A Carmelina.)* ¿Lo estás defendiendo, querida?... A mí me parece lo contrario.

LAURA. *(Indignada.)* ¿No tienen otra cosa que hacer? Porque si van a armar una bronca a causa de Johnny, me lo avisan, y espanto la mula ahora mismitico... *(A Gerardo.)* Por última vez, te lo suplico, que esa fiesta...

CARMELINA. *(En su labor.)* Los humores, hoy por hoy, están muy alterados...

GERARDO. *(A Laura.)* Te opones a lo que digo, a lo que hago, como si fuera un trapo de cocina...

LAURA. Por favor, no des un espectáculo...

GERARDO. Si la rechazas de plano, ¡allá tú! *(Va hacia el fondo.)*

LAURA. ¡Es imposible! *(Sigue a Gerardo.)*

DON BENITO. *(Sentándose, enérgico.)* ¡Imposible!... ¡Lo digo yo! Pero me abstengo de opinar...Porque a la hora de los mameyes, la culpa la tiene el totí...y estos son capaces de enredarme en la pata de los caballos...por un sí o por un no. ¡Conozco el percal! ¡Y guerra avisada no mata soldado!...

DOÑA PEPILLA. ¡Pues yo sí quiero la fiesta, qué caramba!... *(Casi poniéndose en pie.)* Con lechón asado y congrí y los platanitos bien maduritos, requetemaduritos...y los tamalitos de Berta, y la yuca con mojo, y las frituritas de bacalao, y los boniatos asaditos, y las empanadillas, y el fufú...ah, y los pimientos morrones, y la salsita, eh, Gerardo, hijo...

CARMELINA. *(En un exabrupto.)* ¡Misericordia! *(Se persigna.)* ¡Mi hermana, y tú puedes comer esa cantidad...! ¡Una oye cada cosa! ¡Eso se llama atracón, y lo demás es mentira! *(Hablando con un personaje invisible.)* ¡Dígame usted, si la dejan sola! ¡No hay quien le quite una apoplejía, y con ambulancia, de corre corre, y ni el médico chino la salva!

DOÑA PEPILLA. ¡Ay, muchacha, qué ordinaria y qué mala entraña!... *(Mascullando, para sí.)* La política siempre es una enfermedad.

GERARDO. *(Desde el fondo, gritando.)* ¡Esto se arregla facilito, de un plumazo y democráticamente! ¡Johnny, Perucho!

LAURA. *(Desesperada. A Gerardo.)* ¡Por favor, viejo, no te acalores! ¡Puede darte un infarto!

GERARDO. *(A Johnny y Perucho.)* ¡Terminen de una vez! *(Rosi, rápida, corre a los brazos de su padre, esperando la entrada de Johnny. Oyese albaraca, risas y voces, y los compases del "Son de La Loma" suenan del mismo modo que en la Escena octava, "Las Tres Lindas Cubanas".)*

CARMELINA. *(Misteriosa, como si hablara con un personaje invisible.)* Anoche me puse a soñar con...

DOÑA PEPILLA. *(Ansiosa, sacando el rosario de un bolsillo.)* ¿Qué...? ¿Se puede saber?

DON BENITO. *(Como si hablara con un personaje invisible.)* A misteriosa no hay quien se la gane...ni la hija de Agatha Christie. Con esa carita de yo no fui...Se despepita por los chismes...un permanente culipandeo...

DOÑA PEPILLA. *(A Carmelina.)* ¡Anda, suelta prenda! *(Gesto negativo de Carmelina con los labios.)* ¡Al bagazo poco caso!... El está chocho y loco de atar...

CARMELINA. ¿Chocho, loco? *(Paladeando cada palabra, y algunas muecas. Autosificiente.)* Don Benito, déjeme recordarle, que el que puede puede, ¿de acuerdo? Estoy hablando con mi hermana, y a usted no le importa... ¡Entrometido!

DOÑA PEPILLA. Ay, pero... *(Al público.)* ¡Qué pesada!... ¡Ají guaguao!

DON BENITO. *(Al público.)* ¡Dios las cría y ellas se juntan!

Pausa.

CARMELINA. *(Hablando con otro personaje invisible.)* ¡Ay, qué sueño tuve! *(Pausa breve. Otro tono. En una especie de monólogo.)* Los perros gruñían, y yo estaba en lo oscuro, mirando, igualita que cuando niña. Con mis bucles a lo Shirley Temple...y unas manos venían y me rozaban...¡qué miedo! Crecían madréporas y caracoles y tulipanes, y culebras que se descolgaban de un árbol... Y allí estaba mi difunto...arracándose brazos y piernas...porque Chicho el peluquero... Es extraño, ¿verdad?...

Mientras Carmelina narra el sueño, Doña Pepilla y Don Benito se quedan dormidos. Al concluir la narración, Doña Pepilla se despierta, bajo el efecto de una sacudida, mira a todos lados sorprendida.

DOÑA PEPILLA. *(A Carmelina, gritando.)* ¡Chica, estás más loca que una cabra!

ESCENA DUODECIMA

Johnny, Perucho y los mismos.

Johnny y Perucho entran al escenario con los rostros eufóricos. Gerardo, Laura y Rosi los siguen expectantes, sin decir palabra. Johnny mira a Perucho cuando está, más o menos, en el centro del escenario y se detiene.

JOHNNY. *(A Perucho.)* ¡Dile tú!

PERUCHO. ¿Qué le diga yo, qué?

JOHNNY. *(A Gerardo, frotándose las manos.)* ¡Asunto concluído! ¡Una ganga!... ¡Una verdadera ganga!... ¡Trabajo fino!... *(A Perucho.)* ¿Qué, se lo digo?

PERUCHO. ¡Díselo! ¡Que entre hombres no hay cuentos de camino!

JOHNNY. ¡Veinte mil maracas!

DON BENITO. *(Se despierta de un salto. En su asombro.)* ¿Quéee? ¡Veinte mil!

LAURA. *(En un grito.)* ¿Veinte mil...?

DOÑA PEPILLA. ¿Veinte mil?... ¡Dios mío, que careros!... ¿Y no pueden hacer una rebajita?

ROSI. Pero, Johnny, mi amor, ¿tú crees que los dólares vienen cayendo del cielo, o son mangos bajitos?

CARMELINA. ¡Veinte mil...! *(A Johnny.)* ¡Tú estás jugando!

JOHNNY. ¡Como zumba y suena! *(Cantarín.)* ¡Veinte mil maracas!

DON BENITO. ¡No es posible!

JOHNNY. *(Sonriente, divertido.)* ¡Que sí, que sí es posible!

DON BENITO. Oye, con esa cantidad, pido un adelanto en el Banco, me compro un apartamento en la playa y lo alquilo, y vivo de las rentas...

ROSI. No, Johnny, no. Este lugar es feo...espantoso...horroroso.

DOÑA PEPILLA. ¡Inconcebible!... Me ha dejado turulata. Y a ti, Johnny, te parece una ganga... ¡Veinte mil dólares!...

JOHNNY. Digan, señores, ustedes piensan que soy yo quien decide...no, es él... *(Señala hacia Gerardo.)*

GERARDO. *(Sonriente.)* ¡Sí, soy yo! Y digo: a un gustazo un trancazo y la muerte le sabe a gloria...

DON BENITO. ¡Que ese trancazo te sea menos leve!

LAURA. *(Indignada.)* Querido, si tú quieres tirar la plata por la ventana o en el latón de la basura, yo me opongo. *(A Rosi.)* ¿No es cierto, nena?

ROSI. *(Como una niña malcriada.)* ¡No, *daddy*, no!

Se inicia una algarabía que se va haciendo más y más rítmica y estruendosa (que no destruya la escena de Carmelina y Perucho), hasta alcanzar un clímax. Johnny contra Rosi, Doña Pepilla contra Don Benito, Laura contra Gerardo, Gerardo contra Johnny, Rosi contra Doña Pepilla, Don Benito contra Laura: "Que no" "Que sí" "Que no" "Que sí", casi en forma de canto, a la manera de Rossini.

PERUCHO. *(A Carmelina, en plan de conquistador.)* ¿Y usted, qué dice, señora?

CARMELINA. *(Circunspecta.)* ¿Yo?... Miro, oigo y callo.

PERUCHO. ¿Y se puede saber, por qué?

CARMELINA. ¿Y a usted qué le va y qué le viene, señor?... En un decir, ¿quién le dio velas en este entierro?

PERUCHO. Quizás sea posible...yo podría resolver, sin mucha dificultad... Yo podría ayudarla a que desaparecieran esas telarañas del abandono, de la ausencia... ¡ A darle candela, mulata!

CARMELINA. Pero, ¿con quién piensa usted que está hablando? *(Otro tono.)* Oye, niño, déjate de esa confiancita... ¡Tan sangrón!

Desde el fondo se oye un grito atroz.

GERARDO. *(Gritando.)* ¡Basta! *(Los personajes quedan paralizados. De un salto, se sube a un pequeño andamio. Otro tono.)* ¡Calma!...señores. Debemos ponernos de acuerdo... Hablamos con las mismas palabras, y estamos planteando puntos de vistas diferentes...y esto se vuelve una cacofonía. *(Voces al fondo. Alguien emite un chiflido, quizás Don Benito.)* Hablando democráticamente, estamos de acuerdo en que debemos hacer la fiesta. *(Voces desde diferentes lugares: ¡Sí! ¡No! ¡No! ¡Sí!)* ¡Pónganse de acuerdo! *(Silencio absoluto.)* Por favor, expresen sus opiniones. *(Silencio absoluto.)* ¡Vamos, ánimo! Por allí, a ver... *(Señala a Don Benito que comienza a emitir gruñidos ininteligibles. Otro tono.)* Ya he oído el runrún, voces que andan vagando por la sala, de que este es un lugar muy feo, que es espantoso, que es insalubre, que no se presta, que...que apenas existen condiciones... Y a esas mismas voces, yo les respondo: cuando llegamos, hace ya unos cuantos añitos, Rosi no estaba nacida, esas palabras de "feo, espantoso, insalubre", las oí entonces, y qué ha sucedido, con la contribución de cientos y cientos de hombres hemos construído un sueño, no...no es perfecto, lejos de ello, queda mucho por hacer...y seguiremos luchando y creando...creando y luchando. Apliquemos esa lección en este sitio. Hay quienes construyen. Hay quienes destruyen. Ustedes lo saben. Seamos de los primeros. Y veremos la fiesta, nuestra fiesta. *(Los personajes se miran unos a otros, conmovidos. Otro tono.)* A ver, ¿quién se decide y expone algo?...

DOÑA PEPILLA. ¡Qué lindo discurso! *(Se limpia las lágrimas de los ojos.)* Ay, estoy emocionadísima.

CARMELINA. Perdona, querido, que yo sea poco ducha en este tipo de cuestión, digo, de reunión... Ah, me hago un barullo...y las palabras...estoy tan conmovida... ¡Oh, Virgen mía!... *(El cestillo y las agujas y los hilos caen al suelo. Johnny los recoge. Pausa breve.)* Gracias, muchacho. Que Dios te lo pague. *(Sonríe.)* Y yo quisiera preguntar, ¿por qué se hace la fiesta? ¿Existe algún motivo? ¿Por qué...? *(Pausa, casi al borde del sollozo.)* Muchas gracias.

Aplauso general, vivas y después al unísono: "¿Por qué, sí, por qué se hace la fiesta?". Gesto embarazoso de Gerardo. Carmelina se limpia las lágrimas de las mejillas.

GERARDO. *(A Carmelina.)* ¡Tú, como siempre, me pones una piedra en el camino! Ejem, déjenme ver... ¿Por qué se hace la fiesta?... ¿Por qué?, me pregunto. A la vista, ningún cumpleaños ni santo. Tampoco una fecha patriótica ni religiosa. Digamos... *(Mira los personajes, uno a uno.)* Diría que... ¡A la vieja!... Mi madre, por ejemplo. Sí, a mi madre... *(Mirando a Perucho, con cierta complejidad.)* E instalaremos una avioneta en el centro del salón de baile...

PERUCHO. *(Satisfecho, sonriente.)* ¡Exacto! ¡Una avioneta!

Los personajes se miran alarmados y mascullan de un modo diferente: "Una avioneta, una avioneta." "¿Por qué? ¿Por qué".

GERARDO. *(Grandilocuente. Satisfecho.)* ¡Señal de nuestro progreso!

Los personajes casi a coro responden: "¡Ah!". Pausa larga, como si pasara un ángel.

ROSI. Abuela, ¿es tu cumpleaños?

DOÑA PEPILLA. ¿Mi cumpleaños? ¡Alabado sea el Señor!... Yo ya no cumplo años, mi hijita. Soy más vieja que Matusalén... ¿Quién se acuerda de eso?

LAURA. ¡Así que vas a canonizar a la vieja!

DOÑA PEPILLA. ¿Canonizarme, a mí? ¡Dios lo libre y mal risco lo pele!... ¡A mí, no! ¡A mí, en paz!... *(Con voz apagada.)* ¡A mí, no!

PERUCHO. Señores y señoras, chirrín, chirrán, este cuento se acabó.

JOHNNY. ¡Enciendan las luces y vámonos!

GERARDO. ¿Cómo?... ¡De eso, nada!... La fiesta... ¡Adelante!

Telón violento.

ACTO SEGUNDO

ESCENA PRIMERA

La escena igual que en el acto primero. Los objetos o muebles que forman parte de la cotidianidad pueden ser diversos y arbitrarios. Rosi y Johnny, al fondo, en un deliquio amoroso. Laura y Gerardo, en primer plano.

Laura y Gerardo, Rosi y Johnny.

LAURA. Está bueno ya de darle vuelta a las cosas y escurrirte por la tangente. ¡Son muchos los años, querido, para que tú me juegues cabeza mañana, tarde y noche! Y no estoy dispuesta a continuar, como una gallina azocada, ¿me entiendes?... *(Risas al fondo.)*

GERARDO. *(Con evidente fastidio.)* Volvemos a las mismas andadas. Que yo, que tú... ¡Cambia el disco, mi vida! *(Pausa larga. Laura lo mira inquisitiva, enérgica.)* Cuántas veces te voy a decir que me canso, me aburro, que...

LAURA. *(Violenta.)* ¿Qué? ¿Qué?... ¡Desembucha!... ¡Di lo que vas a decir!

GERARDO. Laura, ¿no ves que estoy cansado?...

LAURA. ¡Cansado!... ¡No sigas, Gerardo, por ese camino! *(Gerardo se pone en pie, con la intención de irse.)* ¡Siéntate, por favor! *(Gerardo, con gesto cómico, le obedece.)* Soy yo quien debía decirte que estoy cansada, aburrida.

GERARDO. *(Señala un paquete que hay en algún lugar de la escena.)* ¿Viste las invitaciones y el programa...? *(Gesto de indiferencia de Laura. Casi languideciendo.)* ¿Cuál es el problema, querida?

LAURA. *(En un rapto.)* ¡Tú, en lo tuyo!... ¡Yo apenas cuento!

GERARDO. *(Sarcástico.)* ¡Quien te oiga pensará que soy un monstruo! *(Laura lo mira de una manera diferente.)* ¡Bonita manera de presentar las cosas! ¿Los años que estamos juntos se reducen a "¡Tú a lo tuyo! ¡Yo apenas cuento!"?

LAURA. *(En un arrebato de sinceridad.)* ¡Es que no puedo pensar que tú...!

GERARDO. ¿Qué yo...? ¡Dime!

LAURA. ¡Ese discurso, Dios mío! ¡No puedo creerlo! ¡Sí, querido, pura demagogia! ¡Que se te haya ocurrido! ¡Que lo hayas dicho tan campante! *(Lo imita o trata de hacerlo.)* "¡Ejem, ejem!... Hablando democráticamente...la fiesta!" O lo otro, lo que le puso la tapa al pomo: *(Trata de imitarlo, y hace una caricatura simpática.)* "Hay quienes construyen. Hay quienes destruyen". *(Otro tono.)* ¿Tú crees que las cosas, el mundo, es blanco sobre negro? ¿O negro sobre blanco? *(Pausa. Gerardo la contempla recriminativo; ella no se deja intimidar. Otro tono.)* ¡Y ese tono, Dios mío! ¡Me resisto a creerlo! ¡Tú, desde que te conozco, has negado esa forma de actuar...y de pronto, ¡fuácata!...como si fuera lo más natural! ¡Y a mí me daba una pena! ¿Es posible, Virgen mía?... *(Con lágrimas en los ojos.)* No es juego, ni una manera estúpida de dramatizar...

GERARDO. ¡Boba, bobita mía!

LAURA. ¡Y, al buen tuntún, por un desgraciado capricho!

GERARDO. ¿Por qué dices...que al buen tuntún?

LAURA. *(Rápida, lo interrumpe.)* ¡Sí, Gerardo!... ¡Seamos sinceros!... ¿Para qué engañarnos?... Algo ha cambiado...

GERARDO. *(Hábil. Saca un tabaco y lo enciende.)* ¡Es lo que tú piensas! ¡Es lo que tú crees a pie juntillas!... ¿O es lo que tú quieres pensar y quieres creer? ¿Y si yo te dijera que nada ha cambiado? *(Gesto leve de Laura de duda, de incertidumbre.)* Que la imaginación a veces es la peor enemiga... *(Oyense las risas de Johnny y Rosi.)*, y en estos casos, cuando no quieres aceptar que yo tenga un deseo, ése, el de hacer una fiesta, porque sí, vaya, por capricho...porque me da la gana... ¿Lo aceptarías?... *(Otro tono.)* Estás acostumbrada, querida, a que las cosas, si un alfiler se mueve, en esta casa o en la oficina, si se cae un vaso de agua, todo, absolutamente todo, debe pasar por tu tamiz..., el tamiz de Laura Pérez y Villavicencio de Mendieta. *(Rotundo.)* ¡Niégalo, anda!... No puedes imaginar, y ni siquiera sospechar, que yo, en un determinado instante desee...coño...la luna, por ejemplo. *(Gesto de Laura. Agresivo.)* ¿Quieres que hablemos? ¿Quieres oírme?... ¡Si te impacientas, me voy...!

LAURA. No me impaciento... Simplemente escucho. ¡Ese es tu punto de vista, Gerardo!... El mío es otro. Es posible que sea una mandona. Detrás de cada mujer se esconde un deseo de poder, sí..., ¿para qué negarlo?...la que reclama que las cosas deben ocupar un sitio, la que interviene en cada detalle con el deseo de hacer la vida agradable a los que la rodean, al menos eso es lo que piensa...la que a veces resulta odiosa por su insistencia, por su perfeccionismo. A Gerardo le gusta esto. Gerardo detesta aquello. Las cortinas, el gato, el jardín. Y la que inventa cualquier chantaje con tal de tener el hombre a su lado. Pero, ¿esa soy yo? ¿Esa?... No, querido. Hay otra Laura que ve, que se pregunta, que te quiere y te conoce...y que se sentiría muy mal si supiera que un gesto suyo puede ocasionarte un momento de infelicidad. Hablemos a calzón quitao. Como ya te dije, la fiesta para mí es un deleznable capricho... ¡Déjame terminar!... Para ti, hoy por hoy, es algo de vida o muerte. ¡Sí, sí, digamos lo que sólo se dice una vez!... *(Gesto de Gerardo.)* Estoy sola... Dejé mi casa, mi familia por ti. ¡Nada te reprocho!

ROSI. *(Como una niña ñoña.)* ¡Ma! ¡Dad!... Johnny wants to go to the beach...I'll go too.

LAURA. Yeah! Come back soon!

ROSI. O.K., Laura!... Bye-bye!

GERARDO. ¡Cuidado, Johnny! Miren al lugar a dónde van...

JOHNNY. No problem!

ROSI. Bye Dad! Bye Ma!

Johnny y Rosi hacen mutis. Laura y Gerardo se miran profundamente. Gran silencio.

ESCENA SEGUNDA

Laura y Gerardo.

GERARDO. Seguimos...

LAURA. ¡Seguimos! *(Pausa.)*

GERARDO. *(Sin ningún interés por continuar la discusión.)* En realidad me parece inútil...

LAURA. ¡Inútil!... ¿Por qué?

GERARDO. ¡No sé! *(Mirando su reloj pulsera.)* ¿Ves la hora que es? ¡Las once!... *(Cambiando el tema, resuelto e inventando una indignación que no tiene, es decir, deseando ponerla en evidencia, tratando de exasperarla.)* ¿Tú crees que estas son horas para que Rosi salga con Johnny?... ¿A dónde?

LAURA. A la playa, dijeron. Imagino que a algún bar... Ahora hay un ambientico agradable, y son jóvenes... ¿O es que quieres impedirles que se diviertan?

GERARDO. ¡No!..¡Sí!... *(Pausa.)* ¿Cómo decirte?... Lo veo...en estos tiempos...

LAURA. No lo apruebas.

GERARDO. Sí, es normal.

LAURA. ¡Pones una cara, chico!

GERARDO. A ti te parece correcto...

LAURA. ¡Claro, hombre!

GERARDO. Yo, honestamente...

LAURA. ¡Como si también no lo hubieras hecho! ¡Gerardo...detrás veo una enorme careta!

GERARDO. *(Con un sobresalto, que disimula.)* ¿Careta?... ¿Por qué? Realmente no entiendo... Estás hablando en chino o en turco...

LAURA. *(Con una sonrisa cruel.)* ¡Piénsalo!

GERARDO. Francamente, chica, te aseguro...

LAURA. Culpabilizas a Johnny...

GERARDO. *(Rápido. Violento.)* ¡Ah, no fastidies! ¡Eso me saca de mis casillas! ¡Tú, tú...! *(Otro tono.)* Si uno no pone coto ahora, dentro de poco, veremos en lo que caemos...

LAURA. *(Agresiva.)* Póngase como se ponga, Johnny es un buen muchacho, de una buena familia...

GERARDO. ¡Perfecto, Laura, perfecto! *(Otro tono.)* Lo que implica a la vez que tiene miles de problemas. Lo traje pensando que podría trabajar y estudiar y veríamos luego lo del matrimonio, pero, al niño nada le acomoda, que si no es por esto, es por lo otro, y yo trato de meterlo en los negocios, y qué es lo que me dice, que él no está para hacer eso, que si hace esto no hace lo otro, haz algo, muchacho, le digo, algo...y me responde que él no está acostumbrado, porque él, porque su familia...y el asunto es que, carajos, tengo que empujarlo, meterlo de cabeza en lo primero que se me ocurre, o qué sé yo...y yo no discuto que sea buen muchacho, ni te discuto que su familia es requetedeprimera...eso es aparte, el tema es que tiene que doblar el lomo...y él a que no, y yo a que sí...y le escribe a la madre, y la madre me escribe a mí, y le escribo a la madre, y el padre de Minessota me afirma que haga lo que quiera, que lo meta en cintura, que él no entiende o no quiere comprender a estas alturas... *(Violento.)* Y yo me rompo la crisma pensando, ¿qué es lo qué quiere este puñetero? ¿Andar en el Oldsmobile decapotable por cuanto bar y bochinche existe, arrastrando a Rosi, como una guanaja o majaseando de derecha a izquierda, viendo las musarañas que se descuelgan en el aire?... *(Pausa.)* ¿De dónde saca el dinero? ¡De su padre, no! ¿De su madre?... ¡Es posible! Ella posee una adoración tal por su único nené casi rayana en la locura. *(Otro tono.)* Y esto me encalabrina, es cierto, te soy sincero. Y menos mal que con lo de la fiesta, se siente en su salsa, y resuelve..., lo que no impide que por lo bajo meta la mano donde no debe. *(Gesto de Laura.)* Okey, no insisto. *(Con cierto énfasis.)* Ahora, dime, ¿qué hacemos con este carro loco, dime, de buena familia, y buen muchacho?

LAURA. ¡No te sulfures, viejo!

GERARDO. ¡Que no me sulfure! ¡Qué bien lo arreglas! A su edad, no gasté mi tiempo en correrías.

LAURA. Lo que significa, que si no haces una cosa en su tiempo, lo harás cuando viejo... ¡Tú, ahora, como un vejigo de quince, concretas tus ilusiones en una fiesta! Una fiesta, sin pies ni cabeza, brindis, valses, un teatro de variedades, en el que cada uno de los integrantes de la familia debe participar, ¡un decreto tuyo!...y yo tengo que repetir palabras que jamás diría, reproducir escenas que me parecen una estupidez... ¿Crees que lo del carnicero Serafín lo diría yo en algún momento? Y esa escena en la que tú le declaras el amor a Amelita... *(Otro tono.)* En el fondo...te gustaría hacerlo...

GERARDO. Esa no fue una idea mía, sino de Perucho...

LAURA. Pero tú la escribiste, y ella se queja...y me dice que por pena contigo, porque tú no pienses que ella se opone a la fiesta...¡Ah, Dios mío, la fiesta, la fiesta! ¡Siempre volvemos al mismo punto! Y lo que sucede en realidad es que hay un mar de ocultamientos y tú te escurres como una anguila.

GERARDO. *(Violento.)* ¡Te jeringa, te...te enerva, te crispa!... ¡Sí, lo sé!...

LAURA. ¡Ay, Gerardo, igual que un niño empiezas a retronar, y a destruir lo que está a tu paso, y a dar bandazos...!

GERARDO. *(Exasperado, cruzándose de brazos, mirándola como un espectáculo inconcebible.)* ¡Eso! ¡Eso mismo! ¡Sigue! ¡Vamos a ver a dónde vas a parar!...

LAURA. El muchacho no tiene nada que ver con los robos que has descubierto en tu cuartel general, allá en el hotel. ¡Pongo las manos en la candela!...

GERARDO. *(Agresivo, feroz.)* Tú, como Perucho, me repites, lo que me pone en el disparadero, que yo...

LAURA. *(Violenta.)* Oye, no te permito que hagas semejantes comparaciones... Que yo y ése... ¡Esto es lo último que tenía que oír!... ¡Yo igual a él...! *(Desesperada, en la angustia total.)* ¡No te lo permito! *(Gritando.)* ¡No lo soporto! ¡No lo resisto! ¡Sí, es la verdad! ¡Maldita sea la hora, maldita...! *(Otro tono.)* ¡Semejante delincuente...! Me lo retrucas por la cara...

GERARDO. *(Satisfecho, en su agresión.)* ¡Ahora soy yo el malo de la película!

LAURA. No fui yo quien te dije que lo trajeras para acá. No fui yo quien hizo el ceremil de gestiones, ni puse el grito en el cielo cuando las gestiones se fueron al agua, ni tampoco fui a buscarlo cuando nos dijeron que había llegado a Key West en una barcaza con su hija...que esa es su hija como yo soy el lucero del alba...

GERARDO. *(Haciéndose el sorprendido.)* ¿Tú crees?

LAURA. ¿Que creo, qué...? ¡Gerardo! ¡Ahora te caes de la mata!... ¡A otra con ese cuento!

GERARDO. *(Inventándose un personaje inocente.)* Mujer, te aseguro, que yo al pie de la letra, mientras no se me demuestre lo contrario.

LAURA. *(Recriminativa.)* ¡Gerardo!... ¿Tú no le ves la pinta? ¡Qué hija, ni qué historia del tiempo de la Nana!... ¡No hay que ser demasiado imaginativo para cerciorarse de ello!..., y si es su hija, hay incesto... Dios me perdone... pero...

GERARDO. *(Agresivo.)* La curiosidad te mata... ¡Averigua, averigua!

LAURA. Los otros días hablando de boberías...recuerdos de infancia...que cuando yo tenía diez años papá me regaló un pony... Ella, de repente, casi en un lapsus, me dijo que su padre en vida no pudo tener ese tipo de detalles..., que eran demasiado pobres... Y yo le salí al paso, afirmándole que Perucho, en una ocasión, nos había contado, que su hija predilecta era ella... Amelita me miró a los ojos, me dio la espalda como si estuviera calculando sus palabras, y repuso: Las aguas pronto tomarán su nivel. *(Otro tono.)* A buen entendedor...

GERARDO. *(Sarcástico.)* ¡Tu imaginación es un portento, querida!

LAURA. *(Riéndose artificialmente.)* ¡Ja, ja, ja!... ¡Créetelo tú! *(Otro tono.)* ¿Apuestas algo? ¡A ver! ¡Decídete!... *(Aprovechando el desconcierto fingido de Gerardo.)* ¡La fiesta no se hace!

GERARDO. *(En un sobresalto.)* ¿Cómo? ¿Sacrificar la fiesta? ¡Ni pensarlo!

LAURA. ¡Ay Dios mío, a ti hay que matarte!... *(Hablando con otro personaje invisible.)* ¡Qué cruz! ¡Lo mismo que cuando Perucho y las barcazas, y las llamadas por teléfono...y cuando llegaron...aquello no tenía desperdicio... *(Imitándolo.)* ¡Hay que ser atentos, no le hagan un feo, el hambre que habrán pasado! *(Otro tono.)* Y yo miraba y miraba, acurrucadita, en la puerta, hacia el techo, sin chistar... Y si decía h era b... *(Imitándolo.)* No seas racista, no tienes corazón, lo que han sufrido, cómo se ha sacrificado, ella es una mártir, él es un héroe, eso debía reconocerlo hasta el gallo más pintado... *(Otro tono. Como si estuviera contando un cuento.)* Y después, del embullo, ¿qué pasó?... Las caras largas, los dimes y diretes en el trabajo...la lipidia en la casa... *(Imitándolo.)* ¿Viste cómo se limpia los dientes? ¡Se acabaron los palillos! ¡No es posible que la pasta de diente se termine tan rápidamente, hace sólo una semana...! ¿Se lava la cara? ¿Se baña? ¿Y el jabón, dónde está el jabón?... ¡Que use desodorante!... ¡Pero se acabó el desodorante! ¡Para algo se ha inventado el agua de colonia y el talco! ¿Dónde está el agua de colonia, quién la cogió de su lugar? ¿Y el talco...será posible? ¡Me tienen harto! *(Otro tono, siguiendo su caricatura.)* ¡No sirve! ¡No está habituado al rigor del trabajo! ¡No tiene inventiva! ¡Le falta dinamismo!... ¡Es una calamidad! *(Otro tono.)* ¡Fuiste tú, tú, y nadie sino tú quien lo metiste en la casa!

GERARDO. *(Totalmente desconcertado frente a la avalancha de gestos y movimientos de Laura.)* ¡Es tu tío! ¡Es tu familia!...

LAURA. *(Con odio.)* ¡Mi tío! ¡Mi familia! ¡Valiente tío, valiente familia! ¡Te la regalo!

GERARDO. *(Con sentido grotesco, arbitrario.)* No soy quien la niega, eres tú... *(Se desploma prácticamente en una silla.)*

LAURA. *(Herida.)* ¡Que yo niego a mi familia! ¡Ya te lo he repetido miles de veces, y mi madre me lo ha contado por cartas y por teléfono! *(Incapaz de reprimir el llanto, se ahoga en los sollozos.)* ¡Déjame!

GERARDO. *(Descorcentado.)* No quise... *(Pausa. Los sollozos de Laura se hacen más intensos.)* A la verdad, china...te lo juro...no quise...

LAURA. *(Entre sollozos ahogados.)* ¡No me jures! Si te he dicho lo que pienso, tú, cuando menos lo pensaba... *(Gerardo le acaricia los cabellos.)* ¡El no es tío mío, ni la cabeza de un guanajo!... ¡Déjame! ¡No me toques!... ¡El como otros cientos en el mundo viven del cuento! ¡Hay miles de Villavicencio, querido! *(Gerardo continúa acariciándole los cabellos.)* ¡Trato no tuvo ni con mamá ni papá! ¡Te lo dije! Cuando cayó la primera carta...te lo aclaré... y me negué, sí, y continuaré negándome a aceptarlo. *(Cobrando energía y seguridad.)* ¡Dime que tú has querido utilizarlo, y que te resultaba cómodo, dime lo que se te antoje, menos que yo apruebo y he aprobado ni aprobaré a ese mamarracho...a un parásito de tal calaña...!

GERARDO. *(Buscando un efecto cómico.)* ¡Me llevas a la marcha y corriendo!

LAURA. ¡Sí, Gerardo, tú lo utilizas como nos utilizas a nosotros en esta mascarada!... Pero, ¿qué buscas? ¿Qué quieres?... ¿De dónde sale el dinero? ¿Del aire? ¿Los amigos? ¿Préstamos del banco? ¿Qué has hipotecado? ¿Qué has vendido? ¡Te vas a quedar encuero, con una mano alante y otra atrás!... ¿Cuántas trampas, Dios! ¡Habla!... ¡Esa fiesta nos pondrá en la lengua de nuestros amigos y enemigos, y seremos el hazmerreír! ¿Qué es lo que quieres descubrir con esos artificios de medio pelo? ¿Al ladrón? ¿Crees que vas a encontrar la cuadratura del círculo? Imaginas que es un método eficaz...y a mí me parece agua de sambumbia... El ladrón colabora contigo en esta farsa de la fiesta... *(Haciendo una cruz con los dedos de la mano, como un extraño llamado.)* ¡Eso, mira, lo juro!

GERARDO. *(Sin saber qué responderle.)* Laura, tú...

LAURA. *(Violenta, sollozando.)* ¡Déjame!

GERARDO. *(Tratando de detenerla.)* Espera, tú, china...

LAURA. *(Feroz.)* ¡Suéltame! *(Forcejea. Lo mira desafiante.)* Me debía tirar para la calle del medio, con cualquiera, con Serafín el carnicero, o con un pelotero... *(Se desprende de él, y se va.)*

ESCENA SEGUNDA

Gerardo y coro entre bambalinas.

GERARDO. *(Realmente asombrado.)* ¡Laura!

Oyese ruido violento en las bambalinas de tambores, flautines, claves y del contrabajo. Cambio rápido de luces. Posible transformación de la esccena. Gritos de: "¡Que se vaya! ¡Que se vaya! ¡Abajo el drama! ¡Abajo la tragedia! ¡Música! ¡Queremos música! ¡La fiesta!". Gerardo, perplejo, mira hacia todos los lados, se siente ridículo, y hace mutis corriendo.

ESCENA TERCERA

Perucho, solo.

Entra, por lateral derecho, Perucho, como un muñeco al que dieron un empujón. Perucho, medio atontado, rápidamente se recompone. Mira al público, le guiña un ojo. Se oye, bajito, el son de "Caballero, silencio" de G. Castillo.

PERUCHO. *(Con picardía y gracia.)* ¿Han oído? ¡Traigo revuelto el gallinero! ¡Soy un bicho! ¡Un bicho! *(Se mueve desplegando unos pasillos, a la manera de los "famosos negritos del teatro vernáculo".)* Una maniobra...¡y de las buenas! ¡Tengo a Dios, por las barbas! Trabajo fino... No hay que vanagloriarse. Pero conmigo no hay quien pueda. La morena tiene que ponerse para su número... ¡Uyyy, uyyy, mi hijita, que rico!... ¡Mi sobrina inventada, arañando las paredes, y Gerardo con el coco hecho agua, y yo en la gozadera! ¡Que nadie me pare! ¡En un puño, en un puño! ¡Seré dueño del corral!

ESCENA CUARTA

Amelita y Perucho.

En ese instante, entra Amelita bailando. Viste un traje despampanante. Baila con un sentido aristocrático de la danza.

AMELITA. *(Con la zandunga de los personajes del teatro vernáculo.)* Eh, qué, mulato, basta ya de marrullería y desparpajo. *(Se mueve rítmicamente. Al público.)* ¡No somos nada, polvo y ceniza! ¡Y este tiene guayabito en la azotea! ¡Se cree que se las sabe todas, y que es eterno! *(Como un exorcismo.)* ¡Za! *(Con desdén olímpico.)* Apártate, que llegué yo. *(Canta un fragmento en forma de parodia de "La salida de Cecilia Valdés".)*

ESCENA QUINTA

Johnny y el resto.

Entra Johnny cantando y bailando un fragmento de "Yo no tumbo caña", superponiéndose el estribillo "Cabo de Guardia, siento un tiro", bailado y cantado por los tres, sobreponiéndose la ejecución del Sexteto Habanero. Mutis de los tres. Estas escenas deben poseer, sobre todo, gracia. La desfachatez expuesta como si fuera parte de un poema.

ESCENA SEXTA

Carmelina, sola.

CARMELINA. ¡Chicho, muchacho!... *(Se sienta en el centro de la escena, como delante de un espejo, trae una peluca y juega con ella entre las manos.)* ¿Qué me está pasando? ¡Chicho, apúrate!... ¡Chicho, niño, por favor! *(Pausa. En tono de secreto.)* Estoy viviendo la novela de un amor imposible de M. Delly y nadie, nadie lo sabe. ¡Es el peluquero de la esquina! *(Otro tono.)* ¡Ay, Carmelina, que no se diga! *(Se pone una peluca al revés.)* ¡Te estás saliendo del tiesto! *(Otro tono. La peluca le queda ladeada.)* ¿Me habrá echado un bilongo? ¡El es muy capaz! Chicho, niño. ¡Qué relambío eres! ¡Ay...! *(Se detie-*

ne en su labor.) En una ebullición, a pesar de la madrépora...una cosa incontrolable, aaaaaay, de maracas y claves, ay, sí, un vaivén, flores, flores, vienen regando flores...ay. ¡Mujer, contrólate!... *(Vuelve a ocuparse de la peluca.)* ¡Si la gente de Bayamo me ve en este estado, el reperpero que se arma!... *(Se quita la peluca. Pausa. Vuelve a ponérsela totalmente al revés.)* Chicho, ¿vienes o no? El, cada vez que me ve, trata de enfilarme los cañones: ¡Chicho, contención!... *(Otro tono.)* La viudez es un desatino y él me arrebata...¿qué digo, qué estoy diciendo?... ¡Has perdido la chaveta!... ¿Y qué?... *(Con extrema coquetería al público como espejo.)* ¿Qué tal?

ESCENA SEPTIMA

Carmelina y Perucho.

Aparece Perucho detrás de una columna. Lentamente la escena se va transformando por medio del cambio sutil de la luz.

PERUCHO. Estás divina. *(Se oculta.)*

CARMELINA. ¿Quién?... ¡Estoy oyendo voces!... ¡No, bobona! ¿Le gustará, sí o no?

PERUCHO. *(Serio, voz sepulcral, saliendo de su escondite.)* Señora, quítese el gorro. *(Se oculta otra vez.)*

CARMELINA. ¡Jesús! ¡Auxilio! ¡Espíritus, fantasmas, las voces de los muertos! *(Mutis precipitado.)*

ESCENA OCTAVA

Perucho, detrás de una columna, y Amelita, un momento después.

La luz juega un papel importante en esta escena. Por medio del claroscuro puede sugerirse un jardín o un monte encantado, a la vez debe verse el fondo como un cielo decorado de estrellas. Cocuyos, grillos en el ambiente.

PERUCHO. ¡Al fin pude deshacerme de ese espantajo! *(Saca una leontina.)* ¿Vendrá?

AMELITA. *(Detrás de otra columna. Con un bate sobre el hombro.)* No sigo en este dale que no te doy.

PERUCHO. *(Impaciente.)* ¡Le dije que fuera puntual!

AMELITA. *(Satisfecha.)* Lo haré rabiar un poco. ¡Y que aguante como un toro! ¡Es tan plomudo, tan...!

PERUCHO. *(Molesto, en su espera.)* Ella se piensa que va a coger mangos bajitos!... Me voy. ¡No!... ¡La dejaré plantada! ¡No! Espera. Media hora es ñinga. *(Se oyen pasos entre las hojas secas.)* ¡Caray, viene! *(Se esconde. Pausa. Se asoma en un susurro.)* ¿Quién es? *(Se esconde.)*

AMELITA. ¿Quién será? ¿Habrá resucitado Jack el destripador? ¿Cómo?...¡se acerca! *(Se esconde. Pausa. Se asoma.)* ¡Qué coraje tengo! En un sitio así, a la intemperie. Por culpa de ese canalla. Exponerme a la mano de un asesino. O de un caimán. *(Hablando a un personaje invisible.)* No, mi hijito, a estas horas, que a una negra la hagan picadillo en un parque... ¡No! *(Amaga con el bate.)* Menos mal que tomé mis precauciones. *(Se repite el ruido de pisadas. Se le cae el bate al suelo. Gritos ahogados. Se esconde.)* ¡Auxilio!... *(Se asoma.)* ¡Era un cocuyo! *(Recoge el bate. Pausa.)* ¡Ay, mi corazón! Víctima soy del pecado... ¡Ya me oirá!

ESCENA NOVENA

Gerardo y los otros.

GERARDO. ¡Ahí están! ¡Los cogí en el brinco! *(Se oculta detrás de una columna. Reaparece con mucha precaución.)* ¡Conspiración había, conspiración!... *(Ruido de pasos. Perucho se acerca a la columna donde se encuentra Amelita. Se esconde.)*

PERUCHO. ¿Quién? ¿Tú?

AMELITA. ¡No! ¡Un monstruo! ¡La hija de Frankenstein!

PERUCHO. ¡Déjate de juegos que la cosa va en serio!

AMELITA. ¿Sí?... Lo ignoraba... ¿Y esa cara de tranca, a qué viene?

PERUCHO. ¡Hay que tomar medidas de urgencia!

AMELITA. Estoy en la luna de Valencia.

PERUCHO. *(Cortante, agresivo, rápido.)* Estás en la luna de Vizcaya, nena.

AMELITA. ¡Qué descubrimiento más insólito!

PERUCHO. Oye, lo que te voy a decir, las bromas y el relajito lo echas entre los desperdicios.

AMELITA. ¡Qué enérgico! ¡Qué durote estás, papi!

PERUCHO. *(Seguro, enciende un tabaco.)* El choteíto para otro momento.

Ruido de pisadas entre las hojas secas.

AMELITA. ¡Cuidado! ¡Alguien viene!

PERUCHO. *(Con una sonrisa sarcástica.)* ¿Miedo, ahora?

AMELITA. Miedo no, precaución.

PERUCHO. *(Con desdén.)* Lagartijas, cocuyos, grillos... ¡Estás nerviosa! *(Gesto negativo de Amelita, mirando a derecha e izquierda. Acercándose.)* ¡Este es el fantasma, mujer!... *(Otro tono.)* El hombre se vuelve mantequilla. *(Amelita apenas lo oye, atenta a los posibles ruidos de la naturaleza. Perucho la abraza y le besa el cuello, los hombros.)* Como ahora lo estoy yo por ti.

AMELITA. *(Tratando de apartarse.)* Vamos, recoge el circo. ¡Que tú no quieres a nadie!

PERUCHO. ¡Negra, estoy loco! ¡Te lo juro!... ¡Mírame, siénteme! Pierdo el seso. Mi sobrinita de marras perderá su comodidad. No seguirá dándose balijú.

AMELITA. ¿De qué hablas, querido?

PERUCHO. ¿Me estás oyendo o estás comiendo bagazo?

GERARDO. *(Reaparece.)* ¡Es increíble! *(Se esconde.)*

AMELITA. ¡Qué degenerado eres!... ¿Has oído ese ruido?

PERUCHO. Es el viento entre las ramas. *(Otro tono. Ella logra zafarse de sus brazos.)* ¿Te decides?

AMELITA. No entiendo bien la historia.

PERUCHO. ¡Pues entiéndela! ¡Aquí tienes billetes, de los verdes! *(Saca un grueso paquete de billetes.)* ¡Tremenda parranda nos espera!... Pondremos los pies en polvorosa ahora mismitico. *(Con un manotazo de Amelita, el dinero cae al suelo. Perucho la mira iracundo. En un grito feroz y moviéndose como si fuera a darle un empellón.)* Recógelo. ¡Me oyes! ¡Rápido!

AMELITA. *(Desafiante.)* ¡Cuidadito! Creo que cogiste el carro equivocado.

PERUCHO. *(Agresivo. Levanta la mano con intención de golpearla.)* Mira, negra...

AMELITA. *(Agresiva.)* ¡Anda!... ¡Atrévete! ¿Imaginas que me vas a coger para el trajín? ¡Pero que es lo que tú te has pensado, nene!... ¡Dinero robado es basura! ¡Refréscate la cabeza, muñeco! ¡Ponte al buen vivir!... ¡Ni un paso daré! *(Otro tono.)* Gerardo es una bellísima persona, ¿me oíste?...y si no me oyes, ¡¡jeríngate!... y su mujer, con todas sus boberas y refistolerías de ringorango, es un encanto, y nos han tratado a las mil maravillas...

PERUCHO. *(Indignado, dando algunos pasos, gesticulante.)* Pero... Amelita...tú...

GERARDO. *(Reaparece. Como un estúpido.)* ¡Era él!... ¡Hijo de perra! *(Se oculta.)*

PERUCHO. *(Violento.)* ¡Tú no puedes negarte! Tú, al principio, estabas encantada...

AMELITA. *(Violenta y al mismo tiempo divertida.)* ¡Ay, sí!... ¿Y quién, no? Practicaba mis cualidades histriónicas... ¿Cómo te cae, cabeza de melón? *(Con una desfachatez llena de gracia y sentido del humor.)* ¡Ay, yo me dije, conque en estas andamos, pues, a cruzar el Niágara en bicicleta...total, qué vas a perder, morena...y yo me monté en mis tacones altos, y dije, ¡allá va eso!, sin ningún complejo...porque en fin de cuentas, quien perdía no era yo, sino tú, y yo me dije, ay, este me está utilizando... Al pan pan y al vino vino, blanquito amarillo...y no sólo a mí, sino al resto, a la Carmelita, al Gerardo, al Johnny... A quien tú no pudiste meterle el diente fue a la Laura...con ella, no, mi niño...hueso duro de roer. ¡Ahí la historia chocaba con el muro de las lamentaciones, con un bulldozer...!

GERARDO. *(Imitando a Sopeira, personaje del vernáculo cubano.)* ¡Qué repanocheo, Dios de Dios! ¿Y si los sorprendo...? ¡No, deja el río correr!...

PERUCHO. ¡Sí continúas en esta tesitura...no me hagas perder el juicio!

AMELITA. *(Sarcástica y violenta.)* ¿Perder, el qué, Peruchito, cucuruchito de maní? *(Lo mira de arriba hacia abajo de abajo hacia arriba, con desprecio. Fulminante.)* ¡Perder el alma, es lo que vas a perder, desgraciado...!

PERUCHO. ¡Amelita, te extralimitas!

GERARDO. *(Desde otro sitio.)* Lo veo y no lo creo. Lo oigo y no lo veo. *(Se esconde.)*

AMELITA. ¡Mefistófeles!... Porque tiene su lógica, que locos no estamos... Por eso, cuando te sentiste perdido, que no dabas pies con bola, que en el trabajo eras un desastre, y en la casa, se iba de mal en peor, echaste cara o cruz, y te vino la idea de la fiesta. Fuiste tú quien le pusiste la idea en la cabeza, quien lo acosaste, y lo embaucaste, "sí, sí, vamos hacer ensayos, vamos a hacer representaciones"...y como la idea tenía sus atractivos...la mulata, como Cleopatra, o la manzana de la discordia, la Reina Etíope, envuelta en celofán...y las caretas te permitirían el juego en grande...jajaja...ideas tuyas...¡yo, tu hija! ¡Laura, tu sobrina!...¿no es cierto, cielo lindo?, ay, y yo me dije, este lo mismo que en una película que vimos en La Habana quiere demostrar que una verdad puede ser mentira, y que una mentira puede ser

253

verdad, que nunca se sabe cuándo es verdad o mentira...¡alabao con el niño!, qué astuto el muy...el muy... ¡Negra, anda con pies de plomo, porque este blanco no cree en nadie! A río revuelto... ¡Uyuyuyy! ¡Pero te conozco, mascarita! Y como mi abuela decía que la ambición mata al de poca sesera... Me senté en la puerta a ver el entierro... Sí, Perucho, tú siempre, aquí, allá, donde estés, a dar el golpe... *(Otro tono.)* Desde que te conocí te lo advertí...si me canso... Y tú: ¡Ah, mulata, tú no sabes!

PERUCHO. Las cosas no nos han ido mal...

AMELITA. *(Conmovedora, sincera.)* Pero estoy cansada. Lo nuestro terminó hace mucho... Pensé que al abandonar aquel infierno, que si la falta del pan, que si de los frijoles, que si la policía...que con el cambio, el viaje, y las nuevas ilusiones, tú podrías cambiar, y quizás recomenzar... *(Pausa.)* Perucho...quince años es demasiado. Una eternidad... Ay, Dios... Te quise, y sanseacabó. El resto, déjame.

PERUCHO. ¡Pero tú no puedes hacerme esto! ¡No, Amelita, no!

AMELITA. ¡No te agites! ¡Cálmate!

PERUCHO. *(Violento, aferrándose a ella.)* ¡De todas maneras, tienes que oírme!

AMELITA. No me hagas reír, querido...olvidarme... *(Va hacia el fondo, arrastrando el bate.)* Me iré a Nueva Orleáns, allí, mi hermana... *(Mutis.)*

PERUCHO. *(Detrás de ella.)* Amelia Suárez de Villavicencio no saldrás con vida... ¡Vienes conmigo a la fuerza! *(Mutis.)* ¡O en la fiesta de cuerpo presente!

Oyense gritos afuera. Un estruendo. Gritos de Perucho: "Me matas. Me matas. Auxilio. Socorro, americanos".

ESCENA DECIMA

Gerardo, solo.

El ambiente se va transformando lentamente a lo largo del monólogo de Gerardo. El canto de los grillos se intensifica, acompañado por el pío pío de algún pájaro despierto y extraviado. Oyese el rumor de las olas de la playa.Cruzan zigzagueantes, como pequeños meteoros, los cocuyos por la escena. En pequeñas e imperceptibles paletadas entra la bruma. Es como si la naturaleza se preparara para recibir el alba.

GERARDO. *(Refiriéndose a los gritos de Perucho.)* ¡El se lo buscó! ¡Merecido lo tiene!... Pero, ¡qué digo!... ¿Cómo me atrevo a emitir semejante juicio? ¡Oh estúpido, tuve yo parte, y de qué modo, en el embrollo!... Ah, noche, déjame respirar tu penumbra, como si estuviera lamiendo la piel del escalofrío... ¡Sí, fui yo! *(Se golpea el pecho.)* ¡Ninguna excusa, ningún artificio debe velar mi impunidad! *(Cae de rodillas en el centro del escenario.)* Refugiándome detrás de un deseo pongo en peligro mi propia casa... ¿Es el deseo, el deseo de destrucción...un afán de poder, de conquista...? ¿O un capricho? ¡Oh, vanidad, atormentándome...! ¡Oh, no! ¡Huid, sombras! Cualquier hombre es capaz de convertirse en alimaña y correr hacia el crimen y el extravío como si fuera una dulce aventura. Oh, qué materia frágil la nuestra. *(Pausa. Respira a fondo. Otro tono.)* Mi abuelo rezongaba por los portones, me parece escucharlo bien claro: "Tanta culpa tiene el que mata la vaca, como el que aguanta la pata...". Y Laura tiene razón: He tratado de tapar el sol con un dedo, entre caretas y razones de sinrazones... *(Pausa.)* Vanidad, ¿qué sentido tiene la fiesta?... ¡Ninguno!... Se desvanece mi sueño... ¿O es todavía realizable?... ¿Qué hacer?... ¡Estoy en un callejón sin salida! *(Se queda poco a poco dormido recostado al tronco de un árbol o columna. Oyense voces.)*

ESCENA UNDECIMA

Don Benito y Doña Pepilla y Gerardo, dormido.

La escena se ha ido llenando de una neblina que irá dando lugar a la luz lechosa del alba llena de brochazos rojizos y violetas. Los dos personajes avanzan despacio. Don Benito, delante, Doña Pepilla detrás con sus bastones respectivos.

DOÑA PEPILLA. Espera, Beni, espera. Todavía seguimos perdidos. Y esta neblina que se puede cortar con un cuchillo. Dios mío, estábamos en Guatemala y caímos en Guate-peor. ¡La política!

DON BENITO. *(A tientas.)* Refunfuña, refunfuña... Es lo único que has hecho toda tu vida. Desde que nos casamos, refunfuña, requetefunfuña.

DOÑA PEPILLA. Estoy ciega, querido. Solo veo borrones... Seguramente las cataratas...algo debe haberme pasado. Nada veo. Siento que navego en un paisaje lunar. Anoche estuve soñando...un paisaje lunar, y veía que había otras muchas lunas y unas criaturas pequeñísimas como gotas de rocío...y habitaban en las corolas de las flores. Espera, Benito... Y yo los acariciaba, y me sonreían. Cuidado, Benito. He tropezado con una montaña. Me voy a caer... *(Benito se detiene. la observa y mueve la cabeza como signo de impaciencia.)* Benito, Benito...no me dejes sola. ¿Y los muchachos? ¿Dónde están? ¿Se ha perdido?

DON BENITO. No te preocupes por ellos. Son jóvenes... *(Otro tono.)* Despacio, anda.

DOÑA PEPILLA. Me tratas como si fuera una retrasada mental o una inválida. *(Otro tono.)* Bonito lugar... ¿Verdad, Benito? En mi vida lo había visto...

DON BENITO. Miles de veces...

DOÑA PEPILLA. *(Como una niña.)* ¿Miles de veces?

DON BENITO. Sí, miles de veces.

DOÑA PEPILLA. ¡Jamás!

DON BENITO. ¡No seas tonta!

DOÑA PEPILLA. ¡Jamás!

DON BENITO. Cómo se te ocurre decir ¡jamás!, en ese tono.

DOÑA PEPILLA. Sí, jamás. El jamás de los jamases. Y si no te gusta, chifla.

DON BENITO. Mujer, ¿no te acuerdas...del americano aquel Mr. Taylor...no, no, tal vez fue Mr. Rogers...? ¿No te acuerdas?

DOÑA PEPILLA. ¿Qué si no me acuerdo? ¿Acordarme de qué...? Ay, muchacho, si ya no me acuerdo de que existo y si la luna está arriba o abajo... ¡Por favor, Benito!

DON BENITO. Mr. Taylor o Mr. Rogers, que vive en Sarasota...

DOÑA PEPILLA. ¿Sarasota? ¿Qué es? ¿Un pueblo o una isla?

DON BENITO. ¡Sarasota! ¡No le des más vuelta! S-a-r-a-s-o-t-a.

DOÑA PEPILLA. ¿Quién?... ¿Mr. Taylor o Mr. Rogers?

DON BENITO. Uno de los dos.

DOÑA PEPILLA. ¿Quién es quién?... ¡De algún modo debemos entendernos!

DON BENITO. ¡Carijo, escúchame!... Mr. Taylor o Mr. Rogers, uno de ellos nos trajo...

DOÑA PEPILLA *(Gritando y aplaudiendo, divertida.)* Ah, formidable. ¡Extraordinario!

DON BENITO. ¿Y esa alharaca, a santo de qué?

DOÑA PEPILLA. Benito, Mr. Taylor o Mr. Rogers, no importa quién, nos trajo.

DON BENITO. ¡Exacto, mujer!

DOÑA PEPILLA. *(Extrañada.)* ¿Nos trajo? ¿Ahora? ¡No es posible! ¡Estoy soñando!

DON BENITO. *(Rectificando.)* ¡La primera vez!... ¡Y aquí, en un *picnic*, se habló por primera vez de la fiesta! *(Doña Pepilla recoge flores que va echando en su regazo, en un simulacro de cesta.)* Estábamos oyendo en la radio de Johnny a Celia Cruz, y comíamos pollo asado y congrí, debajo de una de estas matas, y a Perucho se le ocurrió la idea de la fiesta... *(Están delante de Gerardo, dormido, y no lo ven.)* Hacía pocos días que Perucho y Amelita habían llegado...y la negra andaba cortando caña con su movimiento, y sacaba chispas, tin tan, tin tan, y el Gerardo, tú lo conoces, no en balde lo pariste, andaba alebrestado, y para congraciarse, tú lo conoces, se tomó la fiesta en serio...

DOÑA PEPILLA. *(Recriminativa, pero divertida.)* ¡A tal palo, tal astilla!

DON BENITO. *(Gritando.)* ¿Yo?

DOÑA PEPILLA. ¡Tú, sí! ¡Negrero hasta la pared de enfrente, y después haciéndose el santurrón!... *(Se incorpora, y las flores caen al suelo, a los pies de Gerardo.)* Y tu hijo, que nadie me oiga, Dios mío, un fascineroso y un desvergonzado...en las propias narices de Laurita, Benito, que estos ojos que se van a comer la tierra..., en los ensayos de la comedia, ¿te acuerdas?...ella, la negra, lo trató a cajas destempladas, y se quedó puesta y convidada...y yo me hago la gatica de María Ramos... ¡Vieja, la fiesta es para ti! ¡Sí, a mí con ese cuento! ¡Sí, sí!... ¡Ja, ja! ¡Pero en la avioneta no monto, qué va!

DON BENITO. ¡Al diablo, si hay alguien que te entienda!

DOÑA PEPILLA. *(Casi gritando.)* Y Gerardo, que sabe que un gato tiene cinco patas y no cuatro, quema petróleo, asegún dice el vulgo, como un trastornado...

GERARDO. *(En un sobresalto.)* ¿Qué pasa? ¿Quién me llama? *(Atontado, se sienta.)*

DON BENITO. ¡Hijo!

DOÑA PEPILLA. *(Disimulando, encubriendo su conversación en caso de que la hubiera oído.)* ¡Muchacho, te estábamos buscando, y busca que te busca, y ya estaba cansada, destoletada...y...Rosi y Johnny...!

GERARDO. Amanece...

GERARDO. ¿Sí? ¿Y ustedes...? ¡Los pobres!

DOÑA PEPILLA. ¿Qué dices?... *(Otro tono.)* Benito, la política... ¡Prohibida!

DON BENITO. ¡Que estamos encantados!

DOÑA PEPILLA. *(A Don Benito.)* Yo, más fresca que una lechuga...,decidida a empezar la parranda... *(A gritos.)* Rosi, Johnny... *(A Don Benito, dándole un codazo.)* Nos habíamos olvidado de ellos... *(Gritando.)* Rosi, Johnny...

DON BENITO. *(Voceando hacia el fondo del escenario.)* Rosi, Johnny.

DOÑA PEPILLA. *(A Gerardo.)* ¡Se han extraviado! ¡Es que estos senderillos son un verdadero laberinto! Ya nos pasó a nosotros... *(Voceando.)* Rosi, Johnny...

GERARDO. *(Voceando.)* Rosi, Johnny...

DOÑA PEPILLA.
Ah, juventud divino tesoro,
te vas para no volver,
cuando quiero llorar no lloro
y a veces lloro sin querer...

ESCENA DUODECIMA

Rosi, Johnny, y los otros.

La luz ocupa casi totalmente el escenario. Una luz hermosa que hace que la naturaleza parezca tocada por una fuerza mágica.

ROSI. *(Tono cantarín.)* Aleolé, aleolé. ¡Aquí estamos! *(Entran los dos abrazados. El traje de ella está totalmente desarreglado... Lo mismo le pasa al de Johnny. Ella lo besa. Pausa.)* Amor mío...en realidad, el que vayas a trabajar en la Policía, en el Departamento de Anti-Droga, me desencanta. Detesto la idea de verte en la serie *Miami Vice.*

JOHNNY. Hablaré en serio con tu padre. Veremos lo que dice. Sería una buena experiencia...

DOÑA PEPILLA. *(Sonriente.)* Ya lo digo yo... La juventud...

GERARDO. *(Molesto.)* Una buena entrada a palos...a los dos... *(Recoge una flor.)*

DOÑA PEPILLA. ¡Oíganlos!... ¡Y a ti quien te la da! *(Besa a Gerardo.)* Angel mío, mi ángel. *(Gerardo le entrega la flor.)*

ROSI. *(Todavía en el fondo del escenario.)* ¡Abuela, abuelo, papi...! *(Señala el amanecer.)* ¡Miren, qué belleza! *(Johnny y ella se quedan extasiados mirando cómo el sol se levanta.)* ¡Podíamos tocar el cielo con las manos y el arco iris!

JOHNNY. *(Desde el fondo.)* Doña Pepilla, esto se parece al paraíso... *(Sopla el aire, y van cayendo hojas doradas sobre los dos muchachos.)*

ROSI. Qué maravilla, abuela...

JOHNNY. El paraíso... Entrar en las nueve constelaciones, y es como si estuviéramos rozando las nubes... *(Acercándose al grupo.)* El paraíso, abuela... *(Rosi corre hacia los brazos de Gerardo, y lo besa.)*

ROSI. ¡Te quiero mucho, *daddy!* ¡Muchísimo! Abuelo, ven acá... *(Don Benito se acerca y ella lo abraza y lo besa.)* Soy feliz, y es hoy tan bello, tan bello lo que nos rodea... Papi, Johnny quiere hablarte.

GERARDO. ¿Ahora?

ROSI. Después de la fiesta.

DOÑA PEPILLA. Sí, muchacho, sí... Pero, en Bayamo, te aseguro...el cielo era azul azul, y las hojas de los árboles, y las orugas del rocío, y las estrellas iban apagándose y caían en nuestras manos...y era una fiesta... *(Le quita un guizazo de los cabellos.)* A pesar de la política, hijo.

JOHNNY. Sí, abuela, vieja linda, en Bayamo...era una fiesta...

DOÑA PEPILLA. No es por desmejorar lo presente, pero, allá...

JOHNNY. *(Cantando.)*
Allá en la Siria había una mora,
una mora encantadora,
ay, mora, déjame te querer...

GERARDO. *(A Rosi.)* Pero, ¿por qué han venido? ¿Qué pasó?

ROSI. ¡Uf!... ¿Qué pasó?... Johnny, ¿qué pasó?... Ah, sí, cuando mamá y tú discutían, nos fuimos, e hicimos un recorrido, estuvimos en Locky Bar, y luego y después...y finalmente decidimos regresar, y encontramos a mamá en un mar de lágrimas, y nos dijo que tú te habías ido dando un portazo, y abuela a moco tendido y abuelo nos dijo: "Hay que ir a buscarlo", y salimos como flechas, sin saber a dónde, y nos perdimos...

JOHNNY. Cogimos la autopista, y doblamos en la Cuarenta y dos norte, y descendimos hasta la octava, en la octava tomamos dirección sur, Rosi decía que era hacia el norte, hacia el este, y después pensándolo bien decidió que era hacia el oeste, y la abuela decía "Ay, chino de Cantón, protégenos! ¡Una brújula!", y yo corría a todo meter, y llegamos después de muchas indecisiones a tomar Flagler, y subimos hasta la Cuarenta y ocho Sur, y de allí, algo imprevisto sucedió, un aire de encantamiento, o algo extraño, nos impulsó, y estábamos, en medio del parque, como si fuera un sueño...

DON BENITO. ¡Qué berraco es este muchacho, mi madre!... *(Otro tono.)* ¡Qué sueño, ni qué niño muerto! ¡Sudamos la gota gorda en este trajín!

DOÑA PEPILLA. *(A Johnny.)* Hora y pico con la incertidumbre y el corazón en la boca... ¡No es juego, nene!

GERARDO. Pero ¿por qué me buscaban? ¿A dónde, papá? *(Don Benito se encoge de hombros, y el resto se mira entre sí, perplejo.)* En fin...

DOÑA PEPILLA. ¡La fiesta!

GERARDO. *(asombrado)* ¿De veras, la fiesta?

JOHNNY. Cantemos...

ROSI. *(Exaltada.)* ¡Sí, cantemos, abuelo, abuela, papi!

DOÑA PEPILLA. *(A Rosi aparte, secreteando, con voz exasperada.)* Compórtate, niña. ¡Ese vestido, Dios mío! ¿Dónde estuviste metida? ¡Y Johnny está lleno de guizazos! ¿Qué buscaban en pleno matojo?... ¡Para espabilada, no hay otra!

ROSI. ¡Ay abuela!

DOÑA PEPILLA. Sí, Rosi...¿qué le diré a tu madre?

ROSI. *(Le guiña un ojo a Doña Pepilla. Gesto de la abuela. Mientras se arregla el vestido, recita mirando a Johnny.)*
Los zapaticos me aprietan,
las medias me dan calor,
y el anillo que tú me diste
lo guardo en el corazón.
(Aplausos generales. Exaltada, jugando.)
Tin marín, de dos pingüés,
cúcara mácara, títere fue.
El inglés tiró la espada
y mató cuarentitrés.
Chapa, corcho y corona.

DOÑA PEPILLA. *(Exaltada, aplaudiendo.)* Cantemos, cantemos. ¡A la rueda, a la rueda! *(Tomándole la mano a Gerardo y a Don Benito, Rosi y Johnny se enlazan a ellos y se forma la rueda. Ellos dan vueltas y vueltas, cantando.)*
Al ánimo, al ánimo,
la fuente se rompió.
Al ánimo, al ánimo
mandarla a componer.
Uri uri urá, uri uri, urá,

el que va siempre despacio,
ese nadie detendrá.
Al ánimo, al ánimo,
la fuente se rompió...
Al ánimo, al ánimo...

Los personajes, moviéndose en la rueda, se alejan hacia el fondo. Las hojas de los árboles, en leves sacudidas, caen y caen, como música de las esferas, sobrevolando al compás del canto de los grillos y las chicharras.

Telón lento.

ACTO TERCERO

ESCENA PRIMERA

Carmelina.

En el escenario, Carmelina duerme, sentada en la butaca, con la lámpara encendida entre las manos, en el lado opuesto al que estaba al comienzo del Primer Acto. Una luz difusa la baña. El resto permanece a oscuras. En un maniquí un vestido a lo María Antonieta. Afuera se oyen voces y risas apagadas, ruido de cubiertos y platos y el choque de vasos y copas en brindis esporádicos. Una música débil se esparce como un murmullo sensual. Lentas campanadas a intervalos. Carmelina se despierta sobresaltada.

CARMELINA. ¿Qué pasa? ¿Alguien llegó? ¿Quién...? *(Oyense pasos.)*

ESCENA SEGUNDA

Carmelina y Amelita.

Entra Amelita vestida con un elegante traje de noche.

CARMELINA. ¿Quién anda, ahí?

AMELITA. Al fin te despertaste. *(Otro tono.)* ¡Esto es una boca de lobo!

CARMELINA. ¿Has visto a alguien trasteando por los rincones?

AMELITA. ¡No! ¿Por qué?... Hace un rato pasé y vi que dormías.

CARMELINA. He sentido que una sombra me andaba buscando, y registraba. La sentí de una manera tan clara, tan fuerte, que dí un salto...

AMELITA. En los sueños a veces sucede. *(Se sienta.)*

CARMELINA. Ah, mujer, es horrible. Una especie de ultraje... En el sueño daba vueltas, corría de un lado para otro, veía cosas inauditas, un revolico de caras y caretas...un carnaval... Las cosas se intercambiaban, giraban, se entrechocaban...y yo corría encuera por Flagler, y la Calle Cuarenta y ocho, donde el diablo dio las tres voces... Había un jaleo permanente, una fiesta que se hacía y se deshacía...

AMELITA. ¡Pues se hace!

CARMELINA. ¿Colocaron ya la avioneta?

AMELITA. ¡Desde cuando, Carmelina! ¡Es una sensación! Hasta los empleados del hotel la observan embobados, la tocan, vuelven a contemplarla, como un artefacto traído por los marcianos.

CARMELINA. ¡Qué novelera es la gente!

AMELITA. *(Con poca convicción.)* Sí, ya están llegando! ¡Oyela! ¡El acabose! *(Otro tono.)* Lo que me preocupa es que oí decir a uno de los técnicos que la avioneta era frágil, y que el peso de la vieja podía afectarla. En un santiamén Gerardo pesó a la cañona a Doña Pepilla, y se comprobó que no había problema. Pero la Doña está en sus trece, que montar, nananina, y resiste los embates de los discursos de Gerardo... Ay, mujer, qué te puedo decir...tanto da la gota de agua sobre la piedra...y él vive la desazón de si la vieja se encarama o no...

CARMELINA. ¡En un lanzallamas o en un avión portamisil!... ¡Lo que no entiendo es por qué obligarla...! ¡El está insoportable!

AMELITA. Es cuestión de vida o muerte, mi hijita, cumplir el programa. Una obstinación...

CARMELINA. ¡Caprichos!... ¡Niña, quería cogerme para el trajín! *(Imitándolo.)* Las invitaciones tantas. Los programas tantos. *(Otro tono.)* A éste se le subieron los humos, me dije. Ahí te quedas, precioso. Ayudarte hasta un momento y después Santa Pascuas y adiosito.

AMELITA. Yo, idéntica. *(Otro tono. Divertida.)* ¡Verlo por los pasillos, o en su cuartel general, como dice Laura, donde da las órdenes y recibe a los empleados y a los técnicos, es todo un poema!... Que si no se cumple el programa, que la inconsciencia de nosotros, que los invitados se van a sentir defraudados, que no nos damos cuenta de la importancia, que patatín, que patatán... Y en este momento, se está halando los pelos, porque Laura se rajó y Rosi y Johnny dicen que ellos no harán el ridículo... *(Pausa breve. Otro tono.)* El entró ya en ese mecanismo y nadie podrá detenerlo.

CARMELINA. ¡Qué rápido, Amelita! *(Otro tono.)* De buenas a primeras yo pensé que debía ayudarlo... Le tenía lástima, porque Laura estaba renuente, y era mucha la carga de la fiesta... ¡Pobre diablo, solo!... Pero luego empezó a enseñarme las uñas...

AMELITA. Para mí que un espíritu malo se le ha arrimado y le come el seso... En fin, que el mundo no se arregla. *(Se levanta. Mira a lo que la rodea.)*

Imposible andar en esta oscuridad... Parecemos ánimas en pena... ¡Luz! ¡Luz! *(Tono jocoso y riéndose.)* Un poco de luz para estas almas desesperadas... *Amelita va hacia un lateral y regresa inmediatamente con un paquete de pequeñas bujías. Lo abre. Carmelina, mientras tanto, mira al público como si fuera un espejo y se unta crema en el rostro y en los brazos. Amelita enciende una a una las bujías y las va colocando en cada uno de los troncos o columnas que conforman la escenografía. Se oye muy bajo el vals "Sobre las Olas".*

CARMELINA. ¡Por lo que veo tú no vas a la fiesta!

AMELITA. ¿Yo?... Los ánimos los traigo por el suelo. Recuerda que ya te dije que...

CARMELINA. *(Sin prestarle atención.)* ¡Ay, tú vienes conmigo! Lo de Gerardo hay que echárselo a la espalda. No coger lucha, mi amor... Una fiesta es una fiesta. Oye, el vals "Sobre las olas"... Tralalá, tralalí... Gerardo y Laurita deben estar bailando...así estaba indicado... ¡Ay, perderme ese momento sublime!... Tralalarí, tralalará... ¡Embúllate!

AMELITA. ¡Para embullo estoy yo!

CARMELINA. *(Gesticulante.)* ¡La Reina Etíope!

AMELITA. ¡Carmelina, te suplico...!

CARMELINA. ¡Está bien, mujer!... El programa era lindísimo con ese número cuando tú recitas: "Sonámbula igual que agua remota/Orión los huertos acuna del alba", y luego los tambores y la música hindú... *(La imita en sus contoneos.)* y entran los eunucos, y tú te mueves como una serpiente...tam tam tam tam tam...y luego Gerardo, disfrazado de prestidigitador... Oh, tú, incólume etíope...". Mil veces lo ensayamos, y quedaba de requetechupete... y ese otro momento cuando cantas...*(La imita.)* Yo soy Amelia Valdés, yo soy Amelia Valdés...

AMELITA. *(Categórica, firme.)* ¡No! ¡He dicho que no!

CARMELINA. ¿Y la gente qué dice? ¡A Gerardo le da un ataque! ¡Me lo conozco!

AMELITA. El no lo sabe, ni voy a decírselo tampoco... Yo hablé con Laura, y ella está de acuerdo conmigo. ¡Que se haga la fiesta sin mí!

CARMELINA. ¡Cuando se entere, me pondré en primera fila, para oírlo! *(Otro tono.)* ¿Por lo de Perucho?... *(Otro tono. Rápida.)* Laura se alegró de lo lindo, y a Gerardo ni fu ni fa... *(Otro tono.)* ¡Me imagino que para ti...!

AMELITA. *(Rápida.)* ¡Para qué insistes!... ¡Ve y diviértete tú!

LA FIESTA

CARMELINA. *(Como si hablara al espejo, y va creando la situación de estar al borde de una crisis de nervios. A veces habla con Amelita que sonríe y continúa en su labor. Como una niña.)* ¡Y yo no me he arreglado! ¡Estoy en bata de dormir...! ¡Qué suplicio, Virgen de las Angustias! ¡Y no me he quitado los rolos ni me he peinado! ¡Y no tengo tiempo!... *(Se peina de una forma casi vertiginosa.)* ¿Cómo es posible que esto me haya sucedido?... ¡Te digo que esto es un horror! ¡Qué pensará la gente!... ¡Oh, Dios mío, qué lucha, qué martirio! ¡Como si yo tratara de hacerles un feo! ¡Y que no, que me aturrullo! *(Tira el peine en el suelo. Se cepilla ahora. Abandona el cepillo irritada. Afuera las voces y las risas aumentan.)*

AMELITA. *(Paciente y atenta.)* ¡Todavía tienes tiempo!

CARMELINA. Amelita...¡mira esas greñas...y después de lavarme la cabeza, el pelo se me pone peor!... ¡Me da una ira...! ¡No puedo! ¡Es insoportable!... ¡Contempla este adefesio por los cuatro costados! ¿Cómo, en qué tiempo puedo yo virarme al revés? ¡Sí, no te rías! ¡Te estoy diciendo la verdad! ¿Cómo puedo yo, cómo...? ¿Para qué ir a la fiesta? ¿Para qué?... ¡Me quedaría sentada, sin moverme!... *(En un arrebato total.)* ¿Pero, por qué estoy aquí? *(Como perdida en su confusión, mirando a su alrededor.)* ¿Qué es esto? ¿Dónde estoy? ¿Dónde?... *(En otro desvarío.)* ¿Dónde está mi vestido? ¿Y mis zapatos? ¿Y las enaguas? ¿Y las medias? ¿Dónde está el *pendantif,* y mis pulseras y el collar...? ¿Dónde?... *(Se echa a llorar, convulsivamente.)* ¡Ay, Amelita, qué destino el mío! ¡Una tragedia!...

AMELITA. ¡Cálmate! ¡Te atormentas! *(Deja su labor y se acerca a donde está Carmelina. Amorosa, dulce.)* ¡A su debido tiempo se hará! *(Le indica la manera de peinarse y maquillarse.)* ¡No utilices el cepillo tan a la carrera!

CARMELINA. *(Mirándola.)* ¡Es que no tengo arreglo! La mona aunque se vista de seda...

AMELITA. *(La peina.)* ¡Lo único que tenemos es nuestro cuerpo, Carmelina! Por difícil y extraño que te sea, aprende un poquito a conocerlo, y acéptalo. Te aseguro que pronto te darás cuenta de que es una maravilla. Mira, ¡recógete el pelo!... *(Carmelina solloza y da golpes contra la butaca.)* ¡Cálmate, por favor! Y en cuanto al vestido ¿qué le reprochas?, es francamente divino.

CARMELINA. *(En sostenidos sollozos.)* ¡Tú no puedes comprender!

AMELITA. A ver... ¡Exacto!... Hacia este lado... ¡Deja el lápiz, toma el creyón..! *(Maquillándola.)* ¡Despacio! *(Le quita con crema un rasgo acentuado.)* ¡No hagas muecas, por favor!

CARMELINA. *(Como una niña malcriada.)* ¡Estoy vieja! ¿No me ves?... ¿Qué

265

cara me pongo? Por mucho que me esfuerce en inventarme una careta, qué consigo... ¡Y estamadrépora que me trae desmoñingada!... ¡Debería morirme!

AMELITA. *(Imponiendo su carácter.)* ¡Sigue haciendo lo que te dije! ¡No de ese modo! ¡Qué empecinada! *(Gesto de Carmelina.)* ¡Déjame que lo haga... si no quieres que esto termine como la fiesta del Guatao!

CARMELINA. *(Entre risas y llantos.)* ¡Como lo que le hiciste a Perucho...! ¡Qué bárbara...! ¡Yo jamás me hubiera atrevido! ¡Entrarle a batazos! ¡Eres de armas tomar!

AMELITA. ¡Vamos! ¡Sigue!

CARMELINA. ¿Y la policía, qué hizo...y en el hospital...?

AMELITA. *(Terminando de encender las bujías.)* Perucho, sabiendo como sabe, que si se desata un escándalo no le conviene, que si se empiezan a hacer investigaciones la pasaría mal...y sabiendo como sabe, que yo estoy lo que sea, se recogió al buen vivir, y dijo: que un accidente que había tenido, que unos delincuentes en la calle lo habían intentado asaltar cuando regresaba de las prácticas de pelota, que la oscuridad no le permitía reconocer a nadie, y que yo con el bate había querido defenderlo...en fin...pasó a un simple caso de rutina...y como los golpes eran leves, anda como si tal cosa, naturalmente, haciendo de tripas corazón...

El volumen de la música afuera aumenta un poco.

CARMELINA. ¡El pobre!

AMELITA. *(Violenta.)* Es una vergüenza que durante quince años lo haya apoyado en sus bellaquerías. ¡Me siento mal, Carmelina! ¡Requetemal!

CARMELINA. *(Filosófica y suspirante.)* El amor, mujer, hace cometer locuras... Te lo digo yo...que, a mis años, no escarmiento...

AMELITA. *(Leve gesto afirmativo de Carmelina.)* ¡No, Carmelina! ¡No! ¡El amor es otra cosa!... Diferente. No sé como explicarlo... *(Otro tono.)* Y jamás justificará mi actitud. A veces me aborrezco, me indigna... *(Otro tono.)* ¡Tener que llegar a eso!

CARMELINA. *(Detrás del parabán se desviste.)* Comprendo que es duro... ¡Alcánzame el refajo!

AMELITA. *(Le alcanza la prenda pedida. Acto seguido desviste el maniquí.)* Qué maravilla, Dios mío. *(Otro tono, siguiendo su idea obsesiva.)* Te dije que es una vergüenza, y cada vez que lo pienso... *(Ayuda a vestir a Carmelina.)*

CARMELINA. ¡No te hagas mala sangre! *(Mirándose en el espejo del público.)* ¿Me quedará bien? ¡Es exagerado, querida! ¡Yo, de María Antonieta! ¡Mírame!

¡Y estos pliegues! ¡El dobladillo se está desbabillando!... *(Se arranca las orquídeas y las tira.)* ¡Están despachurradas!... ¡En realidad, qué idea la mía! ¡Me está un poco ajustado! ¿Te gusta el color?

AMELITA. *(Sonriente.)* ¡Precioso! *(Pausa. Otro tono, interior.)* Lo que ha tramado contra ustedes, contra Gerardo y Laura, no tiene perdón de Dios...

CARMELINA. Ay, las tiras del ajustador se salen... *(Otro tono.)* Amelita, qué buena eres, hija. *(Le estampa un beso sonoro en la mejilla.)*

AMELITA. *(Sonriente.)* ¿Ves...?

CARMELINA. *(Satisfecha del resultado.)* ¡Es que me enfurrullo...! ¡Dios te lo pague!

Pausa. Carmelina va hacia el fondo recogiendo los trapos dispersos en el suelo, el peine y los cepillos. La música se hace más intensa. Oyense gritos de: "¡Esa música, bájenla! Señores, cuidado con los cables eléctricos. Cuidado con la avioneta", y en forma de coro "el programa, el programa, que se cumpla el programa", etc. Amelita queda en el primer plano abstraída.

AMELITA. La vida...lo que te rodea...vives sin saber...

CARMELINA. *(Regresando.)* ¿Oyes? ¡La fiesta está encendida!

AMELITA. Y un buen día...

CARMELINA. *(Poniéndose los zapatos.)* ¿Hablas sola? ¡Ay, Amelita, sal de esa trafagina! *(Amelita se encoge de hombros con cierta angustia.)* Parecía que no le dabas importancia.

AMELITA. La procesión va por dentro.

CARMELINA. ¡Esta noche, la fiesta! ¡No me hagas esa charranada! *(Con sentido cómico.)* Ay, no...San Antonio Bendito, Santa Margarita, Santa Eulalia y el espíritu de la Asunción, corran, vengan, vuelen...asistan a este ser, luz, luz... *(Le pone un brazo por los hombros, con gran ternura.)* ¡Vamos!... ¡No lo odies!... ¡Olvida!... *(Amelita sonríe levemente. Oyese una algarabía afuera, en la fiesta. Comienzan a marcar los pasos de baile.)* Mira, querida, en confianza, nosotras, las mujeres, siempre tenemos un inconveniente, o el marido es un bobalicón, o un canalla. El mío, que Dios lo tenga en su santo refugio, era de los primeros...de...cómo te diré...de marca mayor, de las grandes ligas, vaya, y cuando yo oía a mis amigas contarme, que si esto, que si lo otro, que si se ponía dura, durísima..., que si la quinta posición desarrollada al cuadrado daba un resultado X, que si chica, que si limonada...una alteración, niña...y yo me ponía a mil, un meteoro, y le decía: "Pipo, me dijeron que..." y él me respondía, cayéndose de las nubes: "¿Qué tú decías, Mima?...

Se oye el son "Allá en Jamaica a un inglés" tocado por el grupo Sierra Maestra. La música se hace tan intensa que apenas se oye la respuesta de Amelita y que a la vez se ríe a carcajadas. Las bujías se apagan. Luz diferente.

ESCENA TERCERA

Johnny y Amelita y Carmelina.

Johnny entra vestido de frac.

JOHNNY. Eh, ¿qué? ¿Están aguando la fiesta? La gente pregunta por ustedes. Gerardo me dijo que viniera a buscarlas. Ya llegó el Sexteto. *(Marca unos pasillos y se contonea mientras habla.)* ¡Oigan eso, candela! ¡Que no se diga, familia! Vengan, rápido... Vengan... *(A Amelita.)* ¡No te vas a escapar!

Johnny enlaza a Amelita que no pone ninguna resistencia y concluyen la danza. Entra Laura, detrás Don Benito.

ESCENA CUARTA

Laura, Benito y los otros.

Laura viene vestida de La Reina Madre, con la careta de una bruja. Don Benito viste un traje de Cardenal, con la careta de un pajarraco. Ambos entran aplaudiendo. La música ha cesado. Ruidos de platos y cubiertos y gritos, etc.

LAURA. *(Quitándose la máscara.)* Como siempre en el último cuarto hay son.

CARMELINA. *(Exaltada, contoneándose.)* ¡Es un éxito absoluto! *(A Amelita.)* Negra, te la comiste. *(A Johnny.)* ¡Y tú no te quedas atrás! Me acuerdo de los buenos tiempos cuando a mi marido, que era un bailarín de pura cepa, uf, en el Liceo, con mi amiga Teté Causilla, le hacían coro...

DON BENITO. ¡Oye, cuñadita, la idea del disfraz de tu hermana es de apaga la luz y vámonos! ¡Vestirla de Shirley Temple! ¡A sus años!

AMELITA. *(Sonriendo.)* Don Benito tiene razón.

CARMELINA. ¿Por qué? ¡Ella aceptó encantanda! Yo no le puse un puñal en el pecho...

DON BENITO. ¡Ve a verla y me dirás!

LAURA. ¡Exagera, Don Benito! ¡Un disfraz es un disfraz!

DON BENITO. Pues tu hija no acierta a componerla. La ha vestido y desvestido más de cincuenta veces...que si los bucles y el lazo, o los pliegues de la saya, o los escarpines y los zapatos de charol...y lloros y gritos y peleas y cuanto Dios crió, sí...y siguen atascadas en el mismo punto muerto y el cuento nunca termina: Mira, abuela, es así; mira, abuela, es asao...".

CARMELINA. Rosi siempre con su abuela, discutiendo...¿Qué culpa tengo yo?

DON BENITO. Yo no hablo de culpa. Yo digo que ese traje no le va. Una birria, un coco macaco.

JOHNNY. Vengan, vamos a echarle una manito. *(A Amelita.)* ¡Tú no te me escapas! ¡Bailaremos una rumba de cajón!

Carmelina sale de escena, seguida de Johnny y Amelita que a coro cantan y bailan.

ESCENA QUINTA

Laura y Don Benito.

LAURA. ¡Ay, no! ¡Yo no me muevo! Después de ese vals y de los traguitos, y el brindis de *champagne*...ya yo no me tengo en pie. ¡Estoy mareada y derrengada!... *(A Don Benito.)* ¡Y qué alboroto, eh, viejo!

Continúan los ruidos de los vasos y las copas y los platos que se rompen, tal vez una vajilla, y los gritos y la alharaca de personas aglomeradas en un espacio que se hace pequeño en un coro: "el programa, que se cumpla el programa". Estos incidentes refuerzan en algún momento la escena, nunca conspiran contra la efectividad dramática o cómica de los personajes.

DON BENITO. ¡Era de esperarse!... ¡Oiga eso! Yo me alegro. ¡Quién lo mandó a él a formar ese despiporro!...¡hasta en los periódicos de los yankis!..., y los periodistas de Tal y Mascual...y los otros... ¡El diablo colorado!, y cómo comen, tienen hambre vieja...¡qué hatajo de bárbaros!... Había uno que se descolgaba por una ventana, y yo le empecé a gritar: "Hijo de puta, bájate de ahí..." y el muy cabrón se obstinaba, y yo: "¡Bájate!, ¡bájate!", y como si con él no fuera...y no se conforman ya con los salones, y los he agarrado, detrás de estas columnas... *(Se oyen ruidos obsesivos de cadenas y trotes de caballos.)* Algunos se escabullen, y a otros les importa un comino, y tan frescos, entran, inspeccionan, y a uno lo vi que iba a orinar, detrás de los cajones de los disfraces, y le dije: "Mi hijito, guarda el chucho, y búscate otro sitio"... Y después afirman, a quienes lo quieran oír, que son finos y educados, y en mirándolo como se debe, son una partida de facinerosos...

LAURA. *(Riéndose.)* ¡Sucede en las mejores familias, viejito!

DON BENITO. ¿Usted cree? *(Otro tono.)* ¡No le veo la gracia!

LAURA. Sí, Don Benito. En mejores lugares puede acontecer. Si le cuento una anécdota, no me la creerá. En Venecia...

DON BENITO. *(Sorprendido.)* ¿En Venecia?

LAURA. ¡En Venecia! ¡Sí, Don Benito, no se sorprenda!

DON BENITO. ¿En la ciudad de los dogos...?

LAURA. ¡Allí mismo, en las fiestas de carnaval! Cuando Gerardo y yo estuvimos de paso, en el viaje que nos dimos a Europa, conocimos a un señor respetable, agradabilísimo...y conversando, simpatizamos, y nos invitó a una fiesta...y esa fiesta, que era de bombo y platillo, se daba en un palacio suntuosísimo, con escaleras de mármol, y alfombras...y criados con librea, y la dueña de la casa, una mujer formidable, atenta, simpatiquísima...¡lo que le cuento es poco!...y en ese palacio de uno de esos condes, cuyo nombre olvido, he contemplado yo estas mismas escenas, igualitas, igualitas, Don Benito...

DON BENITO. ¡Lo que reafirma mi teoría! La barbarie está en todas partes... Al hombre si tú le das la mano, quiere cogerte el brazo. Si tú te muestras simpático, enseguida piensa y te lo demuestra que eres un vaina, un cometrapo. ¡Estoy convencido, Laurita! ... Yo se lo digo a mi hijo, y mi hijo no me hace caso. A palabras buenas, oídos sordos. La experiencia le enseñará... Y están en el figura'o, en que si el dinero y el dinero y el dinero, y en que si mi casa me costó una barbaridad, y las rentas, y el yo soy mejor que tú, y nadie quiere al que tiene delante, y unos a otros se utilizan...¡qué asco!...y detrás está el odio, sí, señor, y la envidia... Por eso vienen esas guerras espantosas, y lo que me pone los pelos de punta, a matar por el gusto de matar...oiga usted la radio, mire usted la tele, que no lo digo por refocilarme, no...y a triducidar niños y mujeres, y tierras donde debían sembrarse maíz o caña, sembradas de muertos, y las venganzas y las trifulcas interminables, levantan un muro a mandarriazos y lo derriban a mandarriazos, y la historia de los pájaros tirándole a la escopeta y del pescao grande que se come al chiquito. Mi mujer dice que la política es la culpable...y yo digo que no, que la política es un modo de entenderse...lo que pasa es que si se usa como medio de explotación, y para exprimirte, pues, bueno, se va a la catástrofe... Lo que pasó en nuestra tierra, con el hombre de las barbas, como dice Gerardo. ¡Qué desgracia, hija! ¡De pensarlo el alma se me pone chiquitica, y se me cae a los pies! *(Con gran ternura.)* Laurita, yo creo, honestamente, que deberíamos detenernos un minuto y pensar, con lo me-

jor de uno mismo, que el mundo puede ser hermoso... *(Gran algarabía. Golpes ruidosos, gritos.)* Oye... Parece que vino el Armagedón. *(Oyese a Gerardo llamando a Laura. Sonriendo.)* ¡Niña, tu media naranja te reclama! *(La música irrumpe. Se escucha el danzón: "Virgen de Regla".)*
LAURA. ¿Qué querrá ahora? *(A gritos. A Gerardo.)* ¿Qué quieres?

ESCENA SEXTA

Gerardo, Laura y Don Benito.

DON BENITO. ¡Míralo cómo viene, echando el bofe!

GERARDO. Laura, te he estado buscando...y tú, muy reprochada... Acaban de llegar Natalia y Ricardo *(Gesto de extrañamiento de Laura)*, Amelia y Josefina y Alejandra, y Carlitos y Fernando y Niurka...sí, chica, tú los conoces, quieren saludarte, te están esperando, y es tanto el gentío, que si no vamos rápido, se nos pierden... ¡Increíble, papá! ... Nunca imaginé que tomara tales proporciones. Alguien se colgaba a una lámpara. Sorprendí a otros robándose los bocaditos y las cajas de cerveza. ¡Y tú, ven...!

LAURA. *(Sincera.)* ¡No puedo, Gerardo! ¡No me lo pidas, por favor! Me siento hecha papilla.

DON BENITO. ¡Tú no querías fiesta!

GERARDO. Pero ustedes están conspirando...

DON BENITO. *(Firme, feroz, por momentos.)* ¡Está bueno ya, Gerardo!

GERARDO. *(Como un niño atrapado.)* ¡Sí, es cierto! ¡Cierto, coño! Me han fallado todos. Si no es por hache es por be... el caso es que el programa se fue al carajo *(Don Benito lo mira con desdén)*, y la puñetera avioneta hay que ponerla a funcionar, y hace mucho ruido y el personal del hotel se queja, intento que se hace, intento que se frustra...y la gente llega, y se cuelan, y es un barullo infernal...*(Señala a Laura.)* y tú no resistes el humo del cigarro, y no soportas los borrachos, y te cansas...

LAURA. ¡No estoy para ese tipo de fiesta ni alardes! ¿Satisfecho?

GERARDO. *(Sin prestarle atención.)* Cada vez que digo una cosa, ustedes, enseguida saltan, ponen caras largas y me hacen sentir que la fiesta es un engorro, y si eso no es conspirar, ¿qué nombre tiene?

DON BENITO. ¡Que nosotros conspiramos! ¡Que nosotros...!

GERARDO. Y sacan unos resabios y yo tengo que luchar a brazos partidos...

DON BENITO. Ven, acá, hijo mío, ¿este es un palacio versallesco, el Kremlin o una familia como Dios manda...?

GERARDO. ¡No quiero decir eso, papá!

DON BENITO. *(Violento.)* ¿De qué tú hablas?

GERARDO. Trato de puntualizar...

DON BENITO. ¿De puntualizar, qué?... *(Gerardo no responde.)* ¿Es este un asunto de poder, o una fiesta?

GERARDO. *(Totalmente desamparado.)* Es que una fiesta exige...

DON BENITO. ¡Tú exiges, dilo! ¡Pon las cartas sobre la mesa! *(Sarcástico, y con cierta ternura.)* Hijo mío. Háblame de frente, con el corazón en la mano... ¿Qué significa esa matraquilla de querer que la gente haga lo que tú quieres...? ¡Los otros días nos soplabas un discurso y había que oírlo! ¡Por una fiesta...el comer bocaditos, unas golosinas, y beber unas cuantas cervezas y pasar el rato entre amigos...nos endilgaste la democracia! ¡A mí me parece sospechoso! ¡Te hablo honestamente!... ¡Estamos en un país democrático, vivimos en una democracia! ¡O es que tú te has inventado una nueva democracia como el hombre de las barbas!... Yo, Laura, Carmelina, el que más y el que menos, ha colaborado contigo, pero de eso, a querer que entremos por tus raíles y reducirnos a bazofia, estás a mil leguas, muchachón...

GERARDO. Ustedes buscan pretextos...

LAURA. Creo que te excedes, querido... ¡Yo, física y mentalmente, no puedo!

DON BENITO. *(Violento.)* ¡Tremendo descaro!...

GERARDO. *(Violento, golpéandose el pecho.)* ¡Puedo decirlo a los cuatro vientos! ¡Si lo cuento, el mundo me dará la razón!

DON BENITO. *(Violento.)* ¡Naturalmente! ¡Siempre del modo que lo cuentes! ¡Y como al contarlo, contarás lo que te conviene, pues...vete!... Vete a comentar con tus amigos y con los compañeros de la Universidad y del despacho de abogados... *(Otro tono. A Laura.)* ¡Me saca de quicio!... *(Tono anterior. A Gerardo.)*, que nosotros ponemos caras largas, que nosotros buscamos pretextos, que estás solo, que entrarás en grima a tu casa... ¡Que te hemos dejado en la calle, como un perro! ¡Pobre alma desventurada! ¡Anda! ¡Dilo! ¡Riégalo, por todas partes! Yo me quedo tranquilo y en paz con mis muertos. ¡Sí, Gerardo! ¡Yo, en paz!... Piensas que porque nos ayudas, eso te da derecho... ¿Y nosotros no te ayudamos, no te sacamos cientos y cientos de veces las castañas del fuego...? El que no nos dejemos arrastrar por tu trapicheo en este momento, por un miserable juego de poder, por tu vanidad y por tu soberbia...¡eso!... Vete al diablo, Gerardo. Y lo digo con dolor en el alma... *(Pausa. Violento.)* ¡Y me voy con la música a otra parte!

GERARDO. *(Gritando.)* ¡Papá, espera! *(Don Benito firme hace mutis.)*

ESCENA SEPTIMA

Gerardo y Laura.

GERARDO. *(A Laura.)* Y tú también eres buena y buena. ¡Pero no podrán conmigo! *(Hace mutis.)*

ESCENA OCTAVA

Laura, sola.

LAURA. ¡Ahora soy yo la que cargo con los entuertos! ¡Ah, no!... *(Oyese un gran estruendo y golpes en las paredes. Laura hace mutis, corriendo.)* ¡Dios mío, Gerardo! *(Gritos y risotadas afuera.)*

ESCENA NOVENA

Rosi, Doña Pepilla y Johnny.

Entra Doña Pepilla con el vestido desgarrado, con chinelas, el rostro pintorreteado, y una máscara que representa a Shirley Temple. Rosi y Johnny la siguen. Doña Pepilla sollozando se recuesta a una columna.

DOÑA PEPILLA. ¡Qué esto me lo haya hecho a mí, a su madre! Oh, Dios mío, que mi hijo sea capaz de empujarme, así, como el caballo de un circo.

Rosi da dos pasos a fin de acercarse a su abuela. Johnny la detiene. Doña Pepilla mira a su alrededor y se asusta: y callada se sienta. Se limpia las lágrimas despacio. De pronto reacciona.

DOÑA PEPILLA. *(Imperiosa.)* ¡Te he dicho que el horno no está para pastelitos! ¡Punto final!

JOHNNY. Déjala tranquila.

ROSI. ¡Se me parte el corazón! *(A Johnny.)* Por mucho que la modista y tía y yo quisimos arreglar el vestido, y ponerlo al derecho o al revés...y la careta tampoco le ajustaba y le hizo rasguños. Y por último, la peluca...y lo de papá y la avioneta es el remate. *(Acercándose a Doña Pepilla.)* Abuelita linda...no te desesperes.

273

DOÑA PEPILLA. ¡No me insistas, Rosi! *(Señala hacia las columnas aterrorizada.)* ¡Mira! *(Secreteando.)* Hacia allí.

ROSI. *(Mirando en sentido contrario.)* ¿Hacia dónde?

DOÑA PEPILLA. *(Secreteando.)* ¡Hacia acá!

ROSI. *(Mirando hacia el público.)* Un espejo, abuela. Un espejo, con algunas manchas.

JOHNNY. ¿Hacia el fondo, abuela?

DOÑA PEPILLA. *(Secreteando.)* No, hijito, ahí, ahí... *(Señala hacia las columnas.)*

JOHNNY. *(Va hacia las columnas.)* Nada, abuela.

ROSI. Nada.

DOÑA PEPILLA. ¿Nada de nada? *(Haciendo un esfuerzo, mira.)* ¡Ah, Dios mío, qué extraño! Hubiera apostado que había gente... ¡Me siento perseguida, que miles de ojos, que miles de bocas, que miles de manos...ay, Rosi...!

ROSI. Abuela, estás soñando, y el sueño a veces hace lo que no se explica...

DOÑA PEPILLA. *(Imperativa, sin oírla.)* Déjate de ese romanticismo de a tres por quilo, por favor...

ROSI. ¿Te sientes mejor?

DOÑA PEPILLA. *(Sin oírla. Tira la peluca y la careta.)* Te dije que no quería este vestido, ni esta peluca, ni la careta...quiero morirme tranquila, siendo como he sido... *(Pausa breve. Otro tono, casi desesperada.)* ¡Mi hijo es un loco! *(Se echa en los brazos de su nieta, sollozando.)* ¡Ay, estoy desconchiflada...! Benito me abrió los ojos y quiso sacarme de la fiesta... "El loco eres tú", le dije; y se fue con el rabo entre las patas. *(Pausa. Otro tono.)* ¡Que mi hijo, el niño de mis entrañas!... Pensar a lo que se puede llegar... ¿Qué le puedo pedir a los desconocidos?... Y yo vi que me empujaba, "Vamos, vieja, suba... La avioneta hay que ponerla en marcha...". "¿Pero funciona?", le dije. "Veremos", me respondió... Yo creía que él sabía, y aunque me negaba, no dejaba de pensar que quizás él tuviera razón... Una tiene sus luces... Y apenas puse un pie para montarme, el monstruo empezó a cancanear...y yo me eché para atrás...este quiere matarme...y a reculones salí como una flecha antes de que fuera a explotar...

Una terrible explosión sacude la escena. Rosi y Johnny gritando: "¡Abuela! ¡Doña Pepilla! ¡Peligro! ¡Venga!", corren hacia el lateral derecho y se esconden. Otra explosión. Algarabía. Doña Pepilla se pone en pie, mira a su alre-

dedor, ve algunos fragmentos de la avioneta que ruedan por el suelo; lenta y segura va hacia el primer plano, se rasga el vestido, cae de rodillas y con sus manos abre un hueco.

DOÑA PEPILLA. *(En un rezo.)* Polvo seré, polvo de muerte, polvo de vida. *(Con parsimonia, efectuando un extraño rito, entierra la careta, la peluca y el vestido.)* Polvo de vida, polvo de muerte, polvo seré. *(Se persigna y reza con voz neutra un Padre Nuestro, casi una letanía inaudible. Pausa larga.)*

ESCENA DECIMA

Gerardo y Doña Pepilla.

Desolado entra Gerardo, avanza por la escena que debe dar la impresión de un lugar devastado. Se detiene. Pausa.

GERARDO. ¡La fiesta, mi fiesta!... *(Mira hacia el fondo.)* ¡El tiro me salió por la culata! *(Mira hacia el público.)* ¡Qué idiotez!... *(Pausa.)* Todo lo he tirado por la borda...hasta las palabras del viejo: "Hijo mío, yo, con mis cortas entendederas, estoy convencido que el mundo es maravilloso. En cada hombre existe una chispa de luz, búscala. No es fácil, te advierto. Cree en ello, hijo, y comprenderás. Ella te dará la alegría de vivir una fiesta todos los días. Acepta este legado". *(Por el fondo se divisa la figura de Perucho con la cabeza cubierta de vendas.)* ¡Imbécil de mí!...

Gerardo ve a Doña Pepilla, y se acerca a ella. Sin decir palabras, emocionado, la levanta y se arrodilla. Doña Pepilla le pone la mano en la cabeza, le revuelve los cabellos, y se aparta lentamente, dándole la espalda al público.

ESCENA UNDECIMA

Rosi, Johnny, Gerardo (en la sombra) y los otros.

Rosi y Johnny salen de su escondite. Se unen a Doña Pepilla y salen del escenario por lateral izquierdo.

ESCENA DUODECIMA

Perucho y Gerardo.

Perucho entra al escenario. Viste del mismo modo que al comienzo de la Primera Parte o Acto Primero como José Candelario Tres Patines con la cabeza vendada.

PERUCHO. *(A Gerardo.)* ¿Qué, de penitencia ante los santos...? ¡Falta nos hace!... *(Gerardo se pone en pie. Da varios pasos por el escenario. Se sienta. Apoya su cabeza entre las manos.)* Y, bueno, mi socio, cada uno hace lo que puede, y salimos perdiendo...

GERARDO. ¡Cállate! ¡Ya arreglaremos las cuentas tú y yo!

PERUCHO. Nos arreglarán las cuentas...¿qué te piensas?

Alaridos de una sirena. Oyense entre bambalinas, las voces de los personajes con gran bullicio: "¡Que se termine el drama. Esto es una comedia. Una comedia. ¡Abajo Gerardo! ¡Abajo Perucho! ¡Abajo, abajo! Música. El número final". Gerardo y Perucho se miran un instante, se encogen de hombros y lanzan largas y estentóreas carcajadas.

ESCENA DECIMOTERCERA

Johnny y el resto de los personajes.

La luz se transforma. Oyese música de tambores, un guaguancó. Entran Johnny y Rosi, y después Amelita, vestidos de rumberos tradicionales.

JOHNNY.
¡Arriba, mi negra linda,
que no sé si estoy soñando,
o viviendo una comedia!

Apoteosis musical, con la rumba de cajón. El resto de los personajes (Laura, Doña Pepilla y Don Benito) van apareciendo entre las columnas. Toman las bujías que colocó en ellas Amelita en el inicio del Acto o Parte Tercera. Al concluir la danza—tal vez, antes—Laura, Doña Pepilla, Don Benito, Gerardo y Perucho, con las bujías en las manos, ocupan el escenario, y hacen mutis por el fondo. Aparece la butaca de espaldas colocada como en el inicio de la obra. La butaca gira.

ESCENA DECIMOCUARTA

Se oye el rumor de las olas cantando sobre la arena de la playa. Imagen mágica de la noche al fondo. Cuerdas de guitarras.Alguien canta a lo lejos "Noche cubana". Sentada en la butaca está Carmelina con la bujía entre las manos. Se oyen unas campanadas. Carmelina se pone en pie. El escenario se oscurece, sin perder el fondo estrellado. Luz sobre el rostro de Carmelina que a su vez levanta la mano como defendiéndose de ese inesperado resplandor.

CARMELINA. *(Va hacia el primer plano. Divertida. Al público.)* A todas estas, ¿dónde está Chicho el peluquero?

Telón.

París, diciembre de 1992.